디지털 시대의
구로공단

"이 저서는 2010년도 정부재원(교육과학기술부
인문사회연구역량강화사업비)으로 한국연구재단의 지원을 받아
연구되었음(NRF-2010-330-B00132)."

Guro Industrial Complex in the Digital Age

디지털 시대의 구로공단

성공회대학교 노동사연구소 지음

한국학술정보㈜

서문

이 책은 성공회대학교 노동사연구소가 3개년 계획으로 추진하고 있는 "산업구조 전환과 지역 생활세계의 변화―구로공단 지역을 중심으로―"를 주제로 한 공업지역 연구의 1차연도 성과를 담고 있다. 1차연도 연구의 중점적인 고찰 대상은 "산업구조 전환"이었으며, 2차연도에는 "노동력 구성과 고용관계", 3차연도에는 "공간 재배치와 생활세계"에 초점이 맞춰졌다. 본 연구는 산업화의 역사가 압축되어 있는 구로공단 지역에 대한 사회과학적 고찰을 통해, 세계화라는 거시적 변동이 한국 사회에 미치는 영향을 구체적으로 파악할 필요가 있다는 문제의식에서 출발했다. 현재 이 지역은 과거 여공을 대량 고용하였던 노동집약적 경공업 위주의 수출산업단지로서의 모습은 약간의 흔적만 남아 있을 뿐이며, 명칭도 서울디지털산업단지로 바뀌었다. 외부로 이전한 공장 부지에 들어선 아파트형 공장도 지식산업센터라고 부르고 있다. 여기에는 IT를 비롯한 각종 첨단산업에 종사하는 업체가 입주하고 있다. 그러나 전통적 제조업 공장도 잔존하고 있으며 산업화, 산업공동화, 신산업을 기반으로 한 재산업화의 양상이 중층적으로 표출되고 있는 지역이라고 할 수 있다. 이 연구의 내용은 지역을 기준으로 산업구조와 생활세계의 변동 과정을 파악하는 작업이라고 요약할 수 있다.

본래 구로공단은 1960년대 후반부터 국내의 풍부한 저임 노동력과 외국 자본을 결합하여 수출산업을 발전시킨다는 정책 목표를 달성하기 위하여 조성되었다. 그러나 1980년대 후반 이후의 민주화 과정에서 노동운동의 활성화로 임금이 상승하였다. 또한 다른 한편에서는 시장 개방과 세계화의 영향으로 1990년대에 본격적으로 제조업체의 해외 이전이 진행되기 시작하였다. 그러나 현재 이 지역에서는 도시형 첨단산업을 중심으로 제조업이 재활성화되고 있다. 세계화와 시장 개방 압력, 노동운동의 활성화가 산업 공동화를 초래할 것이라는 우려가 불식되고, 현실적으로 산업구조의 고도화와 고용 증대가 이루어졌다는 사실은 한국 사회의 발전 방향에 대한 이론적·정책적 함의를 제시하고 있다. 또한 한국의 경험을 객관적으로 평가하기 위해서는 외국의 사례를 참조할 필요가 있다.

한국만이 아니라 이미 여러 선진 자본주의 국가에서 이와 유사한 현상이 나타났다. 즉, 이러한 주제에 대해서는 국제적으로 다수의 선행연구가 존재한다. 유연전문화론에서 볼 수 있는 바와 같이 지역에 집적한 IT를 비롯한 첨단산업과 고도의 정밀가공 기술을 갖춘 중소 제조업체가 발휘하는 생산성과 경쟁력은 사회과학적 논의에서 주목의 대상이 되어 왔다. 이는 규격품의 대량생산을 주축으로 하는 포드주의 생산체제로부터 다품종 소량생산 체제의 확립을 중시하는 포스트 포드주의 생산체제로의 전환을 적극적으로 모색하게 된 선진 자본주의 국가의 정책 기조 변화와 연관되어 있다. 또한 여기에는 1973년의 제4차 중동전쟁으로 촉발된 제1차 석유위기와 전후 고도성장

시대의 종언으로 대표되는 선진 자본주의 경제의 성장률 저하, 시장의 포화와 소비자 욕구의 다양화, 신흥공업국의 등장 등과 같은 환경 변화가 영향을 미치고 있다. 산업집적 지역이 가지고 있는 이점은 정보와 지식의 교류를 활성화시키는 사회적 네트워크의 존재, 공정별로 특화된 소기업의 네트워크가 발휘하는 유연성과 경쟁력, 적합하고 신속한 공공부문의 정책 지원 능력 등이 거론되고 있다. 또한 소외된 단조 노동에 종사하는 대량 생산공장의 노동자와 대비되는 개인의 창조적 역량을 발휘하는 산업집적 지역의 장인적 노동자가 부각되었다. 산업집적을 기반으로 한 지식과 기술이 집약된 고부가가치 제조업의 발전과 기술혁신은 선진 자본주의 경제에서 새로운 경쟁력의 원천으로 주목되었으며 이를 촉진할 수 있는 정치 체제와 공공부문의 역할에 대한 관심도 고조되었다.

특히 세계화의 흐름 속에서 경제적 국경이 낮아지는 경향은 기업 조직의 공간적 재배치를 촉진하는 요인이 되었다. 선진 자본주의 국가의 기업은 시장, 임금, 노동력, 자원 등의 상황을 고려하여 생산 입지를 세계적으로 분산시키게 되었다. 결과적으로 본국에는 경영관리, 연구개발, 금융과 같은 구상 기능을 수행하는 고급서비스 영역이 집중되었다. 이와 동시에 생산 조직의 해외 이전에 따른 산업공동화는 전통적인 공업지역의 황폐화라는 문제를 초래하였다. 반면에 IT를 기반으로 한 미국의 실리콘밸리, 전통적 제조업에 종사하는 중소기업의 네트워크가 경쟁력을 발휘하는 제3의 이탈리아 지역과 같은 사례는 세계적인 주목을 끌게 되었으며 사회과학 분야에서 산업집적 지역에 대한 연구는 가장 중요한 주제로 각광을 받게 되었다. 연구자들은 지역에 내재한 비가시적인 사회자본의 중요성, 지식과 정보의 축적을 기반으로 한 기술혁신의 가능성, 장인적 노동자가 보유한 암묵지의 가치 등에 대한 분석과 평가를 시도하게 되었다. 도시, 정보, 산업, 노동, 세계화 현상에 관심을 가지는 사회학의 영역에서는 이러한 흐름을 배경으로 하여 산업집적 지역에 대한 연구의 필요성이 거론되고 있다. 또한 경제학, 경제지리학, 정치학 등을 포괄하는 학제적 연구의 필요성도 강조되고 있다. 특히 산업집적 지역이 변화하는 경로를 해석하려는 시도는 많은 이론적 논의를 유발하는 계기가 되고 있다.

1990년대에 진행된 구로공단 지역의 변모는 한국에서도 첨단산업의 지역적 집적을 통한 재산업화를 모색하는 논의의 현실 적합성을 검토하게 되는 계기가 되었다. 실제로 외국의 경험에서 도출된 산업 클러스터의 형성과 경쟁력에 주목하는 이론적 시각을 이 지역에 적용하려는 시도가 있었다. 그러나 다수의 기존 연구는 정부와 기업의 정책적 대응에 대한 기술이나 지역 경제지표의 설명, 기업을 대상으로 한 설문 조사에 입각한 입지적 조건에 대한 평가 등에 치중되어 있었다. 반면에 이 연구는 한국의 민주화와 사회경제적 환경의 변화 및 세계화라는 거시적 변화를 준거틀로 하여 구로공단 지역의 재구조화 과정을 고찰할 필요가 있다는 시각에서 출발하였다. 연구진은 이를 위해 구체적으로 구로공단 조성의 역사적 배경, 입주 기업의 경험과 현재 상황, 노동자의 상태, 스웨덴·일본·미국의 사례 등에 대한 고찰을 시도하였다. 또한 사례 연구에서 도출된 함의를 종합하고 현실적으로 진행되고 있는 공업지역의 변화를 체계적으로 이해할 수 있는 설명 논리의 개발을 시도하였다.

심상완은 경험적 사례 조사를 위주로 조직된 연구의 기반이 되는 이론적 시각을 정립하기 위하여 경로의존모델에 주목하였다. 이러한 접근 방법은 기존의 산업클러스터에 대한 논의가 기업의 동질성과 연계 가능성을 강조하는 나머지 공업 지역의 복합성을 간과하는 문제를 극복할 필요가 있다는 문제의식에서 출발하였으며 제도의 진화를 가층(加層), 전환(conversion), 재조합 과정에 초점을 맞추어 해석하려는 시도를 보였다. 이는 공업 지역의 내생적 변화 과정에 대한 해석을 중시하는 시각이기도 하다.

역사적 배경에 대한 고찰을 시도한 이상철은 "구로공단의 형성과 변모(1963~1987)"에서 산업화 초기에 진행된 공단 조성 과정 및 이후의 확장과 성격 변화를 분석하였다. 수출 산업 육성을 목표로 조성된 공단이지만 외국인 투자기업, 대기업의 분공장, 소규모 도시형 내수기업의 비중이 증대하고 있었던 사실이 확인되고 있다. 연구자는 고찰의 대상이 현대사의 영역이지만 일관성을 가진 자료가 정리되어 있지 않다는 난점을 넘어서기 위하여 가용한 자료를 비판적으로 독해하고 상호 연관성을 확보하려는 노력을 시도하였다.

손정순은 "서울디지털산업단지 지역의 산업구조 분기와 주변부 서비스업의 확산"에서 산업구조와 고용구조의 변화를 치밀하게 분석하였다. 1980년대 후반 이후의 구조 변화를 중점적으로 다룬 이 연구는 산업집적 지역에서 형성되는 기업 네트워크와 시너지효과를 강조하는 외국의 클러스터연구에서 도출된 이론적 시각을 구로공단 지역에 적용하려는 접근방법의 실효성에 대해 의문을 제기하고 있다. 여기에서 유기적인 기업 간 협력 네트워크와 사회자본의 형성 여부를 확인할 필요가 있다는 과제가 도출된다. 이는 정부가 관리하는 산업단지이므로 입주 기업의 유인은 부동산 가격이 저렴하고 금융 혜택이 제공된다는 점에서 찾을 필요가 있다는 측면이 오히려 중요한 의미를 갖는다는 뜻이기도 하다. 연구자는 제조업체의 성격이 이 지역에 본사 기능을 남겨 놓고 있는 업체와 비정규 노동자에 의존하여 생산활동을 하는 영세업체로 양극화되고 있으며, 생산자 서비스 부문도 지식산업과 단순 용역 서비스로 분화되고 있는 추세가 나타나고 있다는 것을 지적하고 있다. 이는 노동조건의 저하와 불안정 고용의 확산으로 귀결되고 있다.

임선일과 전호성은 "산업구조 전환과 도시형 첨단산업"에서 주로 입주 업체 관계자들의 구술 증언 자료에 입각하여 첨단산업과 인쇄 등의 도시형 제조업의 비중이 증대하고, 제조 공정은 지방과 중국을 비롯한 해외 저임 지역으로 이전되는 과정을 분석하고 있다. 여기에서 연구자들은 수량적 지표에 반영되기 어려운 기업 경영관리자의 시각에서 보는 현실을 고찰하고 있다. 기업 관계자들은 공공부문이 제공하는 편익 이외에도 교통이 편리하여 거래 관계를 유지하기에 좋고 수도권에 집중되어 있는 고학력 노동자를 확보하는 것이 용이하며, 업계 정보를 신속하게 입수할 수 있다는 이점을 강조하고 있다.

군사기지가 있던 지역을 첨단산업 단지로 전환시키는 데 성공한 스웨덴의 시스타 사이언스 시티의 사례를 고찰한 신정완은 복지국가의 기본 제도를 유지하면서 노동력 관리의 유연성과 기업의 창의적 행동이 강조되는 정보통신 산업을 육성할 수 있었던 정책 기조를 고찰하고 있다. 이 연구는 스웨덴 모델의 성격을 객관적으로 파악할 수 있는 시각과 자료를 풍부하게 제공하고 있다.

여인만은 일본의 수도인 도쿄의 산업구조 전환을 고찰하였다. 이 연구에서는 인구와 자원의 수도권 일극집중 현상을 해소하기 위하여 고도 성장시대부터 지속되어 온 공장의 지방 분산을 촉구하던 정책이 1980년대 이후에는 산업진흥 정책으로 전환되고 제조업 경쟁력을 강화하기 위한 각종 정책 지원제도가 마련되는 과정이 분석되어 있다. 정치적·경제적으로 세계적인 영향력을 발휘하는 글로벌시티에서 제조업 진흥이 중요한 의제로 부각되고 있는 상황에 대한 연구자의 지적은 세계화가 중심부 국가에 미치는 영향을 객관적으로 인식하는 계기가 될 수 있다.

이종구는 중소 기계공장이 밀집한 도쿄의 오타구(大田區)에 대한 사례 연구를 기반으로 지자체 수준의 산업정책을 고찰하고 있다. 이 연구는 지역에 축적된 숙련공과 지역공장집단을 기반으로 고부가가치 제조업을 육성하려는 정책 기조에 대한 분석을 포함하고 있다.

미국 사례를 고찰한 조형제는 주력 산업이 경쟁력을 상실한 피츠버그와 디트로이트에서 대체 산업을 육성하여 지역을 활성화하려는 노력의 성과가 다르게 나타나는 점에 주목하였다. 철강산업의 중심지인 피츠버그는 민관파트너십에 입각한 조합주의적 거버넌스 체제를 통하여 고급서비스업을 중심으로 지역 재구조화를 추진할 수 있었다. 반면에 디트로이트에서는 시정부가 자동차 회사를 재정적으로 지원하여 고용을 유지하려는 고객주의적 거버넌스 체제를 유지하였으나 지역 재구조화는 도심 재개발에 그치고 주민 생활의 개선을 위한 투자는 소홀하게 되었다. 여기에서는 민간기업과 주민조직이 참여하는 거버넌스 체제를 구축할 수 있는 사회적 환경의 존재 여부가 중요한 의미를 가지는 것으로 해석되고 있다.

이상과 같은 내용이 포함된 구로공단 지역의 산업구조 전환에 대한 연구는 일차적으로 한국 사회에 대한 이해를 심화시키는 데 기여할 수 있다. 또한 이를 기반으로 하여 산업집적 지역에 대한 논의를 활성화시킬 수 있으며 유용한 이론적·정책적 함의를 발견할 수 있다. 마지막으로 연구의 취지를 이해하고 자료 수집에 협력을 제공한 노동단체, 기업단체와 경영자, 지역의 시민단체, 구로구와 금천구를 비롯한 지자체와 한국산업단지공단 등의 여러 유관 조직과 관계자 여러분께 이 자리를 빌려 감사의 뜻을 표명한다. 아울러 여기에 포함된 각종 오류와 흠결에 대한 책임은 전적으로 연구진에게 있다는 점을 밝히는 바이다.

성공회대학교 노동사연구소 소장
이종구

구로공단의 과거와 현재

서울디지털 산업단지의 아파트형 공장지역
- 아파트형공장(지식산업센터)
- 저층 공장지역(지원시설 및 일반공장)

3단지

2단지

남구로역 7호선

1단지

2호선

가산디지털단지역
(옛 가리봉역)

수출의 다리

구로디지털단지역
(옛 구로공단역)

금천패션타운

남부순환로

가리봉시장일대
옛 벌집촌으로 지금은
조선족 밀집지역으로 바뀌어.
주거지역으로 개발예정

※1단지는 구로디지털단지
2·3단지는 가산디지털단지

1호선

구로공단 배치도

현재 구로공단의 모습

출처: 국가기록원(http://www.archives.go.kr)

구로공단(1공단) 준공식 (1967년) – 박정희 前 대통령의 구로공단 준공식 테이프 커팅

구로공단의 변화

1985년, 구로 동맹파업 당시의 사진

과거 구로공단에서 중국으로 진출한 사업체

성호전자 중국 공장(威海 소재)

창신전자 중국 공장(威海 소재)

CONTENTS

CHAPTER

1

지역 산업 진화의 경로의존모델:
잠겨간힘을 넘어

심상완

DIGITAL
INDUSTRIAL
COMPLEX

1. 머리말

기술 및 기술표준의 진

화 특징을 설명하기 위해 제시된 경로의존 개념(David, 1985)은 지
난 20여 년 동안 기술, 경제뿐만 아니라 사회, 문화, 제도, 조직, 정치
등 다양한 연구분야에서 사회경제 시스템의 진화를 해명하는 핵심
개념의 하나로 확산되어 왔다.[1] 이렇듯 사회과학 여러 분야에서 이
개념을 적용한 경험적 이론적 연구와 논쟁이 활발하게 전개되고 있
는 것은 여타 생물학적 모델과 진화론적 메타포 등을 사회현상의 연
구에 활용하는 관심의 증대와 함께 사회과학의 진화론적 선회
(evolutionary turn)를 반영하고 있다고 지적되기도 한다.

경제지리학 분야도 이러한 추세에서 예외가 아니다. 다수의 논자
들은 경로의존이 경제지형의 근본적 특징의 하나라고 주장했다. 예컨
대 Richard Walker(2000: 126)는 이렇게 적었다.

---

1) 이 개념의 대표적인 논자인 David(2007: 15)에 따르면, "경로의존 개념은 상황우발적, 비가역적 역동적 과
정의 속성을 가리키며, '진화적'이라고 적절하게 말할 수 있는 광범한 과정들을 포함한다. 따라서 경로의존
과 결부된 발상의 집합은 미래 역사사회과학에서 중심 자리를 점해야 하고, 경제학이 그래야 한다."

산업역사는 현재에 체화되어 있다. 즉, 기계와 제품 디자인에 체화된 기술, 특허 또는 특수역량으로 획득한 기업 자산, 학습을 통해 획득한 노동 숙련 등 과거에 한 선택들은 이후 방법, 디자인 및 실천의 선택에 영향을 미친다. 이것을 보통 일컬어 '경로의존'이라고 한다[……] 그것은 기술과 과거에 의해 결정되는 경직된 시퀀스가 아니라, 하나의 로드맵으로 확립된 방향이 다른 것보다 어느 한 길로 보다 쉽게 이끌어 가고 완전히 돌이키기는 어려운 것을 의미한다. 이러한 논리는 산업 입지에도 적용된다.

이와 유사한 취지의 이론적 논의들과 더불어 지역 간 경제발전 격차의 지속 문제, 특정 산업으로 특화된 지역의 잠겨갇힘(lock-in), 구산업지역의 재생, 하이테크 클러스터의 출현과 성장 등 지역산업의 변화에 대한 경험적 연구에서도 경로의존 개념이나 용어들이 활용되는 일이 최근 크게 늘어났다.[2] 이처럼 지역산업과 경제에 대한 연구에서 경로의존 개념을 적용한 이론적 경험적 논의가 활발하게 제기되고 있는 것은 경제지형의 역사적 동학에 대한 관심이 늘어나고 있음을 반영하고, 여기에는 지역 간 불균등 발전의 이해를 위해서는 그 역사를 중요하게 고려해야 한다는 인식이 자리 잡고 있다고 할 수 있다.

물론 지역경제에 대한 연구에서 역사의 중요성에 대한 인식이 전적으로 새로운 것은 아니다. 경제지리학에서는 이미 1970년대에 경로의존과 밀접한 연관이 있는 누적인과(cumulative causation)에 대한 재발견이 있었고, Harvey(1982), Massey(1984)를 위시하여 1980년대를 풍미했던 정치경제학적 접근들은 불균등지역발전을 역사적 과정으로 설명하고자 했던 것이 사실이다. 그러나 최근 경제지리학분야에서의

---

2) 예컨대, Grahber 1993; Storper 1995, 1997; Cooke and Morgan 1998; Bode 2001; Kenney and von Burg 2001; Boschma 2004, 2005; Bathelt and Boggs 2003; Fuchs and Shapira 2005; Gertler 2005; Hassink 2005; Cho and Hassink 2009 등.

논의들은 정치경제학적 이론틀이 아니라 진화경제학, 다윈주의, 복잡계이론 등 진화론적 발상과 개념에서 명시적으로 영감을 받고 있으며, 나아가서는 진화론적 경제지리학이라는 경제지리학 내 하나의 독특한 분과로서 새로운 이론적 패러다임으로의 발전 가능성을 모색하고 있다는 점에서 이전과는 구별된다.[3] 비록 태동 단계이기는 하나 바로 이러한 진화론적 경제지리학이라는 새로운 패러다임은 경로의존 개념에 대해 그 특별한 이론적 경험적 의미를 부여하고 있다.

그러나 경로의존 개념이 보다 널리 활용되고 있다는 것이 그 개념이 자명하고, 아무런 문제가 없음을 의미하지는 않는다. 경로의존이란 무엇을 의미하는지는 불분명하고, 특히 경로의존의 원천, 창출 및 해체에 대하여 기존의 이론적 모델은 타당성이 부족한 논지로 구성되어 있다는 비판이 제기되고 있다.

이 글은 지역산업의 변화를 보다 잘 이해하는 데 경로의존 개념이 유용하다는 관점에서 출발하고 있다. 그러나 이 개념을 구사한 기존의 논의들은 평형론에 매몰되어 있고, 네트워크 외부성이나 수확체증 효과 등에 의한 잠겨갇힘(lock-in)에 과도하게 주목한 나머지 지역산업 진화를 충분하게 파악하고 있지 못하다는 문제점을 드러내고 있다. 따라서 이 글은 경로의존 개념이 지역산업의 진화를 이해하고 설명하는 데 과연 유익한지 여부와 유익하다면 어떠한 점에서 그러한지를 알아보고자 하였고, 그리고 경로의존에 대한 기존의 이론적 논의에 무슨 문제가 있고, 왜 그러한지를 살펴보고자 하였다. 즉, 이 글은 지역산업 진화에 대한 경로의존개념의 유용성과 문제점에 관한 해외

---

3) 경제지리학 분야의 주요 학술지들에서는 진화론적 경제지리학을 주제로 수차례 특집을 마련하여 이에 대한 고조된 관심을 보여 주고 있다(*Journal of Economic Geography*, 2007; *Economic Geography*, 2009 등).

문헌의 논의를 소개한 것이다.[4] 핵심적인 문제의식은 경로의존 개념이 지역산업의 변화와 진화를 제대로 조명할 수 있는가 하는 질문이다. 이러한 질문에 대하여 해명하기 위해 이 글은 다음과 같이 전개된다. 먼저 2절에서는 경로의존에 관한 표준모델의 이론적 특징을 살펴보되, 그 핵심 관념인 "잠겨갇힘(lock-in)"[5]에 주안점을 두고 이 같은 모델에 의거해 지역산업의 진화를 접근할 때 직면하는 문제점과 한계를 알아본다. 다음으로 3절에서는 이 같은 문제점을 극복하기 위한 이론적 자원으로서 사회학과 정치학 분야에서 제시된 제도 진화의 기제에 관한 개념들을 고찰하고, 이러한 개념들을 활용하여 지역산업의 진화를 보다 온전하게 설명하기 위한 경로의존의 대안적 모델을 살펴보고, 4절에서는 논의를 요약하고 그 함의와 한계를 제시하게 된다.

2. 경로의존이란 무엇인가: 표준모델의 주요 특징과 문제점

1) 경로의존 개념의 논리

경로의존 개념을 뒷받침하고 있는 기본 생각은 역사가 중요하다는 인식이다. 즉, 과거의 사건이 미래 행동에 중요하다, 또 좀 더 구체적으로는 이전의 의사결정이 현재와 미래의 의사결정에 중요하다는 것

---

4) 이 글은 Martin(2010; 2011) 및 Martin and Sunley(2010)에 크게 의존하고 있다.

5) lock-in은 방이나 차의 문 자물쇠가 잠겼을 때 그 안에 사람이 있으나 열쇠가 없어서 나가지 못하는 것을 가리킨다. lock-out은 그 반대로 사람이 밖에 있으면서 자물쇠가 잠겼으나 열쇠가 없어서 들어가지 못하는 것을 말한다.

이다. 이 개념은 주로 기술경제사, 진화경제학 분야의 연구로부터 개척되어 확산되었다. 그동안 다양한 논리들이 제시되었으나 가장 대표적인 세 가지 초기 버전에 대해 살펴봄으로써 이 개념에 대한 이해를 돕기로 한다.

먼저, 기술 및 기술 진화의 특징을 연구한 David(1985)가 경로의존 개념을 선구적으로 개념화했다. 그는 QWERTY 표준타자기 자판의 출현과 지속에 대한 사례연구를 통해 역사적 우연으로 출현한 Scholes 사의 기계식 타자기 QWERTY형 키보드가 1860년대에서 1870년대 초에 시장을 선점하였고, 사무관리자 및 타자수들에게 널리 사용되는 타자기를 사용하도록 유인을 제공한 것으로 분석했다. 이 같은 긍정적 피드백의 효과로 1880년대 타자기 붐 속에서 다른 자판 배열을 사용한 타자기들이 다수 경쟁했으나 QWERTY 자판이 사실상의 표준 자판으로 자리 잡게 되었다. 이로 인해 그 이후 타자기 사용자들은 더 우수한, 더 효율적인 자판이 개발되었음에도 불구하고 QWERTY 자판에 잠겨 갇히게(lock-in) 되었고, 심지어 컴퓨터화된 오늘날에도 키보드에 대한 선택을 지배하는 것은 이 같은 역사이며, 인간공학적 고려나 효율성이 아니라는 것이 그의 핵심적 주장이다.[6]

이처럼 신기술의 채택에서 기술적 잠겨갇힘에 초점을 맞추어 경로의존을 파악한 David의 시각을 Arthur(1989; 1994)는 산업입지 등 경제지리학 분야로 확장하였다. Arthur는 기술뿐만 아니라 보다 폭넓은 산업입지 유형의 잠겨갇힘을 설명하는 기제로서 다양한 형태의 수확체증에 주목했다. 그는 대규모 초기 고정 투자비(생산량 증가에 따른 단

---

6) David는 교류전기, 경수원자로, VCR 녹화포맷 등 다른 사례연구들에서도 기술적 잠겨갇힘을 중심으로 한 경로의존에 대한 주장을 전개하였다.

위비용 체감의 이점을 줌), 역동적 학습 효과(실행에 의한 학습, 상호작용에 의한 학습, 사용에 의한 학습이 모두 긍정적 환류를 가져옴), 조정 효과(유사한 행위를 하는 다른 행위자들과 함께 행동하는 것에 이점을 줌), 그리고 기대의 자기강화(어떠한 제품, 공정, 실천의 확산 증대는 향후 더욱더 확산될 것이라는 믿음을 제고함) 등 4가지 유형의 수확체증을 식별했다.

경로의존에 대한 세 번째 시각은 제도 변화, 특히 제도적 경화에 초점을 두고 있다(North, 1990; Setterfield, 1993). 제도는 공식제도이건 비공식제도(루틴, 인습, 전통 등)이건 사회적 행위의 산물이자 사회적 행위에 영향을 미치는 요인으로 시간을 두고 서서히 변화한다. 제도는 사회적 행위와 상호작용에 안정성과 예측가능성을 제공하되, 사회적 행위와 상호작용의 결과에 점진적으로 대응하고 이를 편입한다. 이 같은 제도와 사회적 행위의 이중성은 제도가 그 과거로부터 자유롭지 않은 경로의존에 의해 진화함을 의미한다. North(1990: 95)는 Arthur가 말한 4가지 형태의 수확체증(자기강화) 기제가 다소 차이가 있기는 하나 모두 제도에 적용되고, 제도의 상호의존 그물이 방대한 수확체증을 산출한다고 주장한다. Setterfield(1993)는 제도와 경제가 상호의존적으로 공진화하는 것으로 파악하는 제도 변화의 보다 정교한 모델을 제시하였다. 이에 따르면 제도는 경제활동의 틀을 제공하는 환경으로서 일정한 정도의 안정성을 보이고 있다는 점에서 단기적으로는 경제체제에 외생적이라고 할 수 있으나, 장기적으로는 경제 변화로부터 피드백을 받는다는 점에서 내생적이라고 하지 않을 수 없다. 이 같은 재귀적 성격으로 인해, 제도 변화는 경로의존적이라는 것이다. North와 Setterfield 양자 모두에게 있어 그렇게 출현한 제도적

구조가 반드시 가장 효율적인 것이라고 할 수 없으며, 경로의존적 진화는 그러한 제도적 구조가 상당히 오랜 기간 잠겨 갇힐 수 있음을 뜻한다.

이상에서 경로의존에 관한 세 가지 관점을 간략하게 살펴보았거니와, 이들 대표적 주창자들은 한결같이 경로의존 개념이 역사가 중요하다는 인식에 기초하고 있으나 그것이 역사결정론을 의미하는 것이 아님을 강조한다. 이들에 따르면, 경로의존은 어떠한 기술, 제도, 기업, 산업 등 시스템의 가능한 미래 진화 경로가 시기마다 그것의 과거와 현재 상태를 조건부로 하는 상황우발적인(contingent) 과정이며 이에 따라 어떠한 경로들은 다른 경로들보다 더 가능하게 된다고 주장한다. 이와 관련해 North는 이렇게 말하고 있다.

> [경로의존]이 어떠한 불가피한 숙명론같이 들릴 수 있지만 그게 아니다. 그 길을 따라 걷는 발걸음마다 대안적 옵션들을 택할 수 있는 – 정치적 경제적 – 선택들이 있었다. 경로의존은 선택 집합을 개념적으로 좁히고 시간을 통한 의사결정을 연결하는 방법이다. 그것은 과거가 미래를 말끔하게 예측한다는 불가피성의 이야기가 아니다(North, 1990: 98~99).

이러한 경로의존 개념은 기술 경제의 변동에서 맥락, 상황우발성, 역사의 중요성을 조명하는 강력한 시각을 제공하고 있다고 할 수 있다. 이 개념이 여러 학문 분야에서 빠른 속도로 확산된 것은 그만큼 호소력이 있었기 때문이었다. 산업지구, 클러스터, 기타 지역산업의 진화 특징을 밝히기 위한 연구들에서도 경로의존 개념과 그 핵심적 용어인 잠겨갇힘이 활용된 사례들이 1990년대 이래 무수하게 쏟아져 나왔다.[7) 많은 학자들이 David와 Arthur가 제시한 수확체증효과의 지역적 성격과 형태들을 조명하였다. 이러한 연구들에서는 지역의 전문화된 인력풀의 조성, 지역 내 지식의 흘러넘침, 지역 기업 간 분업, 기업 간 다양한 교역 및 비교역 상호의존의 발전 등 이들이 언급하지 않은 다른 측면들에 대해서도 함께 탐구했다. 뿐만 아니라, 구 산업지역의 쇠퇴에 대한 연구들에서는 외부로부터의 "충격"에 대한 지역의 적응 능력이 지역적 잠겨갇힘에 의해 제약되었고,[8] 그리하여 지역이 상대적 또는 절대적 쇠망이 초래된 것으로 설명되었다.

그러나 이 개념은 그 매력에 못지않게 많은 논쟁을 불러일으켰고, 그동안의 논쟁을 통해서도 의연히 해결되지 않은 중요한 쟁점들이 존재하고 있다. 특히 David와 Arthur가 각각 제시한 모델에는 간과할 수 없는 문제점과 함정이 있는 것으로 지적된다. 다음에서는 경로의존의 대표적 논자인 David와 Arthur가 제시한 모델의 특징과 문제점을 살펴보되, 특별히 이 글의 주된 관심 분야인 지역산업의 변화와 관련해서 논의하기로 한다.

---

7) 예컨대, Storper 1995, 1997; Cooke and Morgan 1998; Kenney and von Burg 2001; Bathlet and Boggs 2003; Gertler 2005; Hassink 2005; Hassink and Shin 2005; Lagerholm and Malmberg 2009; Cho and Hassink 2009.

8) 독일 루르지역의 석탄 철강 산업에 대한 연구에서 Grabher(1993)는 이 지역이 '경직 전문화'의 덫에 빠졌다고 파악하고 그 원인이 삼중의 잠겨갇힘(기능적, 인지적 그리고 정치적 잠겨갇힘)에서 기인한 것으로 분석하였다. 첫째, '기능적 잠겨갇힘(functional lock-in)'은 지역 내 가치사슬의 기업 간 경제적 상호의존을 가리킨다. 지역의 중핵기업과 공급업체들 간 기술적 필요와 혁신에 관한 긴밀한 협력관계와 중핵기업에 대한 공급업체들의 강력한 연관관계와 같은 '강한 연계'는 많은 수의 공급업체들이 독자적 기술개발 및 판매 능력을 강화하는 것을 가로막았다. 둘째, '인지적 잠겨갇힘(cognitive lock-in)'은 같은 지역 산업에서 오랫동안 친밀하게 교류 협력해 온 주체들이 집단적 사고를 통해 공통의 세계관을 강화함으로써 혁신 기회의 인식과 새로운 아이디어의 흡수가 방해된 것을 말한다. 셋째, '정치적 잠겨갇힘(political lock-in)'은 지역산업의 발전에 대하여 사회정치적 이해관계를 갖고 있는 정부, 금융기관, 노조 등이 제휴하여 이미 사양길에 들어선 전통적 지역산업의 재구조화를 불필요하게 지연시키고 창의적 발전을 저해하도록 하는 두터운 제도들을 지칭한다.

2) 경로의존 표준 모델의 문제점: David와 Arthur의 핵심 논지를 중심으로

앞에서 보았듯이 David와 Arthur의 이론적 정식화는 양자 간에 차이점이 있기는 하지만, 몇 가지 핵심적인 논점을 공유하고 있으며, 경로의존에 대한 표준모델을 구성하고 있는 것으로 평가된다(Martin, 2010). 다음과 같은 세 가지 공통점이 두드러진다. 첫째, 경로의 창출에 관해 이들은 경로의존을, 초기의 작은 무작위 또는 우연한 사건이나 역사적 사고가 기술, 산업, 또는 제도에 중요한 장기적 영향을 미치는 과정으로 간주한다. 이러한 견해는 과거가 결과에 아무런 영향을 미치지 못하고 경제는 그 시작과는 관계없이 고유한 평형상태로 수렴한다고 가정하는 평형론적 표준경제학과는 상당한 거리를 둔 것이다. 둘째, 경로의존의 발생 메커니즘으로 일단 우연한 기술적, 산업적 또는 제도적 "사고"가 상황우발적으로 "선택"되고, 그러한 초기의 우연한 사건이 "네트워크 외부 효과"(David) 또는 "수확체증 효과"(Arthur)의 출현과 작동을 통해 점진적으로 "잠겨갇힘(lock-in)"이 나타나게 되면, 경로의존이 발생한 것으로 본다(<표 Ⅰ-1> 참조). 셋째, 경로의 해체와 관련해 일단 경로의존이 생기게 되면, 그것이 모종의 "외부적 충격"에 의해 파탄 또는 해체되기 이전에는, 기술, 산업, 또는 산업 입지 유형은 안정적으로 지속 유지된다고 본다.

〈표 Ⅰ-1〉 경로의존 표준모델에서 Lock-in 발생 과정

David의 모델 "네트워크 외부 효과"	Arthur의 모델 "수확체증 효과"
- 기술적 상호관련성(기술의 상이한 구성요소들 및 그 사용의 상호보완성과 양립가능성의 강화 효과) - 규모의 경제(기술의 사용 증대와 연관된 혜택-기술 이용이 늘어남에 따라 타 기술 대비 이용자 비용 하락) - 투자의 준 불가역성(기술특수 자본과 인적 숙련을 대안적 용도로 전환의 어려움)	- 대규모 초기 고정 투자비(매몰 비용의 관성) - 역동적 학습효과(실행 또는 사용에 의한 학습 또는 상호작용에 의한 학습이 긍정적 환류효과를 초래) - 조정 효과(유사 활동을 하는 다른 경제 주체들과 함께 행동할 때 우위를 부여) - 기대의 자기강화(제품, 기술, 공정, 또는 실천의 확산 증대는 이후 추가 확산에 대한 믿음 제고)

자료: Martin(2010: 5)에서 인용.

경로의존에 대한 David의 모델 개발이 주로 기술과 기술 표준의 잠겨간힘(lock-in)에 초점을 두고 있다고 한다면, Arthur는 기술뿐만 아니라 산업입지 유형의 잠겨간힘을 설명하는 데 이 모델을 활용했다. 〈그림 Ⅰ-1〉은 산업입지 유형에 대한 연구에서 Arthur가 적용한 경로의존 표준 모델을 도식적으로 요약한 것이다.

그러나 David와 Arthur의 경로의존 모델의 세 가지 특징적 측면들은 각각 다음과 같은 문제점을 안고 있다. 무엇보다 먼저, 지역 산업의 경로가 어떻게 왜 생기는지에 대해 거의 아무런 시사점을 주지 못

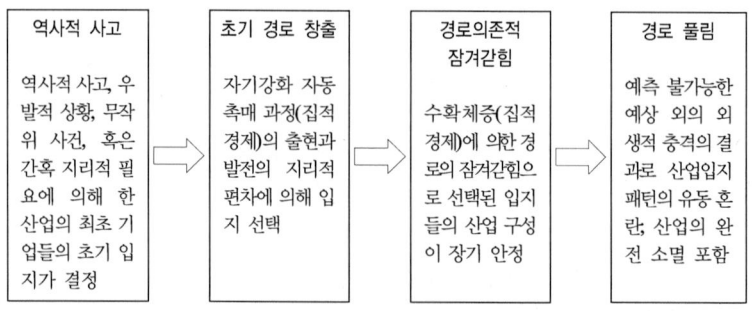

〈그림 Ⅰ-1〉 산업 입지 유형 진화의 경로의존 모델(Arthur)

하고 있다. 표준모델에서 경로 창출은 우연한 우발적·역사적 사고에서 비롯된 것으로 제시될 따름이다. 그러나 경로 창출에 대한 선행 연구(예컨대, Garud and Karnoe, 2001)에 의하면, 새로운 경로의 창출에서 우연한 사건이나 역사적 사고뿐만 아니라 기업가정신에 의한 목적의식적, 의도된 전략적 행위의 역할을 과소평가해서는 안 된다. 표준모델에 따르면, 경로의존이 작동하는 것은 일단 새로운 기술이나 산업이 출현한 이후의 과정이고, 새로운 기술이나 산업의 출현 자체, 그리고 그러한 기술이나 산업이 어디에서 출현하는지에 대해서는 경로의존은 아무런 역할도 하지 못하는 것으로 간주된다는 점이 중요하다. 이러한 관점은 기존의 지역산업 구조나 지역특성이 그 지역에 새로운 산업이 들어서 발전하는 데 긍정적이건 부정적이건 영향을 미친다는 다른 경험적 연구 결과들과 상충된다.

이처럼 경로의존 표준모델에서 경로창출을 우연한 우발적 사건에서 비롯된 것으로 보는 것은 경로의존을 개념화함에 있어서 이전의 일이 이후에 일에 영향을 미치되 잠겨갇힘에 의한 제약 효과에 초점을 맞추고 있는 것과 긴밀하게 관련되어 있다. 그러나 경로의존이 기존의 경로에 잠겨 갇히도록 제약하는 방향으로 작용하기도 하지만 또한 새로운 경로를 가능하게 하는 속성도 함께 갖고 있다는 입론이 가능하다. 이러한 관점에서는, <표 Ⅰ-2>에서 보듯이, 경로창출의 다양한 가능성이 열리게 된다. 여기에서 표준모델은 4분면의 가능성만을 인정하고 있을 뿐 나머지 가능성들에 대해서는 무시하는 극히 제한된 시각이라는 것이 드러난다.

경로의 효과	새로운 경로의 기원	
	의도 전략	우연 사고
신 경로를 가능하게 함	1. 행위자들이 기회를 모색, 자원과 역량을 재조합-활용함에 의해 신 경로가 조성	2. 행위자들이 자산과 경험을 획득 활용하나 우연한 사건 또는 사고가 새로운 경로를 촉발
기존 경로로 제약함	3. 기존 경로를 해체하기 위한 전략적 개입, 잠겨갇힘을 극복하기 위한 입지 전환	4. 예측 불가능한 외부 충격 또는 무작위 사건이 옛 경로를 파괴하고 새 경로를 야기

자료: Martin and Sunley(2010: 28) 수정 인용.

둘째, 앞에서 간략하게 언급하였듯이, 경로의존에 관한 표준모델에서 키워드는 '잠겨갇힘'이다. David는 경로의존모델이 표준경제학의 무역사적 성격을 넘어서고 있다고 주장하지만, 과연 그러한지에 대해서 의문과 비판이 제기되고 있다. 무엇보다 표준모델에서 잠겨갇힘의 개념은 기본적으로 평형을 중요하게 상정하고 있기 때문이다. 이를테면, David(2005: 151)에게 경로의존은 "복수의 가능한 평형 상태들 중 어느 하나의 선택"으로 정의되고, 일단 어느 한 가지 평형 상태를 선택하게 되면, 다른 상태로 옮겨 가는 것은 불가능해진다.[9] 잠겨갇힘은 이처럼 하나의 경제체제가 역사의존적 평형상태로 수렴하는 자기강화 과정을 가리킨다. 이러한 모델에서 경제사는 잠겨갇힘에 의해 산업 및 기술 시스템의 안정(평형상태)이 오랜 기간 지속되고 간헐적으로 외생적 충격에 의해 새로운 기술 또는 산업 변동이 일어나는 단계적 발전 과정이며 단속적 다중 평형(punctuated multiple equilibria)이

---

9) Page(2006)에 따르면, 경로의존은 결과의존과 평형의존의 두 유형이 있다. 결과의존형 경로의존은 한 시기의 결과가 과거의 결과에 의존하는 과정을 가리킨다면, 평형의존형 경로의존은 장기적으로 안정적인 결과 배분으로 수렴하되. 이 같은 결과배분이 과거의 결과에 의존하는 과정을 말한다.

핵심기제로 이해된다.

그러나 잠겨갇힘을 역사의존적 평형으로의 수렴 과정으로 파악하는 것은 경로의존모델에 의거해 경제진화를 설명하는 데 심각한 제약을 야기한다. 지역산업이나 지역경제가 안정적 평형상태로 수렴한다는 것이 구체적으로 무엇을 의미하는지 생각하기 어렵다.[10] 동일 업종에 속한 기업들이 특정 지역에 모여 입지하고 이러한 클러스터가 상당히 오랜 기간에 걸쳐 지속하고 있는 사례들이 적지 않다. 이러한 의미에서 지역산업의 일정한 지속성 또는 안정성을 말할 수 있고 이 같은 안정성을 잠겨갇힘의 증거라고 지적할 수 있을지 모른다. 하지만 이 같은 사례들이 평형상태를 의미한다고는 말할 수 없다. 특정 산업이 공간적으로 어느 지역에 장기간 존립하는 것이 그 산업이 더 이상 진화할 수 없게 된 것을 의미하지는 않는다. 사용하는 기술, 생산하는 제품이나 서비스, 경쟁의 형태 등 지역산업의 성격은 그 산업을 구성하는 기업에 따라서, 그리고 입지한 클러스터에 따라서 유의미하게 상이한 방식으로 상이한 정도로 변화할 수 있다. 새로운 클러스터가 기존 클러스터에 도전하여 생겨날 수도 있다. 동일한 산업 내 기업 간 경쟁과 클러스터 간 경쟁은 항상적으로 변화과정을 추동한다. 이들은 같은 산업의 경로 위에서 일어나는 변화에 해당한다. 이같은 경로의존적 진화는 평형론적 표준모델에서는 인식되지 않고, 경로의존적 잠겨갇힘의 효과가 초래하는 기존과 거의 동일하거나 단순

---

10) 지역산업이 성장하여 그 규모 – 사업체의 수, 고용, 매출 비중 등 – 안정 상태를 유지한다는 것인가, 적어도 어떠한 외부 충격에 의해 혼란이나 붕괴가 일어나기 전까지는? 하지만 그러한 경우는 흔하다고 할 수 없다. 서로 긴밀하게 연관되고 세부적으로 분업이 조율되는 업체들로 구성된 산업클러스터에서 모든 기업들이 사용하는 기술을 모두가 바꾸기 전에는 모든 기업들이 기존 기술을 고수하는 상태를 말하는가? 이러한 경우도 통상적이라고 하기 어렵다.

한 재생산으로의 수렴만 시야에 들어올 뿐이다.

이렇듯 잠겨갇힘을 평형상태로의 수렴으로 보는 것은 경로의존적 진화의 가능성을 부정한다는 점에서 근본적 문제를 야기한다. 이러한 모순을 극복하기 위해 Martin and Sunley(2006)는 잠겨갇힘을 단순히 하나의 상태가 아니라 하나의 과정으로 보는 견해를 제안한 바 있다. 즉, 지역산업의 초기 발전 단계에서는 잠겨갇힘이 수확체증 외부효과와 집적 경제를 통해 지역산업에 혜택을 가져오는 긍정적 과정으로 작용하지만, 후기에는 이와는 달리 부정적 과정이 긍정적 과정을 상쇄하고 마침내는 지역산업의 발전을 저해하여 경쟁력 상실을 초래하고 나아가서는 상대적 또는 절대적 쇠퇴를 야기한다고 보는 것이다. 그러나 이 같은 관점은 비록 평형론을 극복한 것이기는 하나 산업진화 수명주기 모델로 전락하여 경로의존적 진화의 다양한 가능성을 보지 못하는 맹점을 안고 있다.

셋째, 잠겨 갇힌 산업 또는 기술 경로의 해체(풀림, delocking)를 외부로부터의 충격에서 비롯된다고 보는 것도 그다지 적실성을 갖지 못한다. 지역산업이 폐쇄된 시스템이 아니고 새로운 경쟁자의 등장, 시장의 변동, 그리고 기술 진보 등과 같은 다종다양한 외부 압력에 노출되어 있지만, 그러한 압력과 도전은 현대 경제에서 상수에 가깝고, 보다 더 중요한 문제는 지역산업에 대한 압력의 성격과 이들에 대해 지역산업이 어떻게 대응하느냐이고, 이것은 산업의 대응능력에 따라 달라진다고 보아야 할 것이다. 또한 지역산업경로의 해체는 외생적인 요인뿐만 아니라 내생적 요인들에 의해서도 생길 수 있음을 고려해야 한다. 예컨대, 혼잡 증대에 따른 지가, 임금, 물류비용 등의 앙등과 같은 집적 불경제의 부정적 효과가 집적 경제를 능가함에 따라 타 지역으로 이전하는 기업들이 속출하거나 마침내 원래의 산업 입지가 포기되는 경우도 적지 않다. 그러한 현상은 지역기업들의 혁신 고갈에서 생길 수도 있다. 이로 인해 기업들이 경쟁력을 잃고 쇠퇴하게 되고 그리하여 해당 산업이 축소하게 된다. 또한 지역기업들이 보다 더 높은 수익성을 기대하여 다른 업종으로 다각화함으로써 기존 산업 경로의 풀림이 일어날 수도 있다. 중요한 논점은 실제에 있어 외생적으로 유발된 변화와 내생적으로 추진된 변화를 엄격하게 구분하기 어렵다는 것이다.

새로운 산업은 구 산업지역에서는 태어나지 않는다고 주장되기도 한다. 그 핵심적인 취지는 특별히 첨단 지식 및 숙련, 또는 상이한 노동·혁신·사업문화, 또는 제도적 기반을 필요로 하는 신산업들은 구래의 지식, 숙련, 기술 및 사업 및 노동 문화에 기초한 사업들을 중심으로 경로의존적 발전 역사가 축적되어 온 지역에 유치되거나 확립되기 어렵다는 것이다. 이러한 주장을 뒷받침하는 사례들이 없지 않으나 그렇다고 해서 이러한 것이 보편적이라고 할 수는 없다. 새로운 지역산업경로는 <표 Ⅰ-3>에 제시되어 있듯이 다양한 과정을 통해 창출될 수 있다. 구 산업지역이 이러한 과정에서 반드시 배제될 이유가 없다. 구 산업지역에서 과거로부터 물려받은 산업, 기술, 숙련 등의 유산은 재조합 또는 선별적 업그레이드, 방향 재정비에 의해 새로운 산업경로가 발전하는 잠재적 기반을 형성할 수 있다.

〈표 I -3〉 새로운 지역경로 창출의 원천: 몇 가지 가능한 시나리오

새로운 산업 · 기술 경로의 원천	과정
근본적 혁신	슘페터적 의미에서 근본적 일반적 혁신의 확산이 일정한 지역에서 새로운 산업 · 기술 경로 형성을 촉발할 수 있음
자생적 창출	지역 내 직접적 전철 또는 선례 없는 신기술의 출현이 전적으로 새로운 산업 발전 경로를 창출
기술적으로 연관된, 보완적이거나 보다 선진적인 산업으로 진출(branching)	지역 내 기존 활동/기술의 발전, 파생, 돌연변이, 변형에 의해 새로운 산업 · 기술이 출현
새로운 활동으로 분리 창업	기존 업체에서 분리 창업 업체들(spin-offs & spin-outs)이 지역 내 새로운 활동 · 기술의 기반 형성
타 지역으로부터 기업의 이식	타 지역으로부터 새로운 기업이나 공장의 이전이 지역 내 새로운 산업 · 기술 경로의 형성 촉진
기존 업종의 방향 재정립	지역 산업에 대한 기술, 시장경쟁, 기타 충격의 결과로 기존 업종의 재정비

자료: Martin(2011: 204).

3. 지역산업 경로의존의 대안 모델: 잠겨갇힘을 넘어

그렇다면 지역산업의 다양한 진화 가능성을 허용하는 대안적 모델을 구성할 수는 없는가? 이러한 작업은 지역경제 및 이를 구성하는 지역산업들이 David와 Arthur가 언급한 기술이나 다른 사례들과는 그 실질 면에서 중요하게 다르다는 사실에 대한 인식으로부터 시작될 수 있다.

지역산업은 많은 수의 기업들로 구성된 복합 시스템이다. 이들 기업은 크건 작건 지속적 경쟁 압력을 받고 있고 그러한 압력에 상이한 속도와 상이한 방식으로 대응할 수 있으며 그럼으로써 그 산업, 산업지구 또는 산업클러스터 전체 안에 지속성과 변동이 이루어지게 된

다. 즉, 이러한 과정을 통해 지역 산업 경로 자체가 진화하는 것이다. 뿐만 아니라, 대부분의 지역산업지구 또는 산업집적 클러스터 내에는, 심지어 고도의 전문화가 이루어진 경우에도, 많은 수의 산업과 활동들이 존재하고, 이들 각각은 그 나름의 진화 경로를 가질 수 있는 것이다. 이 경로들은 그 정도의 차이는 있겠지만 다소간에 서로 연결되어 있으며 경로의존적 공진화가 일어날 수도 있다(Martin and Sunley, 2006). 또한 지역산업과 같은 복합적 실체 그리고 그를 둘러싼 지역네트워크 외부효과는 기존의 기술 산업 경로로부터 또는 원래의 경로와 나란히 새로운 기술 산업 경로의 출현을 촉진할 수 있다. 요컨대 지역산업에서 발견되는 경험적 다양성과 복합성을 수용하는 방향으로 경로의존 모델의 재구축이 필요한 것이다.

정치학과 역사 사회학 분야에서는 진작 이와 유사한 방향으로의 진전이 이루어졌다. 지난 이삼십 년 동안, 법체계 및 기타 규제 장치 등 제도의 진화를 설명하기 위한 하나의 방법으로 경로의존모델이 광범위하게 적용되어 왔다. North(1990), Collier and Collier(1991), Pierson(2000), Mahoney(2000) 등이 David-Arthur 경로의존모델에 이끌려 David와 Arthur가 경제현상에 대해 그들의 모델을 적용하면서 역설한 다양한 수확체증효과와 자기재생산효과에 의해 제도들이 어떻게 잠겨 갇히고 안정화되는지를 고찰하였다. 이를테면 Mahoney(2000: 515)는 긍정적 환류 기제들이 종종 제도의 지속을 초래하고 이러한 다양한 재생산 기제들이 주어진 제도 유형을 잠가 가둠으로써 그 폐지가 극히 어렵게 될 정도로 인과적 효력을 발휘한다고 주장했다.

그러나 제도발전에 대한 최근 연구들은 경로의존모델에 대해 보다 비판적인 경향을 보이면서 안정보다는 지속적인 진화에 주안점을 두고 경로의존모델의 확대 수정을 추구하고 있다. 예컨대, Alexander(2001), Stark and Bruszt(2001), Thelen(2003; 2004) 등은 기존 경로의존모델이 정치사회 제도의 관성을 과대평가하고 있다고 주장했다. 제도 진화에 대한 설명에서 이들 중 일부는 수확체증 및 전환비용과 같은 용어의 사용을 회피하고 있다. 그러나 또 다른 논자들은 이러한 개념들을 아예 거부하기보다 이를 활용하여 제도가 시간에 따라 변화하는 기제들을 편입하는 방향으로 경로의존에 대한 보다 더 풍부한 해석을 이끌어 내고 있다.

이 같은 경로의존모델의 재고찰 이면에 깔려 있는 기본 생각 중의 하나는 제도나 사회경제체계는 QWERTY 키보드와 같은 기술과 같지 않다는 착안점이다(Stark, 1996; Stark and Bruszt, 2001; Boas, 2007). 이를테면, QWERTY 키보드의 사례에서 하나의 키를 다른 곳으로 옮기는 변화조차 타이피스트의 재훈련을 요구하게 되는 등 경직된 표준설정의 안정 제고 효과가 작동한다. QWERTY에 잠겨 갇혀 있다는 것은 동일한 자판 배열에 대한 잠겨갇힘을 의미한다. 타자기에서 컴퓨터로 이어진 QWERTY 키보드는 단일한, 분해 불가능한 시스템으로 이를 부분적으로 바꾸기는 불가능하고 오로지 전체를 통째로 바꿀 때만 가능하다. 그러나 사회정치제도의 경우에는 사정이 다르다. 대부분의 제도는 조직적 요소, 구조적 배열, 사회문화적 규범 및 개별 규칙과 절차 등 많은 수의 미시수준 제도들로 구성된 복합적 실체(composite entities)이다. 나아가서, 이러한 구성요소들의 다수는 나머지 모든 구성요소들의 변화 없이도 변화가 가능하다. 이 같은 과정에 의해서 하나의 제도 전체에 경로의존과 상당 정도의 지속성을 보여 주면서도 점진적 변화가 가능하게 된다.

복합적 시스템 또는 실체라는 개념은 제도에만 적용할 수 있는 것이 아님은 두말할 나위 없다. 다수의 기술들이 다수의 하위 표준 또는 구성부품들로 이루어진 복합체이다. 지역산업은 숱한 개별기업들로 구성되어 있거니와 기업들 또한 더욱더 복합적 성격을 갖고 있다. 이 기업들은 비록 동일한 산업에 속하더라도, 기업마다 생산하는 제품, 시장지향, 공정기술, 역량, 자원, 루틴, 비즈니스 모델 면에서는 다양하고 상이하다. 기업들이 경쟁하고 생존 사멸하는 것은 바로 이 같은 차이에서 연유한다. 이러한 사실에도 불구하고 산업클러스터 이론이나 연구에서는 왕왕 이러한 이질성이 간과되거나 존재하지 않는 것처럼 간주되고 있으며, 대신에 클러스터는 내적으로 동질적인 것으로 그려지고 있고, 기업들의 이질성보다는 기업 간 연계 및 네트워크(전문 공급업체, 중개기구 또는 노동의 가용성, 지식의 흘러넘침, 제도의 범위와 유형 등)가 강조된다. 지역산업이 본질에 있어 복합적이고 그 산업을 구성한 다양한 기업들로 분해될 수 있다는 사실은 지역산업이 하위 구성요소들, 즉 기업과 그 활동의 배합과 지향의 변동에 의해 진화할 수 있음을 의미한다.

역사 사회학 및 정치학 분야에서 선행 연구는 미시적 수준에서 작동하는 몇 가지 기제가 경로의존적 제도 진화를 생성함을 보여 주고 있다. 그러한 기제로는 가층, 전환 그리고 재조합이 중요하다.

첫째, 가층(layering)은 새로운 규칙, 절차, 구조들이 기존의 것에 추가됨으로써 제도가 점진적으로 변화하는 과정을 가리킨다(Thelen, 2003; Boas, 2007). 미국 의회의 예산제도는 기존 구조들을 그대로 두면서 그 위에 새로운 장치들을 덧붙이는 방식으로 진화해 왔다(Schickler, 2001). 영국의 사회보장제도는 공적연금체제를 해체시키지 않은 채 민간연

금제도를 도입하여 전체적으로 그 경로가 변화했다(Pierson, 1994). 독일의 최초 직업훈련 및 자격인증 시스템은 장인부문만을 대상으로 했으나 이후 주요 산업부문에서도 훈련제도를 도입하였고 두 시스템의 상호작용은 독일 훈련시스템 전체의 궤적을 변경시켜, 분권적인 장인시스템에서 벗어나 중앙집권화, 표준화, 통일성을 향해 발전하도록 했다(Thelen, 2004). 이처럼 각각의 새 켜는 전체 제도의 작은 변화를 구성하지만 이러한 과정이 누적 가능하여 제도의 진화가 궤도에 들어서게 되고, 마침내는 제도의 돌연변이나 근본 성격의 변화를 가져올 수 있다.

제도가 진화하는 둘째 기제는 전환(conversion)을 통한 것인데 이것은 제도가 수행하는 역할이나 담당하는 기능이 바뀌는 것을 의미한다(Thelen, 2003; Boas, 2007). 전환은 두 가지 방식으로 일어날 수 있다. 첫째, 새로운 기능, 역할을 수행하도록 제도를 변경할 필요나 욕구에서 새로운 규칙이나 절차가 도입된다는 점에서 새로운 규칙이나 절차와 같은 새로운 켜의 추가는 그 자체로 제도적 전환이나 재정향의 원천이 된다. 둘째, 전환의 원천은 외적 압력이나 외부 상황의 발전에 대응하여 또는 학습과정을 통해 기존 규칙들이 개선됨에 따라 제도의 기존 구조와 배열이 새로운 목적에 봉사하도록 방향이 재설정되는 경우이다. 새로운 규칙이나 절차 자체가 추가되는 것이 아니라 기존 규칙과 제도가 재배치되거나 수정되는 것이다. Thelen(2003; 2004)에 따르면, 독일 훈련제도의 전환은 두 차례에 걸쳐서 발생했다. 먼저 장인부문과 산업부문의 통합과 함께, 그리고 시스템을 관리하는 구성원으로 조직노동이 통합되면서 시스템이 확대되었을 뿐만 아니라 기능도 변화되었다.

셋째 제도 진화의 기제는 "재조합 경로의존 모델"(Stark and Bruszt, 2001)과 경로창출의 "구조화된 다양성" 모델(Schneiberg, 2007)에서 발견된다. 동구 국가들이 탈사회주의체제로 이행하는 다양한 경로들에 대한 분석에서 Stark and Bruszt(2001: 1132~3)는 "경로의존은 결정론도 아니고 무결정론도 아니며, 사회적 혁신의 재조합성을 파악하기 위한 하나의 방법이다."라고 주장했다. 이들에 따르면, 그 어느 특정한 기존 사회정치경제구조도 자원과 속성의 체계이며, 행위자는 그러한 자원과 속성들을 새로운 자원과 속성들과 결부하여 재조합하고 재정의할 수 있고 그 결과로 새로운 구조가 산출된다. 이 같은 재조합은 경로의존의 원천이자 진화의 원천이 된다. 기존 사회적 제도적 자원은 급격한 변화의 시기에도 일정한 역할을 한다. 사회적 변혁의 사례들이 경로의존의 특징을 보여주는 역설에는 기존하는 제도적 자원의 활용이 자리 잡고 있다.

이와 유사한 맥락에서 Schneiberg(2007)는 제도적 경로를 접근하는 또 다른 각도의 관점을 제공하고 있다. 그의 관점에서 제도적 경로는 여러 켜이며, 구성요소들로 분해 가능하며, 경쟁적인 논리들을 가진 구조화된 다양성을 포함하고 있어서 행위자들이 기존 구성요소들의 전환과 재조합 또는 새로운 더 나은 가능성을 가진 별도의 실험, 즉 새로운 경로의 창출을 위해 사용할 수 있는 것으로 파악된다. 이 같은 관점은 "내적 구조주의적" 접근이라고 일컬어진다. 경로 자체를 살펴보되, 기존의 배열과 구조를 갖고 행위자들이 무엇을 할 수 있는지, 기존 경로 안에 경로의 변혁이나 새로운 경로의 창출을 위한 자원들을 어떻게 포함하고 있거나 생성할 수 있는지를 주목한다. 과거에는 부분적으로만 성공적이었거나, 불완전하거나 실패한 실험과 발전의 경우에도 그 과정에서 형성된 지식, 경험, 역량의 자원은 일정한 조건하에서는 대안적 발전을 위해 재배치 또는 재활성화될 수 있다. 또한, 하나의 제도적 경로는 다른 제도적 경로에 영향을 미칠 수 있다. 공존하는 제도들의 요소나 구성부분을 주체들이 차용, 적응, 학습 또는 실험하거나 재조합하는 과정은 "교차 경로 효과"를 발휘할 수도 있다. 이러한 과정은 그 자체로 새로운 경로 창출의 중요한 힘이 될 수 있다. Schneiberg는 20세기 전반부 미국에서 농업, 전력, 보험 등 부문에서 시장이나 기업이 아닌 비영리 협동조합/공제회의 등장과 전개에 대한 분석을 통해 이 같은 구조적 다양성이 지역적으로 북부 중서부 지역과 동부에서 집중적으로 나타났고, 이러한 흐름은 이 지역들에서 그 이전 19세기 말에 시도된 진보적 제도 내지 조직 실험, 운동, 지식의 편린이 재발견, 재활용되어 생산조직의 지배적 형태인 기업방식과 더불어 새로운 고유한 지역적 경로를 형성한 것이었음을 보여주고 있다.

이상에서 살펴본 역사비교 사회학과 정치학 분야에서의 경로의존에 대한 대안적 시각의 연구들은 지역산업의 진화에 대한 경로의존 모델에 상당한 시사점을 던져 준다.

먼저 가층은 지역산업 내 기업들의 구성 변화에 잘 부합된다. 즉, 새로운 기업들이 많건 적건 지속적으로 창출되거나 추가되어 지역산업이 성장하고 발전한다. 이들은 기존 업체들에서 분리하여 창업한 업체(spinoffs)일 수도 있고, 전적으로 새로운 벤처업체, 혹은 타지에서 전입해 온 업체일 수도 있다. 동시에 일부 기존 업체들은 도산하거나 지역에서 나가기도 한다. 경쟁 업체들의 추가와 삭감 및 그에 따른 상이한 업체들의 상대적 빈도(비중) 변화는 다양성을 만들어 내는 주요 힘이다. 다양성은 진화의 기반 원리이다. 한 산업의 신생 기업들은 보다 더 선진적 기법을 채용하거나, 산업 제품들의 경쟁적 또는 상이한 변이품들을 제공하고, 상이한 생산성과 혁신 프로파일을 갖는다. 산업이 발전함에 따라 기업들의 진입, 퇴출, 생존 간의 균형은 달라질 수 있고, 그 균형을 추동하는 것은 관련 시장에서 기업들의 상대적 경쟁력에 의해 규정되는 선택 과정이다. 한 산업이나 산업클러스터의 성장주기의 초기단계에서 기업 진입과 퇴출의 균형은 진입 쪽으로 기울고, 그러한 수명주기의 성숙 및 최종 단계에서는 퇴출 쪽으로 기울어진 것으로 종종 상정된다. 설령 그렇다 할지라도, 비록 지역산업이 기업 수 등의 측면에서 쇠퇴하기 시작하고 있다고 하더라도 지역산업이 진화를 멈추었다고 할 수 있는 것은 아니다. 성숙 또는 사양 산업클러스터에서도 잔존하는 기업들은 보다 더 혁신적이고 경쟁력이 있는 기업들인 사례는 얼마든지 찾아볼 수 있다. 중요한 쟁점은 지역산업을 구성하는 전체 기업들의 구성은 시간의 흐름에 따라 변동한다는 것이고 이것은 지역산업 전체에서의 지속적 진화와 변동의 잠재적 원천이라는 것이다.

둘째, 전환 개념도 지역산업 맥락에서 잘 적용될 수 있는 대쌍이 있다. 지역산업 내 기업들이 시장 기회, 경쟁 압력, 지식 확산 등의 자극에 대응하여 추구하는 신제품, 공정기술, 관리조직 등의 지속적 혁신이 바로 그것이다. 보다 새로운 기술, 상이한 제품 등을 채택한 기업들의 진입은 전환(제품 혁신과 정비)의 원천이고 이러한 기업들은 다시 기존 기업들에 전시 효과 또는 흘러넘침 효과를 산출할 수 있다. 이러한 과정들이 작동하는 만큼 지역산업 전체의 기술과 제품 지향은 시간을 두고 서서히 바뀔 수 있다. 제도 진화의 사례에서와 마찬가지로 지역산업의 가층과 전환 과정은 상호작용한다. 뿐만 아니라 이들이 누적적으로 작용하여 동종 지역산업들을 지원하고 수혜를 주는 네트워크 외부효과 또한 변화한다. 지역노동력의 숙련, 중개기관, 공급업체, 지역 지원기관들의 범위 등은 지역산업의 경로가 진화함에 따라 함께 변화한다.

셋째, 구조화된 다양성과 재조합 개념은 경로의존이론이 경로의 창출과 갱신에 대해 보다 더 분명하게 고려해야 한다는 주장에 무게를 실어 준다. 이러한 개념은 새로운 경로들이 기존의 경로들에 잠재해 있거나 기존 경로들로부터 나올 수 있다는 관점을 강화해 준다. 기업과 산업 조직 연구 문헌(Garud and Karnoe, 2001)을 보면 과거에 있었거나 기존하는 기술 산업 활동의 경로들에서 획득되고 사용된 자원과 능력이 기업가 정신에 의해 목적의식적으로 재조합되어 기존 경로에서 벗어나 마침내 새로운 경로를 여는 기초가 되는 방식에 대한 인식이 증대해 왔다.

한 산업의 지역적 지식 숙련 기반은 관련된 산업의 새로운 지역적 경로 생성의 기초를 형성할 수 있다. 지역의 분리창업업체들은 그들의 모기업에서 물려받은 루틴과 역량을 사용하여 새로운 제품과 공정을 시작할 수 있다. 특정한 경로에 있는 업체들의 지역적 배태성은 새로운 기술 산업 경로를 시작하는 데 필요한 자원과 경험을 축적할 수 있도록 해 준다.

물론 지역 경제 주체들은 새로운 경로를 시작하거나 기존 경로를 갱신하기 위해 지역에 바탕을 둔 자원이나 경험을 사용할 수도 있고 사용하지 않을 수도 있다. 그렇지만 중요한 것은 지역산업발전의 새로운 경로는 종종 기존의 오래된 경로들에서 출현하는 것이 사실이고, 그리고 어떠한 지역들은 다른 지역들보다 이러한 과정을 보다 잘 나타내 보여 준다는 점이다. Stam and Garnsey(2009)는 이러한 현상을 일컬어 "긍정적 경로 의존"이라고 말했다. 혁신은 지역특수적 요인과 조건에 의존하는 고도로 지역화된 현상인 경우가 적지 않다. 그러한 요인과 조건은 단지 우연 또는 무작위로 생기는 것은 아니고 종종 한 지역의 이전 산업 기술 역사로부터 상속된 경제·사회·문화·제도적 조건들로부터 결과한 것이거나 그러한 조건들을 반영한다. 새로운 산업들은 기존 지역 산업들에 축적된 지식 자원 기반을 토대로 세워질 수 있다. 조직 출생과 유전 그리고 인지적 재조합을 통해.

물론, 어떠한 지역들에서는 과거 경제발전을 추동한 구체적인 요인들로 인하여, 지역적 환경이 새로운 기술과 산업들의 출현을 제약하기도 한다. Stam and Gansley(2009)에 따르면 이러한 현상은 "부정적 경로의존"이라고 할 것이다. 이 같은 제약 효과는 과거로부터 물려받은 지식과 자원이 새로운 역량으로 재조합 또는 전환되기 어려운 데에서 비롯될 수 있다. 또는 바로 과거의 성공으로 인한 것일 수도 있다. 즉, 기존 산업의 성공이 지역의 토지 지대, 물가, 및 임금을 올려놓아 새로운 기업의 진입이 억제될 수도 있다. 그러나 여기서 강조해야 할 점은 경로의존이 반드시 부정적 경로의존으로 귀착되는 것은 아닐 수 있다는 점이다.

이와 관련해 Martin(2010: 21)은 <그림 Ⅰ-2>에서와 같이 지역산업 진화의 대안적 경로의존 모델을 제시하고 있다.

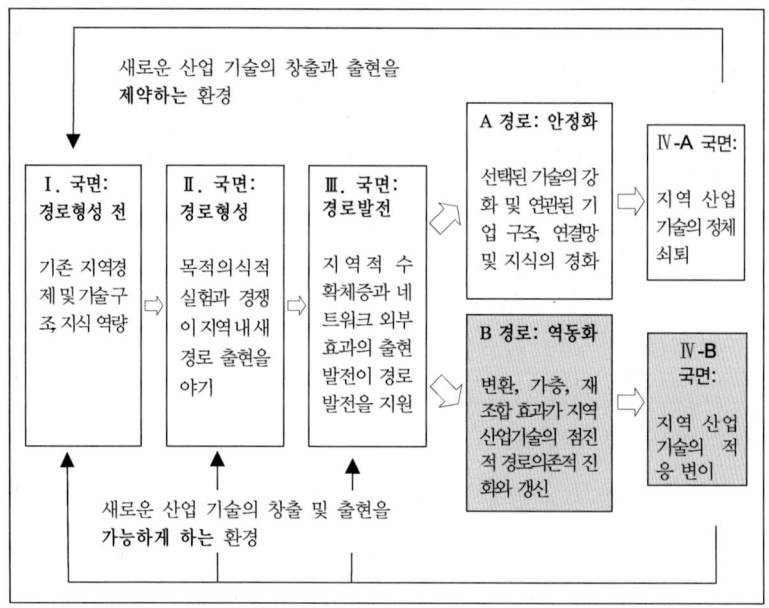

새로운 산업 기술의 창출과 출현을 **제약하는 환경**

I. 국면: 경로형성 전	II. 국면: 경로형성	III. 국면: 경로발전
기존 지역경제 및 기술구조, 지식 역량	목적의식적 실험과 경쟁이 지역내 새 경로 출현을 야기	지역적 수확체증과 네트워크 외부효과의 출현 발전이 경로 발전을 지원

A 경로: 안정화
선택된 기술의 강화 및 연관된 기업 구조, 연결망 및 지식의 경화

IV-A 국면:
지역 산업 기술의 정체 쇠퇴

B 경로: 역동화
변환, 가층, 재조합 효과가 지역 산업기술의 점진적 경로의존적 진화와 갱신

IV-B 국면:
지역 산업 기술의 적응 변이

새로운 산업 기술의 창출 및 출현을 **가능하게 하는 환경**

자료: Martin(2010: 21)을 일부 수정.

〈그림 I-2〉 지역산업 진화의 대안적 모델

이 모델은 새로운 지역산업의 출현이 "우연" 또는 "역사적 사고"에서 연유하지 않고 오히려 이전 지역 경제 발전의 경로와 패턴에서 물려받은, 기존하는 자원, 능력, 숙련, 경험에 의해 적어도 부분적으로는 촉진되거나 가능하게 된 것일 수 있음을 보여 준다. 이처럼 과거로부터 상속된 조건들은 지역 주체들 가운데 목적의식적 의지적 실험과 경쟁이 일어나는 환경을 조성한다. 어떠한 지역산업이 나타나, 충분한 임계량을 넘어서게 되면, 경로의존적 성장을 추동하는 일종의 자동촉매 네트워크 외부 효과를 자극할 것이다.

단순화하여 말하자면, 지역산업의 진화는 두 가지 유형의 경로를 취할 가능성이 있다. 하나는 표준 경로의존 모델이 강조하는 경로이다. 즉, 선택된 기술의 강화와 더불어 안정적인 자기재생산 형태로 수렴하는 경로로 혁신은 거의 없고, 내생적 변화도 거의 없는, 결과적으로 지속성과 정체가 지배하게 되는 경로이다. 그와 같은 결과는 지역산업으로 하여금 시장의 변화에, 타 지역의 보다 생산성이 높은 (저렴한) 경쟁업체의 출현에 취약하게 하여 결국 쇠퇴하게 한다. 또한 새로운 지역산업 경로들에 대한 진취적 기업가 정신과 실험에 불리한 지역환경을 조성하기 쉽다. 이와는 달리, 둘째 유형의 경로는 내생적 변화와 진화에 더 개방적이고 용납한다. 가층, 전환, 재조합 과정들의 결과로 산업은 시간을 두고 서서히 변동함에 따라 경로의존적이면서 동시에 발전적인 궤적을 만들 수 있다. 물론, 실제에 있어 지역산업에 따라 적응의 속도는 차이가 있고, 이 또한 변화한다. 한 지역산업의 적응력은 시간의 경과와 더불어 저하할 수 있고 그에 따라 그 산업이 쇠퇴할 수도 있다. 즉, 후자의 경로에 있는 산업도 시간의 경과와 함께 전자의 경로로 들어설 수 있다.

경로의존에 관한 표준 모델은 <그림 Ⅰ-2>에서 A 경로로 제시된 것과 같은 지역산업의 변화만을 대상으로 삼고 있을 뿐이고 B 경로와 같은 종류의 지역산업 변화에 대해서는 아무런 조명을 하지 못하고 있다. <그림 Ⅰ-2>의 대안적 모델은 A 경로도 포함하고 있으나 B 경로의 가능성에 주목하고 있고, B 경로의 가능성이 A의 가능성보다 적지 않음을 함축하고 있다. A 경로의존에 따른 지역산업의 잠겨갇힘 또는 정체와 같은 사례들이 얼마나 많은가? 이것은 경험적으로 확인해야 할 문제이다. 다만, 기술변화의 경우에서도 잠겨갇힘은 특수한 사례에 한정된다는 것이 일반적으로 인정되고 있듯이, 지역산업의 변화에 대한 문헌들에 의거할 때, 잠겨 갇혀 정체된 지역산업은 아마도 비교적 희귀한 경우에 해당하는 반면, B경로를 통해 부단히 변모 진화해 온 경우들이 보다 더 많지 않은가 생각된다.

요컨대, 대안적 모델의 주된 특징은 경로의존을 과거의 선택이 미래의 선택을 제약하는 부정적 과정이라기보다 가능하게 하고 촉진하는 긍정적 과정으로 상정하고 있고, 그럼으로써 표준모델과는 달리 경제적 진화의 메커니즘으로서 경로의존의 역할을 확장하고 있다는 점이다.

4. 맺음말

지역산업의 구조전환, 잠겨갇힘, 발전 등 지역산업의 변화와 진화에 대하여 보다 잘 이해하기 위해 경로의존 개념이나 모델에 대한 관심이 증대한 것은 그만큼 유용성이 있을 것으로 기대했기 때문이다. 그러나 경로의존 개념이 의미하는 진화의 성격이 무엇인가? 이 질문에 대한 답을 찾기 위해 문헌을 통해 경로의존에 관한 표준 모델의 핵심 논리와 문제점을 살펴보았다. 그 결과 표준모델에서 경로의존개념을 구성하는 핵심 관념인 "잠겨갇힘"이 기존산업의 지속성이나 안정성을 내포할 뿐이고 변화나 진화와는 거리가 먼 것이 주요한 문제점의 하나로 파악되었다. 따라서 잠겨갇힘 관념을 현재 상태 그대로 적용하는 것은 지역산업의 진화를 탐구하기 위한 이론적 틀로서 경로의존 모델의 잠재적 유용성을 심각하게 제약한다는 비판이 가능하다. 그렇다고 해서 잠겨갇힘 관념을 경로의존 모델에서 아예 폐기해야 한다고 주장하는 것은 아니다. 지속성, 안정, 타성보다는 진화에 초점을 맞추는 방향으로 경로의존 모델을 재구성하는 것이 필요하다는 것이다. 이러한 취지에서 표준모델을 수정하여 지역산업의 다양한 가능성들을 상정하는 대안적 모델을 살펴보았다.

대안적 모델은 역사사회학, 정치학 등 제도 변화에 대한 최근 연구들에서 경로의존과 잠겨갇힘을 비판적으로 극복하는 성과들의 통찰을 참조한 것이다. 제도 연구 분야에서 진전되고 있는 논의 중 특별히 가층, 전환, 재조합 등의 개념은 지속적 변화를 산출하고 그럼으로써 안정적 평형 상태로 잠겨갇힘을 방지하는 메커니즘이다. 지역산업에도 이 같은 개념들에 부합되는 과정들이 작동하고 있다. 지역 내 기업의 부단한 창출과 소멸, 진입과 퇴출, 기술 혁신, 기존 자원, 역량, 지식, 인력의 활용 등은 지역 산업에 다양성, 새로움, 돌연변이, 적응을 창출하고 이러한 과정들을 통해 지역산업이 진화한다.

지역산업 변화에 대하여 경로의존 개념을 적용하여 접근하는 것은 현재의 특정한 지역산업의 특징적 지형과 구조를 산출한 특수한 역사적 기제와 사건의 연쇄들을 규명하고 이해하는 데 주된 의의가 있다. 경로의존 표준모델은 지역산업의 경로의존을 야기하는 메커니즘으로 수확체증효과나 네트워크 외부성에 대해 과도하게 초점을 맞추었다고 할 수 있다. 이러한 기제들이 해당 기업이나 업종의 경쟁우위를 확보하는 데 중요하게 도움을 준다고 할 수 있겠지만 지역산업의 구조변화와 같은 역동적 진화를 밝히는 데에는 그다지 도움이 되지 않는다고 할 수 있다.

지역산업 진화의 대안적 모델은 지역산업이 대단히 복잡다단한 복합적 구성체라는 사실에 주목하고 있다. 그것은 기업, 산업, 하위업종, 지역 등 다차원적으로 구성되어 있으며, 더구나 각각이 폐쇄된 시스템이 아니라 광역, 국가, 세계 등 공간적으로도 개방된 시스템을 구성하고 있다. 이처럼 복잡한 시스템의 진화를 이해하는 데 경로의존에 대한 대안적 모델은 표준모델을 수정하여 보다 확대된 열린 시각을 제공하고 있다고 할 수 있다.

그러나 대안적 모델이 지역산업의 진화에 대하여 모든 의문을 해결해 주는 것은 아니다.[11] '지역산업의 경로의존이라고 할 때, 지역산업을 구성하는 기업, 산업(또는 하위업종), 지역경제 전체 중 그 어느것을 의미하는가', '경로의존기제가 기업, 업종, 산업, 지역(하위지역) 등 다차원적으로 상이하게 작동하고 있다면, 이들이 서로 어떻게 상호작용하는가', '이러한 다차원적 경로의존의 원천은 무엇이며, 공간적으로 초지역적인 국가 또는 세계적 수준에서의 경로의존과는 어떻게 관련되는가' 등 무수히 많은 의문점과 쟁점들이 남아 있다. 말하자면 경로의존개념은 지역산업의 변화 발전에 대한 새로운 시각을 열어 주고 있지만 현재 그 이론적 경험적 연구는 아직 초보적인 단계라고 해도 과언이 아니어서 밝혀진 것보다는 해명을 필요로 하는 것들이 널려 있는 셈이다.

---

11) Martin의 대안적 경로의존모델을 둘러싼 토론은 최근 *International Journal of Urban and Regional Research*에 실린 Oosterlynck(2012), Drahokoupil(2012), Simandan(2012)의 논평과 Martin(2012)의 응답을 참조.

참고문헌

Arthur, W. B. 1989. Competing technologies, increasing returns, and "lock-in" by historical events. *Economic Journal* 99: 116~31.

_____. 1994. *Increasing returns and path dependence in the economy*. Ann Arbor: University of Michigan Press.

Bathelt, H. and Boggs, J. 2003. Toward a reconceptualization of regional development paths: Is Leipzig's media cluster a continuation of or a rupture with the past?. *Economic Geography* 79(3): 265~293.

Boas, Taylor, C. 2007. Conceptualizing Continuity and Change: The Composite-Standard Model of Path Dependence. *Journal of Theoretical Politics* 19(1): 33~54.

Cho, M. and Hassink, R. 2009. Limits to locking-out through restructuring: The textile industry in Daegu, South Korea, *Regional Studies* 43(9): 1183~1198.

Collier, R. B. and Collier, D. 1991. Shaping the political arena: Critical junctures, the labor movement, and regime dynamics in Latin America, Princeton : Princeton University Press.

David, P. A. 1985. Clio and the economics of QWERTY. *American Economic Review* 75: 332~337.

_____. 2005. Path dependence in economic processes: in Dopfer, K. (ed). *The Evolutionary Foundations of Economics*. Cambridge: Cambridge University Press.

Drahokoupil, J. 2012. Beyond lock-in versus evolution, towards punctuated co-evolution: on Ron Martin's 'Rethinking regional path dependence'. *International Journal of Urban and Regional Research* 36.1, 166~71.

Garud, Raghu, & Peter Karnøe. 2001. path creation as a process of mindful deviation', in Garud, P. and Karnøe, P. (eds). *Path Dependence and Creation*. London: Lawrence Erlbaum Associates. 1~38.

Grabher, G. 1993. The weakness of strong ties: the lock-in of regional development in the Ruhr area, in Grabher G. (ed). *The Embedded Firm: On the Socioeconomics of Industrial Networks*. London: Routledge.

Hospers, G-J. 2004. Restructuring Europe's Rustbelt: The Case of the German Ruhrgebiet. *Intereconomics*. May/June, 147~156.

Lester, R. K. 2005. *Universities, Innovation, and the Competitiveness of Local Economies*. MIT Industrial Performance Center Working Paper 05-010.

Martin, R. 2010. Roepke Lecture in Economic Geography - Rethinking Regional Path Dependence: Beyond Lock-in to Evolution. *Economic Geography* 86: 1~27.

_____. 2011. Regional economies as path-dependent systems: some issues and implications. in Cooke, P., Asheim, A., Boschma, R., Martin, R., Schwarz, D., and Toedtling, F. (eds.). *The Handbook of regional innovation and growth*. Cheltenham: Edward Elgar.

_____. 2012. (Re)Placing Path Dependence: A Response to the Debate. *International Journal of Urban and Regional Research* 36(1): 179~192.

_____. and Sunley, Peter. 2006. Path Dependence and Regional Economic Evolution. *Journal of Economic Geography* 6: 395~437.

_____. and Sunley, Peter. 2010. The Place of Path Dependence in an Evolutionary Perspective on the Economic Landscape, in Boschma, R. and Martin. R. (Eds). *Handbook of Evolutionary Economic Geography*, Chichester: Edward Elgar, 62~92.

Neffke, F., Henning, M. and Boschma, R. 2011. How Do Regions Diversify over Time? Industry Relatedness and the Development of New Growth Paths in Regions. *Economic Geography* 87(3): 237~265.

North, D. 1990. *Institutions, institutional change and economic performance*. Cambridge, U.K.: Cambridge University Press.

Oosterlynck, S. 2012. Path dependence: a political economy perspective. *International Journal of Urban and Regional Research* 36.1, 158~65.

Schneiberg, M. 2001. What's on the path? Path dependence, organizational diversity and the problem of institutional change in the US economy, 1900-1950. *Socio-Economic Review* 5, 47~80.

Schwartz, H. 2003. Down the Wrong Path: Path Dependence, Markets and Increasing Returns. http://www.people.virginia.edu/~hms2f/path.pdf.

Setterfield, M. 1993. A model of institutional hysteesis. *Journal of Economic Issues* 27: 755~774.

Simandan, D. 2012. Options for moving beyond the canonical model of regional path dependence. *International Journal of Urban and Regional Research* 36(1): 172~8.

Simmie, James, and Ron Martin. 2010. The Economic Resilience of Regions: Towards an Evolutionary Approach. *Cambridge Journal of Regions, Economy and Society* 3: 25~43.

Stam, E. and Garnsey, E. 2009. Decline and renewal of high-tech clusters: The Cambridge case. Paper presented at the DRUID Summer Conference, Copehagen Business School, June 17~19.

Sydow, J. A., Schreyögg, G. and Koch, J. 2009. Organizational path dependence: Opening the black box. *Academy of Management Review* 34(4): 689~709.

Thelen, K. 2003. How institutions evolve: Insights from comparative historical analysis. in Mahoney, J. and Rueschemeyer, D. (Eds.). *Comparative historical analysis in the social sciences*. New York: Cambridge University Press.

Thelen, K. 2004. *How Institutions Evolve:: The Political Economy of Skills in Germany, Britain, the United Staes and Japan*. New York: Cambridge University Press(신원철 (역). 2011. 『제도는 어떻게 진화하는가: 독일 영국 미국 일본에서의 숙련의 정치경제』. 서울: 모티브북).

Vergne, J.-P. and R. Durand. 2011. The Path of Most Persistence: An Evolutionary Perspective on Path Dependence and Dynamic Capabilities. *Organization Studies* 32(3): 365~382.

Walker, R. 2000. The Geography of Production. in Sheppard, Eric S., and Trevor J. Barnes. (Eds.) 2000. *A Companion to Economic Geography*. Oxford: Publishers.

구로공단의 형성과 변모
(1963~1987년)

이상철

DIGITAL
INDUSTRIAL
COMPLEX

1. 머리말

서울디지털산업단지로 개명한 구로공단[1]은 산업구조의 전환에 성공한 대표적 사례로 지목되고 있다(박용규 외, 2007). 이에 따라 최근 구로공단의 현황이 언론의 스포트라이트를 받고 있다.[2]

재일교포의 기업을 유치하여 수출을 증대시키려는 목적으로 조성되었던 구로공단은 지난 50여 년 동안 많은 변화를 겪었다. 그렇지만 기존 연구의 대부분은 1980년대 말부터 1990년대 동안 구로공단의 구조조정 과정에 초점을 맞추고 있어서(정성훈, 1993; 노병직 외, 1994; 조명래 외, 1995; 구양미, 2002), 구로공단 조성 초기 상황에 관한 내용은 이들 연구에서는 간단히 언급하는 것에 그치고 있는 실정이다. 한편 대부분의 관변 자료에서는 구로공단은 박정희정부 시기

---

* 이 글은 '동향과 전망(2012년 여름호, 통권 85호)'에 게재된 '수출산업단지의 형성과 변모 : 구로공단 (1963–1987년)'의 글을 일부 수정, 보완한 글임

1) 이하에서 '구로공단'은 한국수출산업공단이 1965~73년 사이에 조성했던 수출산업공업단지인 제1·2·3단지에 해당하는 지역이다.

2) 「G밸리(서울디지털산업단지)' 1만 개 기업, 10조 매출」, 『조선경제』, 2010.7.19. 및 「테헤란로 닮아가는 서울디지털단지 ······상가도 주택도 '들썩'」, 『조선경제』, 2011.9.23.(http://biz.chosun.com)

수출지향공업화정책 성공 사례의 하나로 언급되고 있을 뿐이다. 결국 구로공단 조성 초기인 1960~70년대의 변모 과정에 관한 본격적인 역사적 연구는 전무한 실정이다.[3]

이하에서는 수출산업공업단지의 건설이 구상되기 시작했던 1963년부터 노동자대투쟁이 일어났던 1987년까지 기간 동안의 구로공단 지역을 분석의 대상으로 하여, 구로공단의 조성과 관련된 각종 정책의 구체적 내용, 그리고 시기별 공단의 성격 및 입주업체의 구성 변화를 살펴보고자 한다.

제2장에서는 수출을 증대시키기 위해서 재일교포의 기업을 유치하기 위한 공업단지를 건설한다는 아이디어가 나타나고, 이것이 구로동에 수출산업공단을 건설하는 안으로 구체화되는 과정을 살펴본다. 제3장에서는 제1단지의 건설 및 기업의 입주과정, 그리고 이를 뒷받침한 제도의 정비 과정을 살펴본다. 제4장에서는 제1단지에만 머무르지 않고 제2, 제3의 단지로 확장해 가는 과정에서, 대내외적인 제약 속에서, 구로공단의 성격이 변모하는 과정을 살펴본다. 나아가 한편으로는 산업입지 관련 정책의 변화에 의해 영향받으면서, 다른 한편으로는 서울이라는 특정 지역에서의 산업경제적 요구에 대응하면서 구로공단이 변모하는 과정도 살펴본다.

이 시기 구로공단에 관한 연구는 한국현대경제사에서 가장 관심을 끄는 주제 중의 하나인 수출주도공업화정책의 구체적 사례연구로서 의미를 가질 뿐 아니라, 서울-혹은 수도권-이라고 하는 특정한 지

---

3) 구로공단의 전체 역사를 다루고 있는 자료는 있다. 서울특별시구로구(1997)의 제8장('수출산업공업단지의 발전과 문화')은 1960년대 초부터 1990년대 중반까지 구로공단의 변모 과정을 서술하고 있다. 그렇지만 대부분이 한국수출산업공단(1994)에 이미 수록된 내용을 정리하는 수준에 머무르고 있다는 한계가 있다.

역에서 조성된 공업단지가 한편으로는 중앙정부의 정책목표에 종속되면서, 다른 한편으로는 현실의 지역화경제와 도시화경제의 논리에 적응하면서 어떻게 변모해 가는가라는 물음에 대한 시사점도 제공해 줄 수 있을 것이다.

2. 수출산업공업단지 건설 구상

1963년 3월 7일 오후 6시 반도호텔 다이너스티룸에서 수출산업촉진위원회 발회식이 거행되었다. 이날 모임에는 정부 측에서 김현철 내각수반을 비롯하여 유양수 재경위장, 경제부처 장관, 그리고 경제인협회 회원 등 300여 명이 참석하였다. 이 위원회는 수출산업의 체질개선과 수출진흥의 추진을 위해 구성된 기구로서, 한국나일론(주) 사장 李源万을 위원장으로 선출하였다(한국수출산업공단, 1994, p.142). 물론 정부 측 인사들도 이 위원회에 참여하였는데, 김현철 내각수반은 고문으로, 경제부처 장관과 한국은행 및 한국산업은행 총재 등은 명예위원으로 하여 총 45인의 위원 속에 포함되어 있었다.[4]

---

4) 수출산업촉진위원회의 구성 멤버는 다음과 같았다. ◀ 고문 김현철(내각수반) ◀ 명예위원 박충훈(상공부장관) 장경순(농림부장관) 민병도(한국은행총재) 서진수(한국산업은행총재) 박동규(중소기업은행장) 송대순(대한상공회의소회장) 이활(한국무역협회장) 김기엽(한국무역진흥공사) ◀ 위원장 이원만(한국나일론주식회사) ◀ 위원 이정환(농업협동조합중앙회) 한정대(한국물품군납조합) 오정수(한국무역협회) 이구종(중소기업협동조합중앙회) 김영호(한국공예협동조합연합회) 김팔숙(한국양고라협회) 권기동(대한잠사회) 이순직(한국피혁공업협회) 최기호(영풍상사주식회사) 현정주(대한요업총협회) 박덕신(대한고무공업협동조합) 이평기(한국수산통조림제조업협동조합) 한기태(한국합성수지공업협동조합) 길항진(대한수산협동조합중앙회) 전택보(주식회사천우사) 윤명현(원동탄좌산업주식회사) 여상원(동신섬유산업주식회사) 신영술(한국철장주식회사) 이동준(천마중석광업주식회사) 서갑호(판본방적주식회사) 김영식(국도건설주식회사) 박응철(고려석면고무공업주식회사) 황상근(천양산업주식회사) 김기탁(삼화실업주식회사) 이도영(일신산업주식회사) 임문환(조선상선주식회사) 조홍제(효성물산주식회사) 심상준(제동산업주식회사) 김지태(조선견직주식회사) 장영섭(남선목재주식회사) 오신호(도림수산주식회사) 김인득(한국스레트공업주식회사) 우창형(삼풍제지주식회사) 구인회(락희화학공업사) 정영호(대명광업개발주식회사)(한국수출산업공단, 1994: 144).

이 위원회는 앞으로 하게 될 주요 사업 중의 하나로 "교포중소기업
단체 및 개인의 資力기술도입 알선과 유치"를 위한 교포모국투자안
내소의 설치, 그리고 수출을 위한 시험소 및 수출산업전시센터의 설
립 및 운영을 제시하고 있었다.[5]

수출산업촉진위원회의 결성은 그해 연초에 경제인협회 회원과 박
정희 국가재건최고회의 의장 등과의 경제간담회에서 이원만이 행한
발언이 계기가 되어 이루어졌다고 한다. 1월 8일 코리아하우스에서
개최된 이날 간담회에서 이원만은 다음과 같이 공산품 수출 및 외자
도입의 중요성을 역설하였던 것이다.

> 수출이 안 되는 물건이 없습니다. 우리나라는 어느 민족보다도 머
> 리가 좋은 데다가 지금 선진국보다 가공임이 헐합니다. 농공병진의
> 대정책을 수립해야 합니다. 외자도입을 적극적으로 추진하여 확대
> 균형을 하면 되는 것입니다. 그러므로 우리가 노력만 하면 남의 나
> 라보다도 더 잘살 수 있다는 것을 나는 확신하는 바입니다(이원만,
> 1977: 264).

간담회가 끝난 뒤 박정희 의장은 수출이야기가 특히 인상적이었다
고 말하고 다음 날 중으로 경제계 대표들이 최고회의에 나와 자세한
보고를 해 달라고 요청하였다. 1월 9일 10시에 한국경제인협회의 이
정림 회장, 이한원 부회장, 김입삼 사무총장, 그리고 이원만 사장 등
이 최고회의 의장실을 방문하였다(김입삼, 2003: 150). 이 자리에서 재
일교포의 자본과 기술을 유치하여 공산품을 생산하여 수출하는 방안

---

5) 수출산업촉진위원회에서 하게 될 주요 사업은 이 밖에도 ① 제품수출을 위한 산업개발 및 이에 관련된 조
사 연구와 계획 수립, ② 개발 가능한 수출산업의 업종 및 품종의 조사 검토, ③ 관련자의 해외파견 주선
및 시장기술착상의 조사, ④ 기술지도훈련 방안 추진, ⑤ 수출제품의 품질향상 및 국제신용의 앙양책 강구,
⑥ 관련업체 및 기업체와의 긴밀한 협조, ⑦ 수출산업촉진을 위한 권장 및 선전, ⑧ 수출산업촉진을 위한
대정부 건의 등이었다(『동아일보』, 1963.3.7.).

(이원만, 1977: 266~7)과 한국경제인협회 내에 수출산업위원회를 설치하여 수출산업진흥을 위한 제반 정책을 정부에 지속적으로 건의하는 방안(김입삼, 2003: 150)이 논의되었던 것이다.

공산품의 수출을 강조하고 그 방안의 하나로서 재일교포의 자본과 기술을 활용하자는 민간기업가의 발언이 정책 최고결정권자의 관심을 끌 수 있었던 것은, 당시 정부의 주된 관심사가 공산품 수출의 확대에 있었기 때문이었다.

1962년 1월에 발표되었던 제1차 경제개발5개년계획은, 수출 품목에 국한해서 본다면, 1차산업제품 및 광산품, 그리고 보세가공제품의 수출에 주안점을 두고 있었다. 그렇지만 당초 기대했던 보세가공은 극히 부진했으며, 농산물과 광산물의 수출은 기대에 못 미쳤다. 그렇지만 공산품의 수출은 호조를 보이고 있었다(이상철, 1997: 87~8). 더욱이 1962년부터는 국제수지 구조의 변화에 따라 외환위기의 발생이 우려되는 상황이었다. 즉 제1차 경제개발5개년계획의 시행 초기인 1961~2년의 2년 동안 투자재원으로 사용되었던 단기의 상업차관이 원리금 상환문제가 고려되지 않은 채 도입되는 바람에 정부보유외환이 급감하였던 것이다(기미야 다다시, 2008: 173).[6] 1962년 12월 제1차 경제개발5개년계획의 보완계획 작성 과정에서, 수출의 중점 품목이 공산품으로 전환되고, 1963년 1월부터 수출입링크제와 같은 일련의 공산품 수출 장려책이 발표되는 등, 당초의 수출계획이 크게 변경된 것은 이러한 이유 때문이었다.

이에 따라 수출산업촉진위원회는 첫 사업으로 수출산업실태조사

---

6) 1961년 말 2억 520만 달러에 달하였던 외환보유고는 1962년 말 1억 6,680만 달러, 1963년 말 1억 2,960만 달러, 1964년 말 1억 2,890만 달러로 하락하였다(이상철, 1997: 89).

단을 일본에 파견하였다. 이원만 위원장을 단장으로 한 이 조사단은 1963년 3월 중순 일본을 방문하여, 일본 각지에서 교포 실업인들을 만나서 모국에 대한 투자를 권유하였고, 20여 명의 실업인으로부터 工團을 조성하면 모국에 공장을 건설하겠다는 확답을 받고 4월 귀국하였다(한국수출산업공단, 1994: 144~7; 김입삼, 2003: 182).

일본방문 결과는 수출산업촉진계획서에 수록되었고(한국수출산업공단, 1994: 147), 한국경제인협회 회장 이정림과 조사단 단장 이원만 등은 6월 22일 박정희 의장을 방문하여 "수출산업을 진흥시키기 위하여 재일교포들의 재산과 기술을 도입하여 서울 근교에 경공업을 중심으로 한 '수출산업단지'를 설정할 것", 그리고 수출산업단지 건설을 위한 3억 원의 특별자금 융자 및 수출촉진을 위한 법제도의 단일화 등을 건의하였다고 한다(『동아일보』, 1963.6.24.). 수출산업촉진위원회는 7월 10일 한국경제인협회 회의실에서 재일교포수출상품전시회를 개최하여, 공업단지가 조성되면 입주할 예정인 재일교포기업체들의 상품을 전시하기도 하였다.[7] 이날 전시회에는 박정희 의장이 참석하였는데, 그는 이 자리에서 "수출산업시범공장 지대로 시내 영등포구 구로동에 있는 시유지와 군용지를 주선할 것이니 모범촌락을 건설토록 하라"고 당부하였다(『동아일보』, 1963.7.11.).

그렇지만 구로동을 최종 후보지로 결정하기까지는 좀 더 시일이 필요하였다. 수출산업단지를 건설하려 한다는 계획이 알려지자 다른 지역에서도 단지를 유치하고자 희망하였던 것이다. 즉, 7월 11일 인

---

7) 이날 전시된 상품은 훈제오징어, 비닐장갑, 합성수지단추, 그라스화이버낚싯대, 비닐구두, 금속양식기, 고무완구, 크리스마스장식품, 자물쇠, 안경테, 밍크, 잠수용 안경, 비닐우의, 고무공 등 20여 품목이었다(한국수출산업공단, 1994: 147).

천상공회의소에서 경인공업지구를 수출산업지대로 설정해 줄 것을 상공부 당국에 요청하였다(『경향신문』, 1963.7.11.).[8]

일단 정부 내에서는 8월 19일 무임소장관을 위원장으로 하고 상공부차관을 부위원장으로 하는 수출산업공업단지육성위원회(이하 육성위원회)[9]를 설치하였다. 육성위원회 소속 위원 8명과 수출산업촉진위원회 임직원 5명 등은 8월 27일 서울 구로동과 인천 부평의 공업단지 후보지를 답사하였으며, 8월 29일에는 건설부 차관실에서 후보지 답사에 따른 입지조건 등을 논의하였다(한국수출산업공단, 1994, p.149). 육성위원회는 수출산업단지의 조성 및 운영을 위한 (주)한국수출산업공단 설립을 추진하여, 9월 2일 발기인 모집 공문을 발송하였고, 9월 5일 오후 6시 30분에는 코리아하우스에 25명의 재계인사들[10]이 모여 발기준비회를 가졌다.

10월 12일 오전 11시 30분 반도호텔 다이너스티룸에서 개최된 (주)한국수출산업공단 창립총회에서는 이원만을 회장으로, 金周仁을 대

---

8) 당시 수출산업단지 건설 계획이 있었던 지역이 서울의 구로와 인천의 부평 외에 추가로 있었던 것으로 보인다. 1963년 8월 9일자 『동아일보』에 따르면, 최고회의 및 내각에서는 3차에 걸쳐 수출시범지역을 설정하는 것을 검토하고 있으며, 제1차로 선정된 서울근교 구로동 경공업수출센터 건설 후에는 제2차로 부평, 그리고 제3차로 강원도 속초에 각각 수출센터를 건설하게 될 예정이었다.

9) 육성위원회의는 산하에 수출산업유치분과위원회, 공업단지조성분과위원회, 해외교포재산반입분과위원회, 그리고 법인체설립분과위원회 위원장을 두었는데, 각 분과위원회의 위원장과 위원은 다음과 같았다. 수출산업유치분과위원회의 위원장은 상공부 차관이었고, 위원은 상공부 차관, 경협회장, 수출산업촉진위원장, 중소기은장, 대한상의회장, 한국무역진흥공사장, 무역협회장, 수산협組중앙회장의 8명이었다. 공업단지조성분과위원회의 위원장은 건설부 차관이었고, 위원은 건설부, 상공부, 재무부 각 차관, 법제처 차장, 국방부 차관보, 서울특별시 부시장, 산은부총재, 수출산업촉진위원장, 설립될 법인체의 9명이었다. 해외교포재산반입분과위원회의 위원장은 재무부 차관이었고, 위원은 재무부, 상공부 각 차관, 경제기획원 부원장보, 법제처 차장, 한은 부총재, 수출산업촉진위원장의 6명이었다. 법인체설립분과위원회 위원장은 상공부 차관이었고, 위원은 상공부 차관, 경협회장, 수출산업촉진위원장, 대한상의 회장, 법제처 차장의 5명이었다(『경향신문』, 1963.9.3.).

10) 이날 발기준비회에 참석하였던 재계인사 25명은 이정림, 최태섭, 이한원, 김용성, 김영식, 김용완, 박응철, 박흥식, 설경동, 심상준, 이양구, 이원만, 임문환, 정재호, 홍재선, 조봉구, 송대순, 신영술, 오신호, 우창형, 이도영, 전택보, 조홍제, 황상근, 그리고 김팔숙이었다(『동아일보』, 1963.9.6.).

표이사 겸 사장으로, 그리고 延日守를 상무이사로 선출하였다(『동아일보』, 1963.10.12.).

(주)한국수출산업공단은 10월 18일 서울 구로동과 인천 부평의 후보지를 현지 답사하였으며, 논의 결과, 최종적으로 구로동 후보지를 1차 계획 예정지로 결정한 다음, 12월 21일 서울사세청장에게 매불신청을 하였다. 구로동 후보지를 선택한 이유는 국유지가 많이 있어서 정부의 현물 출자 또는 염가 제공이 가능성이 있고, 전시효과 측면에서도 인천보다는 서울이 유리하다는 점이 고려되었기 때문이었다(한국수출산업공단, 1994: 155).

(주)한국수출산업공단은 공업단지 조성사업의 원활한 추진을 뒷받침할 수 있는 특별법 제정을 정부에 요구하였다. 즉, (주)한국수출산업공단은 11월 13일 '한국수출산업공단법(안)'을 작성하여, 상공부에 제출하였다. 현재로서는 이 법안의 원안을 직접 확인할 수는 없지만, 한국수출산업공단에서 발간한 『한국수출산업공단30년사』에 따르면, 원안에는 국공유지를 불하 또는 대부받을 수 있고, 정부의 지불보증, 융자 혜택, 그리고 각종 세금 감면 혜택 등의 내용이 포함되어 있었다고 한다(한국수출산업공단, 1994: 164~5). 그렇지만 이러한 입법 시도는 무산되었다. 민간기업가들이 출자하여 설립한 주식회사에 공업단지의 건설을 맡기고, 여러 가지 특혜를 제공하는 것을 내용으로 하는 법안을 정부가 받아들이기 어려웠기 때문이다.

이에 상공부는 (주)한국수출산업공단과 협의하고, 내부 검토를 거쳐 '수출산업공업단지개발조성법(안)'을 작성하여 1964년 2월 25일 국무회의에 상정하게 된다. 이날 국무회의를 통과하였지만, 수출산업공업단지의 조성과 운영을 상공부가 주관하도록 되어 있는 이 법안을 둘러싸고 부처 간 알력도 있었던 것으로 보인다. 예를 들어 2월 27일 국회 建設分委長인 공화당의 김택수 의원은 "적어도 공업단지조성이라면 건설부 소관 아닙니까? 헌데 상공부가 그 법안 작성에 주도권을 가졌다는 것은 모순이며 더욱이 그런 법안이 규정한 예산은 건설부에 계상돼 있"다고 하고 "상공부가 하려면 工業團設置法案으로 이름을 바꾸거나 그렇지 않으면 건설부 소관으로 넘겨야지, 그대로 국회에 제출되면 말썽이 날 겁니다."라면서 "그 법안이 事理에 맞도록 되어야지…… 不然이면 공업단지를 위해서 단 한 평의 땅도 얻기가 힘들 겁니다."라고 말하기도 하였던 것이다(『동아일보』, 1964.2.27.).

이 법안에 대해서는 또 다른 우려도 제기되었다. 우선 이 법안에서 전제하고 있는 재일교포 기업체의 유치가 계획대로 잘 이루어지지 않을 가능성이 있었다. 1963년 9월경에는 건설부에서 재일교포의 재산반입이 실현되지 않을 경우, 한국인만으로 공업단지를 조성하는 제2의 대안을 연구 중이라는 기사가 보도되기도 하였던 것이다(『경향신문』, 1963.9.24.). 재일교포 기업체의 유치가 부진하게 되면, 원래 의도했던 수출산업공업단지의 조성이 차질을 빚게 될 뿐만 아니라, 국공유지를 염가에 제공받아 조성될 대규모 공업용지가 큰 이권이 될 가능성이 있었기 때문이었다. 민간 주식회사를 단지 조성 및 운영 사업의 주체로 상정한 '한국수출산업공단법(안)'의 입법 시도가 무산되었던 이유가 여기에 있었던 것이다.

뿐만 아니라 계획했던 대로 재일교포 기업체의 유치가 순조롭다고 하더라도, 우려는 있었다. 이들이 생산한 제품이 국내 중소기업의 제품과 해외시장에서 경합하게 될 수 있기 때문이다. 법안대로라면 저렴한 토지의 제공, 각종 세금 감면 혜택, 그리고 공업단지의 우수한 인프라스트럭처 등으로 인해 공업단지에 입주한 이들 업체는 국내의 중소기업보다 상대적으로 우월한 위치에서 경영을 해 나갈 수 있을 것이었다.

나아가 이들 재일교포 기업체가 생산에 필요로 하는 원료 및 부품 대부분이 국내에서는 생산되지 않기 때문에 국내 업체와의 분업연관 역시 기대하기 어려울 것이라는 우려도 제기되었다(『동아일보』, 1964.3.11.).

더욱이 대규모의 공단 조성에 필요한 자금의 조달 문제 및 재산을 국내로 반입할 경우 각종 세금납부를 면제해 주는 한도액을 얼마로 완화해 줄 것인가라는 문제 역시 해결해야 할 과제였다. 후자와 관련하여, 당시 법규상으로는 5천만 원 이상의 재산반입에 한해서 면제해 주도록 하고 있었는데, 입주를 희망하는 재일교포 사업체의 규모를 감안한다면 38만 달러를 초과하는[11] 기존의 한도액을 낮출 필요가 있었던 것이다.

자금 조달 문제와 재산반입 한도 문제는 3월 12일 청와대 회의를 통해 결론이 내려지게 되었다. 이날 회의에는 박대통령, 경제부처 장관, 산은총재, 경제과학심의회 신태환 및 신현확 위원, 박충훈 수출산업공단대표, 김주인 국회의원 등이 참석하였고, 이 자리에서 영등포구 구로동 일대의 후보지를 검토하고, 공업단지 조성에 필요한 자금 2억 2천만 원을 3개년에 걸쳐 투입하기로 하고, 1964년도 예산으로 5천6백만 원을 배정하였다. 또한 재일교포의 재산반입에 편의를 주기 위해 기존 수입한도액 '5천만 원 이상'을 완화하여 '650만 원 이상'으로 하였다. 나아가 법인세와 지방세를 면세토록 하였다(『동아일보』,

---

11) 당시 환율이 1달러당 130원이었으므로, 5천만 원은 384,615달러에 해당한다.

1964.3.12.; 『경향신문』, 1964.3.12.).

'수출산업공업단지개발조성법(안)'은 분과위원회의 심의를 거쳐, 9월 2일 국회 본회의를 통과하여 9월 14일 법률 제1656호로 공포되었다. 법의 주요 내용은 다음과 같다.[12]

첫째, 상공부장관의 허가로 설립되는 비영리단체인 공업단지개발공단(이하 개발공단)이 수출산업공업단지(이하 공업단지)를 개발, 운영하고, 공업단지는 단일 보세구역으로 한다.

둘째, 공업단지의 개발과 운영, 수출산업의 유치, 입주기업체의 선정, 해외교포의 재산반입 유치, 입주기업체의 자격상실·퇴거·청산, 개발공단과 입주기업의 차입금에 관한 사항은 상공부에 설치된 공업단지심의위원회의 심의를 거쳐야 한다.

셋째, 공업단지에 입주할 수 있는 기업체는 수출을 목적으로 하는 상품에 대한 일정한 제조기술과 수출실적을 보유한 자로 한다.

넷째, 정부는 개발공단의 공업단지 조성사업에 국고보조와 차입금 지급보증을 할 수 있다.

다섯째, 단지 조성에 필요한 토지는 국공유지의 경우 우선적으로 취득하게 할 수 있으며, 사유지는 수용할 수 있다.

여섯째, 상공부장관은 입주기업체의 입주자격을 취소할 수 있다. 이 경우 입주자격을 취소할 수 있는 경우는 다음 각 호의 1에 해당하는 경우로 하였다.

① 입주기업체로 지정된 후 상당한 기간 입주하지 아니한 때
② 입주기업체가 입주한 후 상당한 기간 수출을 하지 아니한 때

---

12) 대한민국정부, 『관보』 제3841호, 1964.9.14.

③ 입주기업체가 시설·기재·원료·제품을 국내에 유출시켰을 때
   (다만, 위원회의 심의를 거쳐 상공부장관의 승인을 얻은 때에는 예
   외로 한다. 이 경우 동종산업의 발전을 저해하여서는 아니 된다)

이처럼 제정된 법안에서는 공업단지의 개발 및 운영을 비영리법인
인 개발공단이 담당하도록 함으로써 민간에 의한 특혜논란을 불식시
키고자 하였으며, 상공부가 직접 혹은 상공부 산하의 공업단지심의위
원회를 통해 개발공단의 개발과 운영을 통제하도록 하였다.

법안이 국회 분과위원회의 심사를 통과하자, (주)한국수출산업공단
주주들은 1964년 8월 12일 한국경제인협회 사무실에 모여 해산총회를
개최하고, 사단법인 한국수출산업공단[이하 '(사)수출산업공단']을 설립
하게 된다. 그렇지만 아직 '수출산업공업단지개발조성법'이 제정되지
않았기 때문에, 이 법에 따른 설립인가는 법제정 이후로 미루어야 했다.

3. 구로공단의 형성

(사)수출산업공단이 마련한 구로동지구 수출산업공업단지 기공식
이 1965년 3월 12일 하오 박 대통령 등이 참석한 가운데 거행되었다
(『경향신문』, 1965.3.12.). (사)수출산업공단이 공업단지 예정지 지정을
받기 위해 상공부장관에 신청하고, 최종적으로 1965년 1월 28일자로
건설부장관이 공고한 바 있는[13] 구로동지구 수출산업공업단지 예정지

---

13) '수출산업공업단지개발조성법' 제3조와 시행령 제1조에 따르면, 개발공단이 공업단지예정지의 지정을 받고
   자 할 때에는 상공부장관에 공업단지예정지지정신청서를 제출하고, 상공부 장관이 이를 심사한 다음 건설부
   장관에게 그 지정을 요청하도록 되어 있었다[대한민국정부, 『관보』 제3841호(1964.9.14.) 및 제3892호
   (1964.11.18.)].

는 서울시 영등포구 구로동 일원의 136,566평에 달하는 지역이었다.[14)]

 이후 제1단지로 불리게 된 이 지역은 착공 2년 만인 1967년 4월 1일 준공을 보게 된다. 이 제1단지의 준공 과정에서 국고보조 8천6백만 원, 한은융자 1억 2천만 원, 합계 2억 6백만 원의 정부지원과 4천만 원의 민간자금이 투입되었다. 박 대통령은 준공식에도 참석하여 치사를 하면서, 구로동지구의 수출산업공업단지가 공업기술발전에 기여하고 수출증대에 이바지하는 하나의 시범공업단지가 되어 줄 것이며, 구로동의 공업단지가 현재의 규모에 그치지 않고 25개 업체가 입주할 수 있는 또 하나의 단지를 마련하도록 적극 지원하겠다고 말했다(『매일경제』, 1967.4.1.). 이는 구로동지구 수출산업단지의 확장을 지원하겠다는 의사를 적극적으로 개진한 것이었다.

〈표 II-1〉 국내기업체 공업단지 입주지정 기준

1965.6.25. (상공부고시 제1987호)	1966.3.9. (상공부고시 제2495호)	1966.3.21. (상공부고시 제2501호)	1968.3.9. (상공부고시 제3598호)
1) 중소규모업체일 것			
2) 연간 25만 불 이상의 수출전망이 확실할 것	동일업종의 수출실적이 있고 연간 25만 불 이상의 수출전망이 확실할 것	'단, 신규 수출산업에 대하여는 수출실적은 적용하지 아니한다.'의 조항 **추가**	
3) 외화가득률 40% 이상일 것			
4) 수출제품을 생산할 수 있는 충분한 기술이 있을 것			
5) 타인자본의존도 50% 미만일 것			
6) 가급적 국내생산과잉으로 인하여 유휴시설이 존재하는 업종이 아닐 것			
7) 가급적 연관효과 또는 수입대체효과가 클 것			
8) 가급적 시설이 국내에서 조달될 수 있을 것			
9) 가급적 고용효과가 높을 것			
(경합처리) 둘 이상의 신청자가 경합할 때는 전항 각호의 순위에 의하여 결정한다.			국내기업체와 교포기업체가 경합할 경우 교포기업체를 우선입주지정한다.

자료: 대한민국정부, 『관보』, 각 호.

---

14) 「건설부공고」 제120호, 대한민국정부, 『관보』 제3841호, 1965.2.4.

상공부는 제1단지의 착공과 더불어 입주를 희망하는 기업들의 입주신청을 받았는데, 일차로 입주지정을 받은 업체는 5월 11일에 발표되었다. 평화공업, 고등금속공업, 삼화합성공업, 조일공업의 4개사였고, 모두 일본에 거주하는 재일교포가 신청한 것이었다.

착공 당시 정부가 내국인의 입주를 적극적으로 고려하고 있지는 않았던 것 같다. 내국인 신청 시 입주지정을 하는 9가지의 기준은 <표 II-1>에서와 같이 6월 25일에야 상공부고시 제1987호를 통해 일반에게 알려지게 되었기 때문이다. 그런데 6월 25일은 5월 11일에 4개 업체를 발표한 다음 추가로 재일교포 기업체의 입주지정 공고가 이루어진 날이었다. 그런데 이날 입주지정을 받은 기업은 玉岡라이트工業所 및 中村電氣工業(株)의 2개사뿐이었다.[15]

일찍이 수출산업실태조사단을 일본에 파견하여 20여 개 업체로부터 투자확답을 받았지만, 이들의 유치를 위해 조성되고 있는 수출산업단지에로의 입주 희망 업체 수가 예상외로 적다는 사실이, 뒤늦게 내국인 입주 기준을 마련하게 된 계기가 되었던 것으로 보인다.

한편 상공부는 심사를 통해 입주기업체를 지정하였을 뿐만 아니라, 일정 기간 입주하지 않거나 수출의무를 이행하지 않았을 경우에는 기지정업체의 입주자격을 취소하였다.[16]

또 다른 특기할 사항은 입주지정 기준 중의 첫 번째 항목이 "중소규모업체일 것"이라는 점이다. 수출산업단지에 입주시킬 대상을 중소기업체로 제한함으로써, 대기업의 진출을 제한하고 있었던 것이다.

---

15) 「상공부공고」 제3488호, 대한민국정부, 『관보』 제4076호, 1965.6.25.

16) '수출산업공업단지개발조성법' 하에서 입주신청서는 상공부에 설치된 공업단지심의위원회의 심의를 받도록 되어 있었고, 입주기업체의 지정 내역뿐만 아니라 지정취소 내역까지도 '상공부공고'의 형식으로 『관보』에 게재되었다.

그렇지만 대기업의 입주제한 규정은 1969년도 상반기까지만 유지되었다.

<표 II-2> 제1단지 입주추이(1965~67년)

구분	1965	1966			1967			계		
	지정	지정	취소	계	지정	취소	계	지정	취소	계
교포기업	10	8	4	4	4	–	4	22	4	18
국내기업	5	6	5	1	5	–	5	16	5	11
외국기업	–	–	–	–	2	–	2	2	–	2
계	15	14	9	5	11	–	11	40	9	31

자료: 한국수출산업공단(1994: 184).

<표 II-2>에서와 같이, 1965~67년 동안 총 40개 업체가 입주지정을 받았으나, 이 중에서 9개 업체의 입주지정이 취소되어, 1967년 말 현재 31개 업체가 제1단지에 입주해 있는 것으로 나타나 있다. 9개 업체의 입주지정 취소사유를 모두 확인할 수는 없지만, 입주지정취소 공고를 하면서 취소사유를 기재해 놓은 5건의 기록을 『관보』에서 확인할 수 있는데, 이를 보면, '연락무'가 2건, '미입주'가 3건이었다.[17] 착공과 더불어 입주기업체 유치활동이 전개되는 과정에서 실적 달성을 위해 무리하게 입주지정이 이루어졌고, 이 과정에서 공업단지심의 위원회의 심의 역시 충실하게 이루어지지 않았을 것이라는 추측이 드는 대목이다.

제1단지가 준공되고 일단 기업체의 입주가 완료된 1967년의 구로

---

17) 1966년에 입주지정이 취소되었던 고등금속공업과 중촌전기공업의 사유는 '연락무'였고, 1967년에 입주지정이 취소되었던 다옥편물사, 대도섬유, 그리고 (주)아동의 사유는 '미입주'였다. <부표 1>에 나타나 있는 것과 달리, 『관보』에서는 1967년 취소된 업체가 다수 발견되는데, 앞으로 『관보』의 해당 업체 명부가 모두 정리되면 <부표 1>의 수정이 필요할 것으로 판단된다.

동지구 수출산업공업단지의 모습은 어떠하였을까? 한국수출산업공단(1994: 183) 및 대통령비서실(1967)에는 이들 31개 업체의 현황 자료가 수록되어 있다. 대통령비서실(1967)에는 1967년 11월 30일자 현황이, 한국수출산업공단(1994, p.183)에는 1967년 말의 현황이지만, 양 자료에 수록된 업체명은 정확히 일치한다. 따라서 두 자료를 결합하여, <부표 1>을 작성할 수 있었다.[18] 이하에서는 <부표 1>을 이용하여 제1단지 입주업체의 현황을 살펴보자.

우선 업종별 분포를 보면, <표 II-3>에 나타나 있는 것처럼, 기타로 분류된 업체가 9개로 29%를 차지하고 있었으며, 나머지는 섬유봉제, 전기전자, 의료 정밀광학기기 및 시계의 순이었다. 기타로 분류된 업체의 경우 완구류(비닐완구, 철제완구, 목제완구) 제조업체가 3개였고, 나머지 업체들은 크리스마스장식용품, 조화, 장신구 등을 제조하고 있었다. 전기전자의 경우, 3개 업체가 TV 및 라디오를 생산하고 있었고, 나머지 3개 업체는 전자부품(수정발진자, 콘덴서, TV부품)을 생산하고 있었다. 의료 정밀광학기기 및 시계 업종의 경우, 안경 및 쌍안경 제조업체 각각 1개 그리고 렌즈 생산업체 2개가 있었다. 이처럼, 노동집약적인 제품 생산이 제1단지 입주업체의 주 업종이었다고 볼 수 있다.

다음으로 <부표 1>의 데이터를 이용하여, 재일교포 업체와 국내업체 사이의 기업특성 차이를 살펴보자. <부표 1>에는 재일교포 업

---

18) 한국수출산업공단(1994: 183)에서는 교포/국내/외국 구분, 업종 구분, 입주지정일자 관련 데이터를, 대통령비서실(1967)에서는 공장건평, 고용, 수출, 투자액 관련 데이터를 사용하였다. 그런데 한국수출산업공단(1994: 183)에서는 재일교포 기업체가 20개, 국내기업체가 10개, 외국기업체가 1개인 것으로 제시되어 있다. 이는 <표 2>의 수치와 다르다. 관보에 수록된 입주지정내역과 대조해 보니, 한국수출산업공단(1994: 183)에서 재일교포기업체로 기록되어 있는 대한광학공업 및 칼오리엔트무역은 각각 국내기업체 및 외국기업체였다.

체가 18개이고 국내 업체가 11개인 것으로 나타나 있다. 그런데 국내 업체 중 대한메리야스연합회(이하 대한메련)의 경우 여러 가지 데이터가 누락되어 있어서 분석에서 제외하였다. 아마도 입주지정일자가 1967년 9월 30일로 조사시점과 2~3개월밖에 차이가 나지 않아서 제조설비의 설치가 완료되지 않았고, 이에 따라 수출 등과 같은 수치가 기재되지 않았던 것으로 보인다.

〈표 II-3〉 제1단지 입주업체의 업종 분포(1967년 말 현재)

구분	사업체 수	비율(%)
섬유봉제	8	25.8
화학 및 플라스틱	1	3.2
조립금속	1	3.2
전기전자	6	19.4
의료 정밀광학기기 및 시계	4	12.9
출판	1	3.2
가발	1	3.2
기타	9	29.0
합계	31	100.0

자료: 〈부표 1〉에서 작성.

<표 II-4>에서 알 수 있듯이 공장의 넓이나 투자액, 차입금 비율 등에서는 국내업체와 재일교포 업체 사이에 큰 차이가 나타나지는 않았다. 한편 국내 업체의 평균 고용인원이 53.5명으로 재일교포 업체의 평균 고용인원 43.9보다 다소 높게 나타났다. 그렇지만 가장 뚜렷한 차이를 보이는 것은 바로 수출금액이다. 국내 업체가 평균 5만 8천 달러 이상의 수출실적을 보여 주고 있는 데 비해, 재일교포 기업체의 경우는 평균 수출액이 1만 4천 달러를 약간 초과하였다.

<표 II-5>를 통해 알 수 있듯이, 1967년 12월 말 현재 제1단지에 입주해 있는 재일교포 업체의 입주지정일자가 국내 업체의 입주지정일자보다 현저히 앞서 있었다. 즉, 1967년 12월 말 현재 제1단지에 입주해 있는 국내 업체의 50%가 1966년 7월 이전에 입주지정을 받았지만, 재일교포 업체의 경우에는 그 비율이 66.7%이었다. 결국, 재일교포 업체의 상대적으로 저조한 수출실적은 '수출산업을 진흥시키기 위하여 재일교포들의 재산과 기술을 도입하여 서울 근교에 경공업을 중심으로 한 "수출산업단지"를 설정'한다는 수출산업단지의 조성 취지 자체를 무색하게 하는 것이었다.

　더욱이 <표 II-6>에서와 같이, 재일교포 기업체의 경우 수출실적이 전무한 업체가 13개나 되어 재일교포 기업체 전체의 72.2%를 차지하고 있었다. 반면 국내 기업체의 경우, 수출실적이 전무한 업체는 국내 기업체 전체의 56.7%였다.

〈표 II-4〉 제1단지 주요 지표의 비교

구분	재일교포 기업체	국내 기업체	제1단지 전체
공장건평(평)*	644.1	655.1	639.4
고용(명)*	43.9	53.5	53.7
수출(달러)*	14,129.7	58,176.0	31,823.4
자기자본투자액(천 원)*	41,447.4	47,768.4	44,440.6
차입금(천 원)*	11,963.3	11,330.0	10,954.7
투자액합계(천 원)*	53,410.7	59,098.4	55,395.3
차입금 비율(%)*	20.8	19.8	19.1
기업체수(개)	18	10	30

주: *는 1사업체당 평균값임.
자료: 〈부표 1〉에서 작성.

<표 II-5> 지정일자별 구분

구분	재일교포 기업체		국내 기업체		제1단지 전체	
	업체 수	비율(%)	업체 수	비율(%)	업체 수	비율(%)
1965년 상반기	4	22.2	0	0.0	4	13.3
1965년 하반기	3	16.7	1	10.0	4	13.3
1966년 상반기	5	27.8	2	20.0	7	23.3
1966년 하반기	2	11.1	2	20.0	4	13.3
1967년 상반기	4	22.2	5	50.0	11	36.7
합계	18	100.0	10	100.0	30	100.0

자료: 〈부표 1〉에서 작성.

<표 II-6> 수출실적별 구분

구분	재일교포 기업체		국내 기업체		제1단지 전체	
	업체 수	비율(%)	업체 수	비율(%)	업체 수	비율(%)
수출실적=0	13	72.2	4	40.0	17	56.7
0<수출실적≦10,000	0	0.0	2	20.0	2	6.7
10,000<수출실적≦50,000	3	16.7	1	10.0	5	16.7
50,000<수출실적≦100,000	2	11.1	2	20.0	4	13.3
수출실적>100,000	0	0.0	1	10.0	2	6.7
합계	18	100.0	10	100.0	30	100.0

자료: 〈부표 1〉에서 작성.

구로동지구 수출산업공업단지가 조성되는 와중에 여타 지역에서
도 유사한 성격의 공업단지를 조성하는 일종의 붐이 일어나게 되었
다. 물론 이러한 붐을 촉발한 장본인은 정부였다. 상공부는 일찍이
1964년 연초에 수출진흥책을 발표하였는데, 이 정책의 핵심은 수출산
업의 육성이었고, 그 구체적 수단은 기존 시설의 수출산업으로의 전
환과 수출산업공업단지의 설정이었다.[19]

19) 당시 언론에는 상공부는 1964년도 수출목표액 1억 5백만 달러, 군납목표액 3천7백만 달러, 그리고 보세
가공목표액 1천만 달러를 달성하기 위해, 첫째로 기존시설 가운데 국내수요를 충족하고 잉여부분이 있는

수출산업공업단지 계획이 일반에 알려지기 시작했던 1963년부터 인천상공회의소는 경인공업지구를 수출산업지대로 설정해 달라는 제안을 하였는데, 이는 수출산업공업단지육성위원회 및 (주)한국수출산업공단으로 하여금 서울의 구로동지역과 함께 인천의 부평지역을 유력한 후보지로 검토하게끔 하는 계기가 되었던 것이다. 그렇지만 공업단지심의위원회는 최종적으로 구로동지역을 최초의 수출산업공업단지로 지정하였다. 이에 인천시는 1964년 10월 부평지구를 별도의 수출산업공업단지로 설정하기 위한 수출산업공업단지 지정신청서를 상공부에 제출하였고, 최종적으로 1965년 6월 16일 건설부공고 제141호로 인천시 효성동, 작전동, 갈월동 일대 213,535평이 부평지구 수출산업공업단지 예정지로 지정되었다. 인천지역의 수출산업공업단지는 1971년 11월까지 한국수출산업공단과는 별도의 법인인 인천수출산업공단에 의해 개발·운영되었다(한국수출산업공단, 1994: 187).[20]

　부산에서도 유사한 성격의 공업단지를 조성하려는 계획을 세우고 있었다. 1966년 5월 17일 부산시는 도심지의 공장 및 인구 분산을 위해 동래구 안락동 및 연산동 일대 35만 평에 수출산업중소기업공업단지를 조성할 계획이라고 밝혔다. 부산시에 따르면, 이 사업에는 9억 5백만 원(자기부담 50%, 융자 30%, 국고보조 20%)의 예산이 투입되고, 섬유업종 59개, 기계업종 50개, 화학업종 22개, 그리고 기타업

타이어, 합판, 생사, 면직물을 포함한 소비재 시설을 수출산업으로 추진하고, 둘째로 노동집약적인 중소기업을 일정한 지점에 집중시키고 단지를 설정하여 수출 '센터'로서의 기능을 발휘토록 한다는 결정을 내렸다고 보도되었다(『동아일보』, 1964.2.11.).

20) 부평지구의 수출산업공업단지(이하 부평1단지)는 1966년 4월 8일 기공식을 가졌고, 1969년 10월 31일 준공되었다. 인천수출산업공단은 부평1단지의 준공에 즈음하여 1969년 10월 22일 주안지구 수출산업공업단지(이하 주안2단지)의 기공식을 가졌으나, 준공을 보지 못하고, 1971년 11월 23일 한국수출산업공단에 통합되었다.

종 9개 등 합계 150개의 공장이 들어서게 될 예정이었다(『매일경제』, 1966.5.19. 및 『매일경제』, 1966.6.1.).

부산시의 이러한 계획은 중앙부처인 상공부와의 의견 조정을 거쳐 나온 것으로 보인다. 왜냐하면, 상공부 역시 지방에 수출산업공업단지를 건설하는 계획을 발표하였기 때문이다. 1966년 5월 말 상공부는 1967년도 경공업 부문 예산을 조정하고 있다면서, 전남과 부산 등 임해지역에 수출공업단지 2개소를 선정할 것이며, 관련 예산도 각각 융자금만 5천만 원씩 계상하겠다는 계획을 밝혔던 것이다(『매일경제』, 1966.5.30.). 물론 상공부의 이러한 구상은 예산의 뒷받침을 받지 못함으로써 결국에는 단순한 구상에 그치게 된다.[21]

이와 같이 수도권과 일부 대도시를 중심으로 추진되고 있었던 수출 증대를 목적으로 하는 공업단지 건설에 대해 당시 야당은 비판하였다. 특정지역에만 집중되지 않는 균형 있는 경제발전, 그리고 대도시와 지역 간의 격차 시정을 정책의 목표로 내세워야 한다는 주장이었다. 1966년 8월 18일 민중당은 국회의원 12인의 이름으로 지역 간의 균형 있는 산업발전을 목적으로 하는 저개발지역의 산업조성을 위한 법안을 국회에 제출했다. 이 법안의 제안 대표자인 金大中 정책위의장은 "산업시설이 정치적 배려에 의해 특정지역에만 집중됨으로써 균형 있는 경제발전이 이루어지지 않고 있다"고 주장하고, 일부 대도시에 집중되어 있는 공장을 분산시키고 대도시와 지역 간의 격차를 시정하는 것이 시급하다고 제안이유를 설명하였다. 특히 이 법에서는 저개발지구로 선정된 지역에 대해서는 면세조치와 더불어 자

---

21) 부산(또는 경남지방)과 전남 임해 지역에 수출공업단지를 조성하기 위해 상공부가 예산당국에 제출한 총 1억 원의 신규사업 예산은 결국 무산되었다(『매일경제』, 1966.7.21.)

금지원 등 집중적인 뒷받침을 하도록 규정하고 있었다. 언론에 알려진 이 법의 주요 골자는 다음과 같았다(『경향신문』, 1966.8.18.).

① 저개발 지역의 공업 개발로 지역적 산업조성을 도모하고 지역 간의 격차를 축소시킴으로써 국가의 경제사회적인 균형발전을 도모함을 목적으로 한다.
② 저개발 지역 공업 개발지구의 규정은 관계 시도지사의 신청에 의해 지방산업개발심의회의 의결을 거쳐 국무총리가 지정한다.
③ 국토종합계획도 도시계획과 수출산업공업단지개발조성법 등에 의해 이미 지정된 구역은 해당 관계 행정기관의 장과 협의하여 조정한다.
④ 개발지구 내에 설치된 시설에 대해 특별한 감가상각을 행한다.
⑤ 개발지구 내의 기업체에 대해서는 법인세 소득세 재산세 등을 면세조처한다.
⑥ 정부와 지방자치단체는 지구 내 제조사업체의 설비시설에 대해 자금 및 원조를 한다.
⑦ 용지 취득을 위해서는 대통령령으로 규정하고 정부와 지방자치 단체는 이를 위해 재정조치와 지방채의 기채에 대한 배려를 규정한다.
⑧ 경과조치로 해외교포의 재산반입을 유치하기 위해 국무총리에게 신청한다.

해외교포의 재산 반입을 허용한다거나, 조세 감면과 같은 정부의 지원책 등이 포함되어 있다는 점에서 기존의 수출산업공업단지개발

조성법과 유사한 내용을 갖고 있지만, 수출의 증대가 아닌 저개발 지역의 공업발전을 통한 국가의 균형적 발전을 목표로 하고 있다는 점에서 당시 정부가 추진하고 있던 수출산업공업단지 사업과는 맥을 달리하는 대안적 정책 제시였다고 볼 수 있다.[22]

낙후된 지역에 공업단지를 조성함으로써 지역 개발을 도모한다는 정책제안은 당시 여당으로서도 거부하기 어려운 정치적 요구였다. 박 대통령이 5월 18일부터 6월 7일까지 약 20일간의 지방행정시찰 기간에 지시했던 주요 지역개발사업은 상공부에 의해 선거공약실천계획으로 발표되었는데, 주요 내용에 구로 수출공업단지의 확장 및 부평 수출공업단지 조성에 더해 순천 수출산업공업단지의 조성안 및 대구를 비롯한 주요 도시 10개 지역의 중소기업단지 건설안이 포함되어 있었다(『경향신문』, 1967.6.14.).

4. 구로공단의 성장 그리고 전환

1) 제2단지의 건설과 구로공단의 성격 변화

구로동지구 수출산업단지의 확장 방안은 제1단지의 조성이 거의 끝나가는 1966년 말부터 (사)수출산업공단에 의해 검토되고 있었다. 1967년 2월 22일 (사)수출산업공단의 이사회가 개최되어, 제1단지 인접지역인 가리봉동 일대 12만 평을 추가로 조성하기로 결정하였고,

---

22) 한국에서 지역의 균형적 발전이 국가적 아젠다로 제시되고 입법 및 예산지원이 본격적으로 이루어진 것은 40년이 지난 후였다.

상공부에 예정지 지정신청서를 제출하였다(한국수출산업공단, 1994: 197). 1967년 10월 28일 건설부는 영등포구 가리봉동 일부 지역 121,873평에 대한 공업용지 조성사업지를 고시하였다.[23] 제2단지로 명명된 이 공업단지는 1967년 10월 10일 착공되어, 1968년 6월 30일 준공되었다. 특기할 사항으로는 제1회 한국무역박람회가 1968년 9월 9일부터 10월 20일까지 42일간 제2공단 조성공사지 일부 지역에서 개최된 것이었다.

기업체의 입주는 일차적으로 1968~69년 동안 이루어졌다. 1968년에는 국내 기업체 21개 및 정부기관 2개[24]가 입주하였고, 1969년에는 국내 기업체 12개가 입주하였다. 1969년 말 현재 제2단지 미분양 면적은 292평만 남게 되어(한국수출산업공단, 1994: 202), 제2단지는 1969년 말이 되면 입주가 일단락되었다고 볼 수 있다.

입주가 일단락된 1969년 말의 제2단지 입주업체 목록은 한국수출산업공단이 발간한 자료에 수록되어 있다(한국수출산업공단, 1994: 203). 그렇지만 이 자료에는 업체명, 대표자명, 업종, 입주지정일 그리고 분양면적만이 제시되어 있다. 더욱이 이 시점에서 제1단지 입주업체의 현황을 볼 수 있는 자료는 없다. 그런데 대한무역진흥공사(1971)에 1971년 5월 14일 현재 제1·2단지 입주업체의 입주지정일 가동일, 고용, 수출 융자 등에 관한 자료가 수록되어 있다. 이 자료를 이용하면 제1·2단지 입주업체의 현황에 대해 살펴볼 수 있다.

제2단지 입주가 일단락된 지 1년 반 정도 지난 시점에서의 자료이지만, 제1·2단지 입주업체 모두의 구체적 데이터가 수록되어 있으므

---

23) '일단의 공업용지 조성사업지 결정조서' 건설부고시 제715호, 『관보』 제4784호, 1967.10.30.
24) 중앙계량국 및 광업연구소가 1968년 12월에 입주하였다.

로, 이 자료를 이용하여 우선 구로공단의 단지별 업종분포를 살펴보자. 이 자료는 <부표 2>에 정리하여 제시하였다.

〈표 II-7〉 구로공단 제1·2단지의 단지별 업종 분포(1971년)

단지별 업종구분	1단지		2단지		1·2단지 합계	
	사업체 수	비율	사업체 수	비율	사업체 수	비율
섬유 및 봉제	10	27.8	15	39.5	25	33.8
화학 및 플라스틱	3	8.3	1	2.6	4	5.4
조립금속	1	2.8		0.0	1	1.4
전기전자	9	25.0	4	10.5	13	17.6
의료, 정밀, 광학기기 및 시계	2	5.6	2	5.3	4	5.4
출판	1	2.8	1	2.6	2	2.7
가발	1	2.8	9	23.7	10	13.5
기타	9	25.0	6	15.8	15	20.3
합계	36	100.0	38	100.0	74	100.0

자료: 〈부표 2〉에서 작성.

<표 II-7>을 통해 알 수 있듯이, 1971년 상반기 구로공단에서는 섬유 및 봉제 업체가 가장 많았고, 기타 업종을 제외한다면, 그다음으로는 전기전자 및 가발의 순이었다. 제1단지와 제2단지 사이의 업종 분포상의 차이점도 발견되는데, 제1·2단지 공히 가장 많은 업체가 종사하고 있는 업종은 섬유 및 봉제였지만, 제2단지의 경우에는 그 다음으로 많은 업체가 종사하고 있는 업종이 가발이었다.

한편 <표 II-8>에서와 같이 한 사업체당 평균 종업원 수는 제1단지가 221.3명이고 제2단지가 257.6명으로, 제2단지 업체들이 제1단지 업체들에 비해 규모면에서 약간 큰 것으로 나타났다.

<표 II-8> 단지별 평균 종업원 수(1971년)

구분	1사업체당 평균 종업원 수
제1단지	221.3
제2단지	257.6
전체	239.5

자료: 〈부표 2〉에서 작성.

<표 II-9> 제1·2단지 입주업체의 변화(1967~71년)

구분		제1단지		비고
		1967년 말	1971년	
소멸	국내기업	3		
	외국기업	2		
	교포기업	7		
존속	교포기업	11	11	
	국내기업	8	8	
신규진입	교포기업		3	기존 한정대 공장 3곳 증설
	국내기업		14	
소계		31	36	
구분		제2단지		비고
		1969년 말	1971년	
소멸	국내기업	5		
존속	국내기업	28	28	
	정부기관	2	2	
신규진입	국내기업		7(6+1)	기존 이도영 공장 1곳 증설
소계		35	38	

자료: 〈부표 1〉, 〈부표 2〉, 그리고 한국수출산업공단(1994: 203)을 이용하여 작성.

다음으로, 제1단지와 제2단지가 완공된 시점에서 시작하여 1971년에 이르기까지 입주기업 성쇠를 살펴보았다. 기준시점은 제1단지의 경우는 1967년 말이며, 제2단지는 1969년 말이다. 제1단지의 경우는 <부표 1>의 자료를 이용하였고, 제2단지의 경우는 한국수출산업공단(1994: 203)에 수록된 1969년 말의 제2단지 입주업체 목록을 이용하였다.

결과는 <표 II-9>에 정리되어 있는데, 제1단지의 경우 1967년 말 31개였던 입주업체 수가 1971년에는 36개로 늘어났음을 알 수 있다. 3년 반이라는 그리 길지 않은 기간이었음에도 12개 업체가 소멸하고, 17개 업체가 신규로 진입하였다. 3년 반 동안 존속해 온 업체 수는 19개에 불과하였다. 1967년 말에 입주해 있던 외국기업 2개는 1971년 명부에서는 사라졌다.

특기할 사항은 18개의 교포기업 중에서 7개가 사라졌다는 점이다. 교포기업이 3개 추가되었지만, 이들 공장은 기존에 제1단지에서 플라스틱조화를 생산하는 공장을 운영하던 재일교포 韓正大가 추가로 건설한 것이었다. 결국 새로운 재일교포가 공장을 신설한 것은 하나도 없었던 셈이었다. 한편 제2단지에서는 1969년 말 당시에도 교포기업의 입주사례는 없었고, 이 후 1년 반 동안에도 교포기업의 신규 진입은 한 건도 없었다. 그 결과 1971년 현재 구로공단에서 공장을 운영하고 있는 재일교포는 11명에 불과하였다.

결국 "수출산업을 진흥시키기 위하여 재일교포들의 재산과 기술을 도입하여 서울 근교에 경공업을 중심으로 한 '수출산업단지'를 설정"한다는 수출산업단지의 조성 목표는 제2단지의 조성과정에서 사라져 버린 것이다.

나아가 1969년 5월에는 구로동지구 수출산업단지의 성격에 영향을 미치는 정책의 변화가 있었다. 상공부는 5월 24일자 고시 제4471호를 통해 대기업의 수출산업공업단지 입주를 제한하던 기존의 규정을 개정하였다. 이 고시에 따라, 기존의 국내기업체 공업단지 입주지정 기준 제2항 제1호는 "중소규모 업체일 것. 단, 수출전망이 극히 좋은 업체는 예외로 할 수 있다."로 변경되었다.[25] 결국, 재일교포 기업의 유치를 통한 수출 확대가 포기된 자리에 수출대기업의 유치를 통한 수출 확대가 들어서게 된 셈이었다.

입주기업에 혜택을 주고 그 대신 수출을 강제한다는 수출산업단지 조성 취지 역시 초기부터 흔들리기 시작하였다. 준공 직후인 1967년 10월 상공부가 수출산업단지 입주기업 생산 제품의 내수판매를 허용하는 방향으로 법 개정을 검토하고 있다는 소식이 알려지자 국내 기업들이 이에 반발하였던 것이다. 상공부는 법 개정이유를 입주기업체가 수출로 인해 입게 되는 결손을 보상하기 위한 것이라고 설명하였지만, 일반 수출업자들은 생산제품 전량을 수출한다는 조건으로 단지 조성 및 시설도입에 많은 특혜를 받아 온 수출산업단지 입주기업들에게 당국이 내수용 생산을 인정하려는 것을 무원칙한 정책이라고 비난하였던 것이다(『매일경제』, 1967.11.1.). 그렇지만 입주업체들은 지속적으로 내수판매 허용을 요구하였다. 이들은 국내의 일반 수출업자들에게 수출용원자재의 일정량에 대해 기술소득을 인정하여 수출마진을 보장해 주고 있지만, 자신들에게는 이러한 혜택이 없다고 주장하였던 것이다(『매일경제』, 1967.11.15.). 결국 수출산업단지 입주기업의 요구는 1968년 7월 6일 '수출산업공업단지 입주기업체 생산제품 수출의무 및 국내판매 규정'(상공부고시 제2,761호)[26]의 제정을 통해 수용되었다. 즉, 이 고시를 통해 수출산업공업단지 입주기업체는

---

25) 상공부 고시 제4471호는 이전의 상공부고시 제3598호(1968.3.9.)를 대체하는 것이었다(대한민국정부, 『관보』 제5257호, 1969.5.26.).

26) 대한민국정부, 『관보』 제4994호, 1968.7.8.

생산제품의 60% 이상을 수출해야 하고, 40% 범위 내에서 국내 판매를 할 수 있게 되었던 것이다.[27]

2) 3단지로의 확장, 그리고 구로공단의 변화

제3단지를 조성하기 위한 기초조사는 1968년부터 시작되었다. 당시 제3단지의 후보지로는 서울 난지도, 가리봉동 일대, 제3한강교 인근 말죽거리와 개포동, 경기도 용인군 신갈리와 오산 등이 검토되었다(한국수출산업공단, 1994: 214~5). 최종적으로는 제2단지 인근지역인 영등포구 가리봉동과 경기도 철산리 일대 36만 평이 결정되었다. 1970년 1월 5일 건설부에 의한 공업단지 예정지 지정이 이루어졌고, 5월 7일에는 제3단지 조성공사 기공식이 이루어졌다. 당초 1969년부터 1971년까지의 3개년계획으로 계획된 제3단지 조성공사는, 자금난 및 토지매입 지연 등으로 인해, 1970년 8월에 시작되어 1973년 12월까지 지속되었다. 기업체로의 토지분양은 1970년부터 시작되었는데, 1973년 말 분양이 완료된 시점에서의 분양업체는 107개였다(한국수출산업공단, 1994: 224).[28]

현재 1972년 이후 1981년까지의 기간 동안 구로공단 입주업체 현황을 종합적으로 볼 수 있는 자료는 없다. 공업단지 입주업체가 모두

---

27) 수출산업단지 입주기업체의 수출의무 규제(와 내수판매 허용)는 1970년 5월 28일자 상공부고시 제5208호로, 생산제품의 70% 이상 수출, 30% 범위 내 내수판매 허용으로 다소 강화되었지만(대한민국정부, 『관보』 제5560호, 1970.5.28.), 1978년 5월 "수출산업공업단지개발조성법"이 폐지되어 "공업단지관리법"으로 통합될 때까지 유지되었다.

28) 분양이 완료된 당시의 업체명단을 구할 수는 없지만, 한국수출산업공단의 발간 자료에 따르면, 섬유봉제 29개, 전자전기 25개, 잡화 18개, 조립금속 14개, 화학 8개, 완구 6개, 가발 3개, 비철금속 2개, 그리고 광학 및 인쇄가 각각 1개 업체로 구성되어 있었다고 한다(한국수출산업공단, 1994: 224).

수록되어 있는 자료로는 한국공단연구소에서 발간한 『한국공단총람』이 있는데, 현재 입수 가능한 가장 이른 시점의 발간물이 1982년판이다.[29] 이하에서는 1982년 시점에서의 구로공단 현황을 살펴보자.

<표 II-10>에서와 같이, 1982년 당시 제1단지에는 47개, 제2단지에는 32개, 제3단지에는 133개 업체, 합계 212개 업체가 구로공단에 입주해 있었다. 1971년과 비교해 보면, 제1단지는 11개 업체가 증가하였고, 제2단지는 6개 업체가 감소하였다. 제3단지의 경우, 분양이 완료된 1973년에 비해 26개 업체가 증가하였다.

업종별 분포를 보면, <표 II-11>에 나타나 있는 것처럼, 섬유 및 봉제업이 30.3%로 가장 높은 비중을 차지하고 있으며, 그 다음이 전기전자, 기타, 기계 및 장비의 순서였다. 1971년과 비교해 볼 때, 가발제조업체가 차지하는 비중이 13.5%에서 1.4%로 급감하였음을 알 수 있다.

한편 1사업체당 평균 종업원 수는, <표 II-12>에서와 같이, 250.1명으로, 1971년 제1·2단지 입주업체 1사업체당 평균 종업원 수 239.5명보다 다소 증가한 것으로 나타났다.[30]

〈표 II-10〉 구로공단 단지별 입주업체 수

구분	1982년		1987년			
			전체		외국인투자기업	
	업체 수	비율(%)	업체 수	비율(%)	업체 수	비율(%)
제1단지	47	22.2	54	20.2	7	15.2
제2단지	32	15.1	58	21.5	8	17.4
제3단지	133	62.7	158	58.5	31	67.4
합계	212	100.0	270	100.0	46	100.0

자료: 한국공단연구소(1982) 및 한국공단연구소(1987)에서 작성.

---

29) 이 자료에 수록된 공단 및 공장 관련 데이터는 1982년 3월 기준이다(한국공단연구소, 1982: 29)
30) 1971년 당시 1·2단지 입주업체 관련 데이터는 〈부표 2〉에서 작성.

<표 II-11> 구로공단 입주업체의 업종별 분포(1982년, 1987년)

구분	1982년		1987년			
			전체		외국인투자기업	
	업체 수	비율(%)	업체 수	비율(%)	업체 수	비율(%)
섬유봉제	64	30.3	83	30.7	2	4.3
화학 및 플라스틱	9	4.3	13	4.8	5	10.9
조립금속	11	5.2	13	4.8	3	6.5
기계 및 장비	16	7.6	17	6.3	3	6.5
전기전자	55	26.1	66	24.4	26	56.5
의료정밀광학기기 및 시계	9	4.3	4	1.5	1	2.2
출판	10	4.7	28	10.4	0	0.0
가발	3	1.4	5	1.9	1	2.2
기타	34	16.1	41	15.2	5	10.9
합계	211*	100.0	270	100.0	46	100.0

주: 입주업체의 업종이 기재되어 있지 않은 1개 업체를 제외하고 계산하였음.
자료: 한국공단연구소(1982) 및 한국공단연구소(1987)에서 작성.

<표 II-12> 구로공단 단지별 1사업체당 평균 종업원 수

구분	1982년		1987년	
	1사업체당 평균 종업원 수	유효업체 수 (전체 사업체 수)	1사업체당 평균 종업원 수	유효업체 수 (전체 사업체 수)
제1단지	272.4	37(47)	324.2	46(54)
제2단지	335.9	25(32)	260.6	38(58)
제3단지	224.5	116(133)	234.3	128(158)
전체	250.1	178(212)	258.5	212(270)

자료: 한국공단연구소(1982) 및 한국공단연구소(1987)에서 작성.

<표 II-13> 단지별 기업체의 가동시작 연도 분포(1982년)

연도	제1단지		제2단지		제3단지		합계	
	업체 수	비율 (%)	업체 수	비율 (%)	업체 수	비율 (%)	업체 수	비율 (%)
1967년 이전	11	23.9	0	0.0	0	0.0	11	5.3
1968~69년	5	10.9	10	31.3	1	0.8	16	7.7
1970~74년	11	23.9	14	43.8	73	55.7	98	46.9
1975~79년	13	28.3	7	21.9	55	42.0	75	35.9
1980년 이후	6	13.0	1	3.1	2	1.5	9	4.3
합계	46	100.0	32	100.0	131	100.0	209	100.0

자료: 한국공단연구소(1982) 및 한국공단연구소(1987)에서 작성.

한국공단연구소(1982)에는 입주업체의 가동시작 일자가 게재되어 있는데, 이를 이용하여 각 단지별 입주업체의 가동시작 연도의 분포 상황을 정리한 것이 <표 II-13>이다. 표에 나타나 있는 것처럼, 제1단지의 조성에 따른 입주가 일단락된 1967년 말까지 입주했던 업체 중에서 1982년까지 존속한 업체는 11개였다. 1967년 말에 31개에 달하던 입주업체 중에서 나머지 20개 업체가 업체명부에서 사라졌다. 1982년 현재 제1단지에 입주해 있던 나머지 업체들은 주로 1970년대에 가동을 시작하였다. 그렇지만 1980년 이후 가동을 시작한 업체도 6개나 되었다. 만 13년 동안 기업들의 부침이 심했음을 알 수 있다. 제2단지의 경우는 1969년 당시 35개에 이르렀던 업체 중에서 10개만이 1982년 업체명부에 남아 있었다.

이 시기 구로공단의 변모와 관련하여 중요한 요인은 외국인직접투자의 유치였다. 1960년대 후반 차관도입업체의 광범위한 부실화로 시작된 차관경제의 위기에 대한 대응과정에서, 상업차관과 달리 원리금 상환이 수반되지 않는 외국인직접투자에 대한 매력이 재인식되었다

(이상철, 2008: 57~60). 1970년 제정된 "외국인투자기업의 노동조합 및 노동쟁의조정에 관한 임시조치법"을 통한 외국인투자기업에 대한 노동통제 강화, 그리고 각 부처로 다원화되어 있던 외국인투자인가업무를 일원화하는 원스톱서비스의 제공 등은 외국인투자 환경 개선을 위한 조치로 인식되었다. 서울에 위치한 구로공단은 우수한 입지 여건으로 인해 외국인투자를 이끌었다. 1980년대 초까지 구로공단의 외국인투자현황을 종합적으로 볼 수 있는 자료는 없다. 다만 한국공단연구소(1987)에는 기업체 명부에서 외국인투자 여부를 구분하고 있기 때문에 이 자료를 이용하여, 외국인투자의 실태를 살펴볼 수 있다. <표 II-10>에 나와 있는 것처럼, 1987년 현재 구로공단의 외국인투자기업은 총 46개로 그중 67.4%가 제3단지에 입주해 있었다. 그런데 <표 II-14>에서 확인할 수 있는 것처럼, 이들 외국인투자기업의 63.4%가 1970년대 전반기에 입주한 업체였던 것이다. 이들 기업의 업종을 살펴보면, <표 II-11>에서와 같이 56.5%가 전기전자업이었고, 그다음으로 10.9%가 화학 및 플라스틱업이었다. 이들 외국인투자기업은 종업원 수에서 본 규모 면에서도 구로공단 입주업체 평균을 상회하고 있었다. <표 II-15>에서와 같이, 300인 이상 대기업이 전체 입주업체에서 차지하는 비중이 26.9%인 데 비해, 외국인투자기업은 34.6%를 차지하여, 외국인투자기업의 규모가 상대적으로 컸다고 볼 수 있다.[31]

---

31) 한국공단연구소(1987)는, 전체적으로 대기업 분공장의 종업원수 누락으로 인해, 입주업체 1사당 종업원 수를 과소평가하고 있다. 이 점은 다음 본문에서 상술하고 있다.

<표 II-14> 외국인투자기업의 가동시작 연도 분포(1987년)

연도	업체 수	비율
1967년 이전	2	4.9%
1968~69년	1	2.4%
1970~74년	26	63.4%
1975~79년	6	14.6%
1980년 이후	6	14.6%
합계	41	100.0%

자료: 한국공단연구소(1987)에서 작성.

<표 II-15> 종업원 규모별 분포(1987년)

구분	전체		외국인투자기업	
	업체 수(개)	비중	업체 수(개)	비중
1~19인	5	2.4%	0	0.0%
20~49인	26	12.3%	3	7.0%
50~99인	38	17.9%	7	16.3%
100~199인	43	20.3%	8	18.6%
200~299인	43	20.3%	10	23.3%
300~499인	30	14.2%	7	16.3%
500인 이상	27	12.7%	8	18.6%
합계	212	100.0%	43	100.0%

자료: 한국공단연구소(1987)에서 작성.

다음으로 1980년대 동안 구로공단이 겪은 변화를 살펴보기 위해 1982년 업체명부와 1987년 업체명부를 대조해 보았다.

우선 입주업체수의 증가가 확인된다. <표 II-10>을 보면, 1982년 212개였던 입주업체 수는 1987년에 270개로 늘어났다. 1사업체당 평균 종업원 수 역시 250.1명에서 258.5명으로 다소 늘어났다. 그런데 자료 특성상 1987년의 1사업체당 종업원 수는 과소평가되었을 가능성이 있다. 1982년도 업체명부에서 종업원 수가 기재되지 않은 업체는 신규 진입하였거나 영세한 업체가 대부분이었는 데 비해, 1987년 업체명부에서 종업원 수가 기재되지 않은 업체는 대기업의 분공장들이기 때문이다. 명부작성기준의 변화에서 기인한 것으로 파악되는데, 1987년도 업체명부에서는 구로공단에 분공장이 입주해 있는 대기업(삼성, 금성, 롯데, 한일합섬 등)의 경우에는 회사 전체의 종업원 수만을 기재하고 있다. 이들 대기업의 공장에 고용된 종업원 수가 계산과정에서 누락되었기 때문에 1987년도 데이터는 1사업체당 종업원 수를 과소평가할 가능성이 크다. 결국, 노동자대투쟁이 일어나기 직전까지 1980년대 전반기 동안 구로공단은 양적인 팽창을 구가하고 있었던 것으로 보인다.

1982년과 1987년 입주업체의 업종분포를 보여 주고 있는 <표 Ⅱ-11>을 보면, 1987년도에도 여전히 가장 높은 비중을 차지하고 있는 업종은 섬유 및 봉제업임을 알 수 있다. 그다음으로 높은 비중을 차지하고 있는 업종이 전기전자였다. 여기까지는 두 시기의 업종분포가 유사하다. 그런데 1987년도의 세 번째로 높은 비중을 차지하는 업종이 출판업이었다. 그런데 출판업은 대표적인 도시형 산업으로 내수업종이라고 할 수 있다.

내수업체의 구로공단 입지현황을 볼 수 있는 자료는 상공부(1988)이다. 이 자료의 수출실적 난에 수출이 전혀 없는 내수기업의 경우에는 '내수'라고 표시하고 있기 때문이다. 1988년 1월 발간된 이 자료에는 구로공단 입주업체 명부가 수록되어 있는데, 생산과 수출실적은 1986년 말 데이터를 수록하고 있으며, 나머지 현황은 1987년 당시의 데이터를 수록하고 있다. 총 사업체 수는 264개로 한국공단연구소(1987)의 270개와는 차이가 난다. 따라서 상공부(1988)을 한국공단연구소(1982,

1987)와 직접적 비교하기는 어렵다. 따라서 이하에서는 상공부(1988)만을 이용하여 구로공단 입주 내수기업의 현황을 살펴보고자 한다.

총 264개 업체 중에서 내수기업은 72개이고, 수출기업은 192개였다. 종업원 규모에 있어 내수기업과 수출기업은 차이가 있는데, 1사당 평균 종업원 수는 전체기업이 272.0명, 내수기업이 114.3명, 그리고 수출기업이 331.1명이었다. 내수기업의 규모가 현저히 작았다. <표 II-16>을 통해 종업원 규모별 분포를 보다 자세히 알 수 있는데, 내수기업의 47.2%가 종업원 수 49인 미만의 소규모 기업인 데 비해, 수출기업은 35.9%가 종업원 수 300인 이상의 대기업이었다. 내수기업 중 종업원 수 300인 이상 대기업이 차지하는 비율은 12.5%에 불과하였다.

수출기업과 내수기업은 입주연도에서도 차이가 나타났다. <표 II-17>에서 알 수 있는 바와 같이, 수출기업의 39.1%가 1970년대 전반기에 입주하였고 30.7%가 1980년대 이후 입주하였는 데 비해, 내수기업의 66.7%가 1980년 이후 입주하였다.

〈표 II-16〉 내수기업과 수출기업의 종업원 규모별 분포(1987년)

구분	내수기업		수출기업		합계	
	업체 수	비중	업체 수	비중	업체 수	비중
1~19인	15	20.8%	7	3.6%	22	8.3%
20~49인	19	26.4%	15	7.8%	34	12.9%
50~99인	15	20.8%	28	14.6%	43	16.3%
100~199인	11	15.3%	43	22.4%	54	20.5%
200~299인	3	4.2%	30	15.6%	33	12.5%
300~499인	7	9.7%	26	13.5%	33	12.5%
500인 이상	2	2.8%	43	22.4%	45	17.0%
합계	72	100.0%	192	100.0%	264	100.0%

자료: 상공부(1988).

〈표 II-17〉 내수기업과 수출기업의 입주 연도 분포(1987년)

연도	내수기업		수출기업		전체	
	업체 수	비중	업체 수	비중	업체 수	비중
1967년 이전	1	1.4%	12	6.3%	13	4.9%
1968~9년	1	1.4%	15	7.8%	16	6.1%
1970~4년	11	15.3%	75	39.1%	86	32.6%
1975~9년	11	15.3%	31	16.1%	42	15.9%
1980년 이후	48	66.7%	59	30.7%	107	40.5%
합계	72	100.0%	192	100.0%	264	100.0%

자료: 상공부(1988).

내수기업의 구로공단 입주는 1960~70년대 동안 엄격하게 규제되었던 수출의무가 1970년대 말부터 완화되고 있었다는 데 일부 기인하였지만[32], 다른 한편으로는 수도권 규제 정책이 시행되었기 때문이기도 하였다.

1978년 1월 발표된 "수도권인구재배치계획(1977~1986)"은 그동안 산발적으로 논의되고 있었던 수도권 인구분산을 위해 분야별로 소관 부처에서 추진해야 할 시책과 일정을 명시함으로써 수도권 규제가 본격적이고 체계적으로 시행될 수 있게 하였으며, 그 핵심 내용 중의 하나가 바로 수도권 내 공장의 신·증설 억제였다(제1무임소장관실, 1978). 1978년 12월에 제정된 "공업배치법 시행령"은 서울시와 경기도 일부 지역을 이전촉진지역[33]으로 지정하고, 공업지역 이외의 공

---

32) 수출산업공단을 "수출산업공업단지개발조성법"에 의해 여타 공업단지와 별도로 관리하던 것에서, "공업 단지관리법" 아래에서 통합관리하는 방식으로 제도가 변경된 것은 1978년 5월부터였다. "수출산업공업 단지개발조성법"이 폐지되고, "공업단지관리법"이 개정되었다. 이에 따라 내수업종의 수출산업공업단지 입주가 가능케 되었다.

33) 이전촉진지역이란 산업의 밀집도와 인구증가율이 현저히 높아 공장의 이전이 필요한 대도시 및 그 주변 지역으로 대통령령(즉, 시행령)에서 그 구체적인 범위를 정하도록 하고 있었다("공업배치법" 법률 제3,069 호, 1977.12.31., 대한민국정부, 『관보』 제7840호, 1977.12.31.).

장의 이전을 강제하였던 것이다. 법 시행 초기에는 이전촉진지역 내에서의 증설 및 이전은 도시형 업종[34)]의 공장에 한하고, 그것도 공업지역 및 공업단지에 한해서 허용하고 있었으므로, 이들 도시형 업종 공장의 구로공단으로의 이전이 촉발되었던 것이다.[35)]

한국공단연구소(1987)에는 업체별 부지면적뿐만 아니라 임대 여부도 기재되어 있으므로, 이를 이용하여 임대업체의 분포상황을 살펴보았다. <표 II-18>에 나타나 있는 것처럼, 1987년 당시 전체 270개 업체 중에서 53개 업체가 임대를 통해 입주해 있었고, 부지를 자가 소유하고 있는 업체는 217개였다. 1982년도 명부와 대조하여 1982년부터 존속해 온 업체와 이후에 신규 입주한 업체를 구별할 수 있었다. 1982년부터 존속해 온 업체 158개 중에서 부지를 임대한 업체는 8개뿐이었지만, 신규 입주한 업체 112개 중에서 부지를 임대한 업체는 45개나 되었다. 임대업체의 비중이 1982년부터 존속해 온 업체와 신규 입주한 업체 중에서 임대업체가 차지하는 비중은 각각 5.1% 및 40.2%였다.[36)]

---

34) "공업배치법 시행령"에서는 이전촉진지역 내에서 이전이 가능한 도시형 업종으로는 아이스크림 및 빙과류 제조업, 우유처리업, 빵 제조업, 얼음 제조업, 두부 제조업, 직물제품 및 편직외의 제조업, 의복제조업, 제재업, 목재가구제조업, 인쇄출판업, 레미콘 제조업, 연탄 및 도시가스 제조업 등이었다["공업배치법 시행령", 대통령령 제9250호, 1978.12.30., 대한민국정부, 『관보』 제8138호(그 2), 1978.12.30.]

35) 도시형 업종의 범위는 1979년, 1981년, 그리고 1985년의 시행령 개정을 통해 확대되었고, 규제대상이 되는 기업체도 처음에는 모든 기업을 대상으로 했다가 종업원수 5인 이내(1981년), 그리고 10인 이내(1985년)로 변화하는 등, 규제의 강도는 차츰 완화되었다.

36) 신규입주한 업체 중에서 가리봉동 60-6번지와 60-27번지에 입주한 봉제업체들은 소위 "협동화공장" 입주업체로서 하나의 지번에 수개의 업체가 입주하고, 업체당 100~300평 규모의 소규모 부지를 부여받았다. 1987년 업체명부에서는 가리봉동 60-6번지에는 9개 업체, 가리봉동 60-27번지에는 10개 업체가 입주해 있는 것으로 확인된다. 이들 업체를 제외한다면 순수한 자가소유 부지에 입주한 신규업체의 수는 48개에 불과하다.

<표 II-18> 임대업체의 분포

구분		업체 수	비율(%)
1982년부터 존속해 온 업체	자가	150	94.9
	임대	8	5.1
	소계	158	100.0
1982년 이후 신규 입주한 업체	자가	67	59.8
	임대	45	40.2
	소계	112	100.0
전체 업체	자가	217	80.4
	임대	53	19.6
	합계	270	100.0

자료: 한국공단연구소(1982) 및 한국공단연구소(1987)에서 작성.

내수기업의 임대 현황도 살펴보았다. <표 II-19>에는 상공부(1988)
의 데이터를 정리하여 제시하였다. <표 II-18>에서는 전체 업체 270
개 중 임대업체가 53개인 데 비해, <표 II-19>에서는 전체 업체 264
개 중 임대업체가 62개로, 양 자료 사이에 상당한 차이가 나타난다.
따라서 양 자료를 직접적으로 비교하기는 어렵다. 상공부(1988)만을
볼 때, 수출기업의 임대비율이 14.6%에 불과한 데 비해, 내수기업의
임대비율은 47.2%로 매우 높다는 사실을 확인할 수 있다.

<표 II-19> 내수기업과 수출기업의 임대업체 비율(1987년)

구분		업체 수	비율(%)
내수기업	자가	38	52.8
	임대	34	47.2
	소계	72	100.0
수출기업	자가	164	85.4
	임대	28	14.6
	소계	192	100.0
전체	자가	202	76.5
	임대	62	23.5
	합계	264	100.0

자료: 상공부(1988).

　　<표 II-20>과 <그림 II-1>을 통해 구로공단의 수출에 대한 기여를 알아볼 수 있다. 1971년 11월 한국수출산업공단이 인천수출산업공단과 통합된 이후 1972~84년 사이 구로공단만의 수출통계를 제시하지 못하고 있지만, 인천수출산업공단을 포함한 한국수출산업공단 소재 기업의 수출은 한국 수출 전체에서 약 10%를 차지하고 있었고, 구로공단의 비중은 약 7~8% 수준이었을 것으로 추측된다.

　　결국, 1980년대의 구로공단은 기존의 수출전진기지라는 거창한 구호 아래, 한편으로는 수출대기업의 분공장과 상대적으로 규모가 큰 외국인투자기업이 입지한 가운데, 소규모의 도시형 내수기업들이 제한된 공단 부지 내에 임대 등의 형태로 입주해 들어오고 있었다. 결국 설립 초기 공단의 특징은 변모하고 있었던 것이다.

<표 II-20> 수출실적 추이(1966~87년)

(단위: 천 달러, %)

연도	구로공단 (A)	인천수출산업 공단(B)	합계 (A+B)	한국수출 (C)	A/C	(A+B)/C
1966	0.1		0.1	250.3	0.1	0.1
1967	1.1		1.1	320.2	0.4	0.4
1968	6.7	0.8	7.5	455.4	1.5	1.6
1969	31.1	7.0	38.1	622.5	5.0	6.1
1970	57.5	23.2	80.7	835.2	6.9	9.7
1971	96.5	31.0	127.5	1,067.6	9.0	11.9
1972			189.0	1,624.1	.	11.6
1973			318.0	3,225.0		9.9
1974			453.0	4,460.4		10.2
1975			545.0	5,081.0		10.7
1976			945.0	7,715.3		12.2
1977			1,151.0	10,046.5		11.5
1978			1,362.0	12,710.6		10.7
1979			1,632.0	15,055.4		10.8
1980			1,873.0	17,504.9		10.7
1981			2,137.0	21,253.8		10.1
1982			2,297.0	21,853.4		10.5
1983			2,498.0	24,445.1		10.2
1984			2,787.0	29,244.9		9.5
1985	1,929.1		2,680.0	30,283.1	6.4	8.8
1986	2,570.0		3,685.0	34,714.5	7.4	10.6
1987	3,726.0		4,679.0	47,280.9	7.9	9.9

자료: 1966~71년 구로공단 수출액, 1968~71년 인천수출산업공단 수출액, 1972~87년 한국수출산업공단
수출액은 한국수출산업공단(1994)에서, 1985~87년 구로공단 수출액은 정성훈(1994)에서, 1966~87년
한국수출액은 통계청국가통계포털(KOSIS: http://kosis.kr)에서 작성.

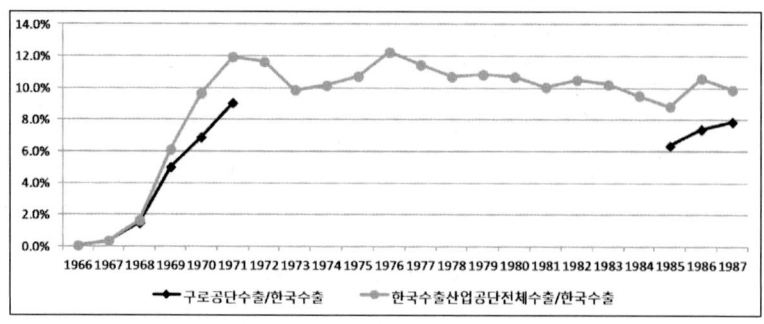

자료: 〈표 20〉에서 작성.

〈그림 II-1〉 구로공단 및 한국수출산업공단 수출이 한국수출에서 차지하는
비중(1966~87년)

5. 맺음말

구로공단은 "수출산업을 진흥시키기 위하여 재일교포들의 재산과
기술을 도입하여 서울 근교에 경공업을 중심으로 한 '수출산업단지'
를 설정"한다는 목표 아래 조성되었지만, 재일교포 중심의 단지 조성
이라는 핵심 내용은 제2단지의 조성과정에서 사라져 버렸다. 이에 대
신하여 정부는 대기업의 유치를 꾀하였고, 이들이 일부 빈자리를 메
웠다.

그렇지만 구로공단 준공 직후부터 구로공단 입주기업 생산 제품의
내수판매가 허용됨에 따라, 수출산업단지 조성 취지 역시 흔들리고
있었다. 나아가 수출의무 규제는 1970년대 말부터 점차 완화되고 있
었다. 이에 더하여 수도권 규제가 본격화됨에 따라 소규모 도시형 내
수기업들의 구로공단 내 입주가 지속적으로 이루어지고 있었다.

1980년대 전반, 구로공단의 양적 확대가 이루어지는 과정에서 기업체수의 증가는 이루어졌지만, 공단의 물리적 면적 자체는 고정되어 있었으므로, 기업들의 상당수는 기존 업체의 부지를 임대하는 방식으로 구로공단에서 공장을 신증설하고 있었다.

이러한 과정은 수출지향공업화라는 과거의 국가적 정책목표에 따라 조성되었던 구로공단이 서울, 그리고 수도권이라고 하는 지역의 산업적 수요에 대응하면서 변모하는 과정이었지만, 구래의 산업구조와 노사관계에 얽매여 있는 한에는, 오래 지속되기는 어려운 과정이었다.

참고문헌

구양미. 2002. 구로공단(서울디지털산업단지) 산업구조재편에 관한 연구. 서울
　　　대학교 대학원 지리학과 석사학위논문.
국토개발연구원. 1981. 『수도권정비기본계획(안)(1982 – 1991) – 답신보고서 –』.
　　　　　　　. 1988. 『수도권정비시책의 평가』.
기미야 다다시. 2008. 『박정희 정부의 선택』. 후마니타스.
김입삼. 2003. 『초근목피에서 선진국으로의 증언』, 한국경제신문.
노병직 외. 1994. 『구로공단의 실태 및 노동자 의식조사』.한국노동연구원.
대통령비서실. 1967.12.6. 구로동 입주기업체 현황 및 문제점. 보고번호 제
　　　67-937호.
대한무역진흥공사. 1971. 『한국의 공업단지 현황』.
박용규 외. 2007. 『'구로공단' 부활의 의미』. 삼성경제연구소.
박충훈. 1988. 『貳堂회고록』. 박영사.
상공부. 1971. 『통상백서』.
　　　　. 1988. 『공업단지 입주업체 현황』.
서문수・석영학. 1972. 대담: 한국수출산업공단을 찾아서. 『貿協誌』 1972년 4월호.
서울특별시구로구. 1997. 『구로구지』.
유영휘. 1988. 『한국의 공업단지』.
이상철. 1997. 한국화학섬유산업의 전개과정(1961 – 1979) – 산업정책의 일연구 –.
　　　서울대학교 대학원 박사학위논문.
　　　　. 2008.12. 마산 수출자유지역의 초기발전과정. 『경제발전연구』 제14권
　　　제2호.
이원만. 1977. 『나의 정경50년사』. 코오롱20년사편찬위원회.
정성훈. 1993. 구로공단의 산업재편과정. 한국공간환경연구회(편). 『서울연구』.
　　　한울.
　　　　. 1994. 서울시 산업구지구 재편과정. 『공간과 사회』 제4호. 한울.
제1무임소장관실. 1978. 『수도권인구재배치계획(1977 – 1986)』.
조명래 외. 1995. 『구로지역 사회경제 변화에 관한 연구』. 한국도시연구소.

한국공단연구소. 1982. 『한국공단총람』.
_____. 1987. 『한국공단총람』.
한국수출산업공단. 1994. 『한국수출산업공단30년사』. 한국수출산업공단.
황석영. 1973. 구로공단의 노동실태. 『월간중앙』 1973년 12월호.

『관보』
『경향신문』
『동아일보』
『매일경제』

〈부표 1〉 1단지 입주업체 현황(1967년 말 현재)

업체명	대표자	업종	구분	입주 지정일자	공장 건평	고용	수출 ($)	투자액(천 원)		
								자기 자금	융자	합계
대륙금속공업	허필석	3	교포	1965-05-11	585	75	36,933	49,438	20,000	69,438
삼화합성공업	오복염	9	교포	1965-05-11	660	8	0	62,584	7,500	70,084
평화안경공업	백찬두	6	교포	1965-05-11	621	6	0	31,000	9,000	40,000
심산산업	장봉호	9	교포	1965-06-25	385	63	0	21,000	5,000	26,000
싸니전기	곽태석	5	교포	1965-08-23	390	60	48,130	36,794	16,640	53,434
영률산업	김산풍	2	교포	1965-08-23	216	66	14,954	8,798	5,000	13,798
대경물산	박성진	1	교포	1965-11-25	669	35	0	51,855	16,500	68,355
동남전기공업	박영택	5	국내	1965-11-25	791	80	140,523	79,266	20,000	99,266
한국마벨	김용태	5	교포	1966-03-10	923	21	0	53,171	60,000	113,171
대한조화공업사	한정대	9	교포	1966-04-20	1,198	80	0	30,000	10,000	40,000
대흥섬유공업	이근흠	1	교포	1966-04-20	1,281	13	89,247	89,000	0	89,000
한국면양	정규현	1	국내	1966-04-20	837	41	9,576	38,930	21,800	60,730
한국짚바	진공력	9	교포	1966-04-20	603	83	0	69,261	15,000	84,261
대한광학공업	김상길	6	국내	1966-05-05	710	149	0	48,000	20,000	68,000
안양모방	장중균	1	교포	1966-05-05	1,033	170	65,070	97,756	15,000	112,756
동남미네론화학	이규태	1	국내	1966-07-05	910	6	0	46,500	10,000	56,500
삼화완구	정환무	9	교포	1966-07-05	187	35	0	10,850	0	10,850
조일광학공업	정달근	6	교포	1966-07-05	300	30	0	32,339	6,000	38,339
한국광학	김석주	6	국내	1966-11-21	995	40	337,757	64,092	10,000	74,092
오리온전자공업	김성택	5	교포	1967-01-06	1,164	5	0	48,200	10,000	58,200
전자사진인쇄	이명석	7	교포	1967-02-02	109	6	0	5,950	0	5,950
암코아	나탄졸안	1	외국	1967-03-15	514	236	74,289	43,133	0	43,133
화인제작	라인균	9	국내	1967-03-15	590	47	4,428	34,277	10,000	44,277
대곡상사	이지수	9	교포	1967-04-17	760	23	0	30,685	10,000	40,685
한국전해콘덴사	양근춘	5	교포	1967-04-17	510	12	0	17,372	9,700	27,072
남성흥업	윤봉수	5	국내	1967-05-15	435	58	73,636	42,796	8,000	50,796
칼오리엔트무역	드베레스키	9	외국	1967-05-15	523	50	44,318	66,348	0	66,348
극동휠타	김진형	9	국내	1967-06-12	346	24	0	67,400	0	67,400
삼정통상	서상진	8	국내	1967-06-12	375	30	15,840	16,704	6,500	23,204
조일실업	성재조	1	국내	1967-06-12	562	60	0	39,719	7,000	46,719
대한메련	김의준	1	국내	1967-09-30	0	10	0	0	0	0

주: 업종구분은 1) 섬유봉제, 2) 화학 및 플라스틱, 3) 조립금속, 4) 기계 및 장비, 5) 전기전자, 6) 의료 정밀광학기기 및 시계, 7) 출판, 8) 가발,
9) 기타.
자료: 한국수출산업공단(1994, p.183) 및 대통령비서실(1967)에서 작성.

단지	업체명	대표자	업종	면적(평)	가동연도	종업원 수	수출($)	융자(천 원)
1	삼화합성	오복침	2	3,233	67	80	21,563	8,068
1	대륙금속	허필석	3	3,608	67			5,940
1	삼경물산	오상봉	1	2,989	68	310	466,057	2,667
1	일신기업사	박창종	1	1,154	70	236	91,252	18,875
1	싸니전기	곽태석	5	5,431	67	148	77,500	16,330
1	동광통산	백대열	1	1,223	70	445	379,036	
1	동남전기	박영택	5	5,464	66	501	777,449	
1	대협	한정대	9	임대	67	421	19,535	
1	한국마벨	김용태	5	3,900	67	508	353,704	21,875
1	대흥섬유	이근흠	1	2,678	67			
1	한국짚바	진공력	9	4,108	67	179	281,621	36,410
1	코리아프라스틱	한정대	2	임대	70	234	33,854	
1	대한잉크페인트	한정대	2	3,934	67	375	93,000	29,300
1	대한광학	김상길	6	6,654	67	669	327,000	4,444
1	안양모방	정원환	1	3,999	67	61	130,733	24,990
1	삼화완구	박영창	9	2,199	67	118	55,104	29,750
1	동남미네론	유화열	1	3,566	68	99	1,746	2,500
1	한국광학	김석주	6	3,843	67	360	518,584	28,250
1	오리온선사	김싱백	5	3,759	68	70	154,085	
1	한국전자인쇄	김항규	7	2,610	68	58	23,000	9,000
1	다보산업	이유성	1	1,582	67	7		
1	서원산업	임대철	9	2,089	67	237	39,755	14,250
1	한국스키	이유성	9	4,360	68	144	49,412	12,100
1	한국전해콘덴사	양형석	5	1,170	68	86	14,561	12,200
1	남성흥업	윤봉수	5	임대	67	101	71,640	10,000
1	한국호구리구	곽태석	5	임대	69	196	72,880	
1	조일실업	성재조	1	5,299	68	61	47,126	17,550
1	삼정통상	위효혁	8	2,072	67	352	528,820	32,623
1	극동휠타	강민구	9	3,660	67	48	499,139	7,250
1	월성섬유	장승진	1	923	70	230	480,681	26,590
1	아이맥	정재두	5	2,587	68	150	150,664	
1	경진공예	구자일	9	321				
1	로얄공업	한정대	9	1,706	69	214	51,158	
1	크라운전자	윤봉수	5	1,996	70	300	609,279	4,500
1	한국모사	송석구	1	336	71	85	8,000	
1	정밀기기	박승엽	9	4,515				
2	원림산업	문윤정	8	2,837	69	150	1,711,013	27,925

2	마산방직	이준영	1	3,105	68	399	1,109,627	33,800
2	천일무역	서장욱	8	3,449				15,000
2	시대복장	이위형	1	4,215	70	360	29,000	13,500
2	동진기업	김명선	9	5,064	69	290	471,182	28,375
2	일신동양통신기	이도영	5	임대	71	41		
2	중앙전자	안친옥	8	2,960	70	252	216,858	
2	디자인포장센타	이낙선	7	4,092	69	198	946,603	1
2	상영산업	오상은	8	614	69	272	547,032	21,800
2	유품섬유	김정친	1	2,170	71			15,000
2	인테어리어디자이너스	장석원	9	1,500	69	21	58,577	
2	대한전자	강내문	5	2,519	69	31		8,250
2	범한전기	정순호	6	1,457	69	92		
2	범한물산	오광렬	1	2,732	69	350	456,570	40,050
2	동국섬유	백영기	1	2,082	69	60	183,844	27,950
2	국제냉동	주서일	5	1,500	69	47	195,500	
2	협우산업	박정	1	2,665	68	152	185,305	21,072
2	제일복장	정대진	1	1,398	70	300	133,324	
2	삼리염직	임광상	1	2,176	69	75	226,816	9,900
2	효성물산	민병무	1	2,772	70	143	197,436	
2	일신산업	이도영	1	3,265	69	291	356,664	16,250
2	삼경통상	안재면	9	1,300				12,800
2	국제보세	김영진	1	1,880	70	105	64,325	10,460
2	대한산업	이형종	8	2,909	70	100		
2	오륙실업	김동석	1	2,203	70	50	90,880	20,000
2	협진양행	이용호	1	2,408	70	550	793,506	
2	일성산업	황철수	1	2,631	69	134		
2	성화섬유	최람	1	2,495	69	210	154,583	20,625
2	강신물산	강내문	8	임대	69	150	137,197	
2	서울통상	최준규	8	9,940	69	2210	2,739,450	6,500
2	와이비리상사	이유복	8	3,173	69	884	1,096,300	20,000
2	금성전자	허준구	5	2,555	70	79	73,782	5,000
2	삼우정밀	변광일	6	1,300				7,000
2	새화물산	강제영	8	1,000	71	84	190,636	5,000
2	상영금속	오장은	2	2,000	70	94		
2	풍안상사	노의훈	9	2,000	71	70	95,597	
2	중앙계량국	정부기관	9	5,484				
2	광업연구소	정부기관	9	6,638				

주: 업종구분은 1) 섬유봉제, 2) 화학 및 플라스틱, 3) 조립금속, 4) 기계 및 장비, 5) 전기전자, 6) 의료정밀광학기기 및 시계, 7) 출판, 8) 가발, 9) 기타.
자료: 대한무역진흥공사(1971)에서 작성.

서울디지털산업단지 지역의 산업구조 분기와 주변부 서비스업의 확산

손정순

DIGITAL
INDUSTRIAL
COMPLEX

1. 들어가며

구로공단 지역은 현재는 '서울디지털산업단지(이하 '구로공단')' 명칭으로 불리는 국가 산업단지 지역을 지칭한다. 국내에는 총 40개의 국가 산업단지가 있으며, 이 중 유일하게 수도 서울에 위치하고 있는 국가 산업단지가 서울디지털산업단지이다.[1] 전체 면적은 1,982,000㎡로서, 이 중 산업시설 구역이 1,500,000㎡, 지원시설 구역이 150,000㎡, 공공시설 구역이 332,000㎡로 구성되어 있다. 행정구역상으로는 서울시 구로구 구로 3동 170~855번지(1공단), 금천구 가산동 50~233번지(2공단), 금천구 가산동 319~715번지(3공단) 일대이다. 이 공단지역에 한국산업단지공단의 공식 통계자료상으로 보더라도 2011년 3/4분기 말 기준으로 약 1만여 개의 사업체가 있으며, 13만 8천 명의 노동자가 일하고 있는 것으로 나타나고 있다. 1965년 공단 조성이 시작된

---

* 이 글은 '산업노동연구(2012년, 제18권 제1호)'에 게재된 동명의 글을 일부 수정, 보완한 글임.
1) 국내에는 2011. 3/4분기 말 기준으로 국가산업단지 40개소, 일반 산업단지 461개소, 도시첨단 산업단지 7개소, 농공단지 429개소 등 총 937개소의 산업단지가 있다(전국산업단지 현황통계, 2011).

후, 역대 최대 규모의 노동자가 공단지역에서 일하고 있는 것이다.

현재의 공단지역은 과거 1970년대~80년대 제조업 공장 밀집 지역에서 '지식산업센터'로 불리는 아파트형 공장과 벤처 빌딩 밀집 지역으로 외양이 크게 변화하였다. 이러한 외양의 변화만큼이나 그 내적인 사업체의 업종 구성과 노동력 구성도 크게 변화하였다.[2] 단적인 예로, 공단지역의 최대 고용 산업은 이제 더 이상 제조업이 아니며, 출판·영상·방송서비스 및 전문, 과학 및 기술서비스업 부문의 고용 규모가 가장 큰 것으로 나타나고 있다(노동자의 미래, 2011). 이러한 변화에 대한 일반적 평가는 '구로공단의 부활'로 집약되면서 과거 제조업 부문의 블루칼라 노동자의 집적지에서 IT로 대표되는 첨단 지식 산업의 집적지로 변모하였다는 긍정적 평가가 주를 이루고 있다 (박용규 외, 2007).[3]

그러나 과연 '공단지역의 부활'로 불릴 만큼 공단지역은 제조업에서 첨단 지식산업 단지로 변모하였는가? 공단지역에 대한 일련의 실태 조사는 공단지역 내 산업 구조가 반드시 그렇지 않다는 점을 드러내 보이고 있다(노동자의 미래, 2011). 이러한 점은 특히 고용·노동 측면에서 더 잘 드러나고 있다. 고용 측면에서 불법 파견노동이 성행하고 있을 뿐만 아니라(단병호 의원실, 2005; 비정규직없는세상만들기네트워크, 2010; 노동자의 미래, 2011), 임금, 근로시간 등의 노동조건 측면에서도 열악하다는 점이 드러나고 있기 때문이다. 1970년대 이후 저임금·장시간 노동으로 산업화의 기반을 마련했었던 공단지

---

2) 이에 대해서는 후술 내용 참조.

3) 이러한 점은 공단지역에 대한 최근의 조사·연구 또한 동일하다. 공단지역의 산업구조 전환이 성공적으로 진행된 요인과 더불어 IT 업종을 중심으로 한 공단지역의 사업체간 네트워크 형성 및 이의 효과를 밝히는 내용이 주를 이루고 있다.

역의 노동실태가 여전히 지속되고 있는 것이다.[4]

이 글은 공단지역의 변화 양상을 '구로공단의 부활'이라는 일면적이면서도 외형 측면에만 주목하는 관점을 넘어서 공단지역의 산업구조 전환의 과정과 배경, 그리고 그 귀결로 현재의 공단지역 내 산업이 어떻게 변모하였는지를 각종의 통계 및 사례조사 자료를 통해 서술하고자 한다. 특히 '공단지역의 부활'이라는 찬사의 이면에는 IT로 대표되는 지식산업 부문 이외에도 저임금과 장시간 노동으로 대표되는 낮은 질의 일자리가 집중된 저부가 서비스 부문 또한 급속하게 확산되고 있을 뿐만 아니라, 제조업 부문 또한 그 성격이 이원화된 채 공존하고 있다는 측면에 초점을 맞추고자 한다. 이를 위해 특정 산업·업종 내 사업체가 집중된 산업집적지에 대한 기존 연구 검토를 통해 쟁점을 드러내고, 3절에서는 1980년대 후반 이후 구로공단지역의 구조조정의 원인과 공단 산업구조 고도화 계획의 전개 과정을 살펴본다. 4절에서는 2000년대 이후 공단지역의 산업·업종 변화를 공단지역의 구조조정 이후 제조업 부문의 성격 변화와 더불어 주변부 서비스 업종의 확산에 초점을 맞추어 서술한다. 5절에서는 2절에서 정리한 쟁점에 비추어 공단지역의 변화 양상을 정리하고자 한다.

---

4) 공단지역에서 1980년대 후반부터 2005년까지 취업하였다가 노조활동을 이유로 해고당한 한 여성 비정규 노동자의 수기 제목이 '1986년이나 2011년이나, 이 지옥 같은 노동은……'이다. 제목 자체가 1980년대의 지옥 같은 노동 현실이 지금도 지속되고 있음을 드러내고 있다(오석순, 2011).

2. 산업집적지의 구조조정과 관련한 이론적 쟁점

1) 산업 지역의 산업 구조조정과 정부의 역할

　구로공단은 '산업단지'이다. 산업단지란 "공장·지식산업관련시설·문화산업관련시설·정보통신산업관련시설·재활용산업관련시설·자원비축시설·물류시설 등과 이와 관련된 교육·연구·업무·지원·정보처리·유통 시설 및 이들 시설의 기능제고를 위하여 주거·문화·환경·공원녹지·의료·관광·체육·복지 시설 등을 집단적으로 설치하기 위하여 포괄적 계획에 따라 지정·개발되는 일단의 토지"를 의미한다.[5] 그에 따라 통상의 기업 입지와 다르게 공단지역은 정부의 정책적 목표하에서 특정 산업·업종 사업체가 집중된다. 이런 점에서 구로공단 지역은 최소한 외형적으로는 일종의 산업집적지(industrial districts)와 유사한 성격을 지니고 있다. 특히, 이상철(2012)의 논의에서 드러나고 있는 것처럼 원래 구로공단은 조성 초기부터 수출 전문의 제조업 사업체만이 입주할 수 있도록 되어 있어, 1990년대 후반까지 제조업은 공단지역 내 주력 산업 부문이었다.

　그러나 제3세계 개도국의 산업화와 자본의 해외 진출, 그리고 세계화의 진전에 따라 제조업 부문의 상대적 쇠퇴와 그에 따른 산업구조조정이 본격화된다. 이 과정은 통상 제조업 실물자본의 쇠퇴를 특징으로 한다. 1980년대 미국 경제 제조업 부문의 구조조정 과정을 고찰한 Harrison and Bluestone의 연구결과에 따르면, 이러한 탈산업화의 과

---

5) '산업입지 및 개발에 관한 법률' 제2조의5.

정이 전개되는 이유는 크게 2가지이다(Harrison and Bluestone, 1982: 141~149). 첫 번째는 국제 경쟁의 심화이고, 두 번째는 경제위기에 따른 이윤 압박이다. 이러한 지점은 수출 제조 사업체가 밀집된 지역이었던 공단지역의 구조조정 과정을 설명해 주는 유력한 원인이다.

그러나 공단지역의 산업구조조정은 단지 탈산업화의 양상, 즉 산업공동화의 양상으로만 귀결하지는 않았다. 최근의 공단지역에 대한 일련의 조사 결과가 드러내 보이고 있듯이 비제조업 부문, 특히 IT로 대표되는 새로운 업종이 다수를 점하고 있다는 점에서 공단지역 제조업 부문의 구조조정은 탈산업화가 아닌, 산업구조 전환으로 불리우고 있다(양기호, 1998). 이러한 과정은 위기 극복을 위한 개별 자본의 대응으로만 전개된 것은 아니다. 도시 구조와 자본 축적 간의 상관관계를 분석한 하비(Harvey, 1989)의 논의에 따르면, 통상의 자본 순환을 넘어서는 또 다른 자본 순환 사이클이 존재한다. 통상의 자본순환이 Marx가 언급한 $M - C - M'$이라는 생산과정상의 순환에서부터 재생산과 나아가 자본간 '경쟁'을 통한 이윤율의 균등화 법칙이 관철되는 영역까지라면, 이러한 통상의 자본의 순환을 지원하기 위한 또 다른 자본 순환이 존재하게 된다. 즉, 개별 자본 순환상의 자본 축적과 나아가 위기 극복을 지원하기 위한 '생산을 위한 건조 환경(the built environment for production)'(Harvey, 1989: 91)으로 지칭되는 새로운 자본 순환 사이클을 인위적으로 형성하는 것이다. 이는 생산을 위한 물리적 틀로 역할하는 것으로서 대규모 고정자본 투자를 특징으로 하는 개별자본의 생산·교환·소비의 물리적 틀을 형성한다. 결과적으로 1차 자본 순환상의 축적 위기를 새로운 건조 환경 구축을 통한 2차적 순환의 형성을 통해 극복하는 것이다. 이러한 1차 자본 순환상의 위기를 극복하기 위한 새로운 순환 사이클의 형성 과정에는 당연히 국가가 개입한다.

이러한 점은 1990년대 중반 이후 한국산업단지공단이 주도한 구로공단 구조 고도화 정책의 의도와 효과에 대해 새로운 관점을 제시하고 있다. 즉, 1987년 노동자 대투쟁 이후 노동자 임금 수준의 상승과 3저 호황으로 인한 거시경제 여건 변화가 당시 공단지역의 대다수를 차지하고 있던 노동집약적 중소사업장에는 구조조정 압력으로 역할을 하였다. 이러한 개별 자본 순환 위기 극복을 위한 정부의 산업 정책적 개입이 바로 한국산업단지공단의 구로공단 구조 고도화 계획인 것이다.

2) 산업구조 변화에 따른 제조업의 성격 변화와 주변부 서비스 산업의 확산

특정 산업이 집중된 산업집적지의 산업구조 및 이의 변화에 대한 연구는 산업집적지 효과에 대한 긍정적·부정적 측면 등 2가지 유형으로 대별된다(Hassink and Shin, 2005). 산업집적지 논의에서 긍정적 효과는 동종 사업체 간의 긴밀한 기업간 네트워크에 기반한 외부효과를 통해 새로운 혁신과 성장을 추동해 내고 있다는 내용이다(Hassink and Shin, 2005). 이의 대표적인 예가 이탈리아 북부지방의 에밀리아-로마냐 지역의 중소기업간 협력적 네트워크 관계에 대한 Piore and Sabel(1984)의 유연 전문화론이다. 이들 지역에서의 중소기업 간 관계는 ① 지방정부 차원의 금융지원 등, 제도적 지원망의 구축과 활용, ② 고도로 수평적으로 분업화된 중소기업 간의 장기 신뢰에 기반한 밀접한 협력관계, ③ 지역 내 사용자 단체 주도의 숙련 노동력 양성 및 관련 산업, 업종의 정보공유, ④ 노동자의 準장인적 성격－노동과정에서의 구상과 실행의 통합 등－에 따른 지식 자산의 축적과 유통 등을 특징으로 하면서 변화하는 시장수요에 기민하게 대처, 매우 세분화된 고품질의 상품시장을 타깃으로 성장해 왔다(Whitford, 2001; Lazerson, 1988). 이들 지역은 '산업지구(industrial district)'로 불리면서 지역차원에서 형성된 정치·사회·문화적 토양 등을 배경으로 한 기업간 관계 형성과 관련해 대표적인 준거로 언급되어 왔으며,[6] 국내에서도 IMF 경제위기 시기를 거치면서 활성화된 중소 IT 벤처기업과 동대문 시장의 역동적 성장과정, 나아가 구로공단 지역을 산업클러스터로 이론화하기 위한 모델로서 역할을 하였다(김양희·신용남, 2000; 이상곤 외, 2002; 윤철, 2008).

그러나 이러한 유연 전문화론이 적용될 수 있는 중소사업체 및 노동자층은 제한적일 수밖에 없다. 이들 장인적 노동이 보여 주고 있는 양상은 분명 테일러리즘에 기반한 노동과정에 비해 상대적으로 인간적인 노동과정이라 할 수 있지만, 그러한 준장인적 지위에 도달하기까지의 장기간의 도제적 과정은 최소한의 노동법적 보호로부터도 배제된 과정이기도 하다.[7] 나아가 1980년대 말부터 나타나기 시작한 외국자본과 대자본에 의한 지역 내 중소기업의 매수·합병 붐에 따른 이탈리아 북부 산업지역의 변화과정 또한 위 모델의 실효성에 의문

---

6) 이탈리아 북부지역의 경우. ① 도제단계에서 출발, 중소상공인으로의 성장이라는 자본가 계급 구성의 유사성, ② 지역 내 좌파적 정치적 전통과 영향력, ③ 강력한 지방분권의 전통 등은 이러한 중소기업 간의 활발한 네트워크의 형성과 발전에 영향을 끼친 것으로 알려지고 있다(Harrison, 1994; Whitford, 2001).

7) 이는 국내의 경우에도 마찬가지이다. 위 모델에 근거해 IMF 경제위기 이후 재래식 시장인 동대문시장의 성공과정을 이론화한 제반 견해들도 장시간, 불규칙 노동에 종사하는 노동자들의 유연성에만 주목하고 있을 뿐이다.

을 제기하고 있는 상황이다(Harrison, 1994; Whitford, 2001).

이런 점에서 산업집적지에 대한 기존 연구는 부정적 측면으로 연결된다. Saxenian은 이러한 공간적인 산업집적이 상호 호혜적인 네트워크 형성을 통한 성장과 혁신의 집적지가 아닌, 단지 국제적·지역적 시장 경쟁력 상실에 따른 개별 기업의 양적 집적 차원에서 존재할 수도 있음을 지적하고 있다(Saxenian, 1994: 161). 석탄·조선·철강·의류·봉제업종에서 전형적으로 나타나고 있는 것처럼 생산 자본으로서의 성격이 탈각·위축되면서, 폐쇄적이면서 고립된 집적지로 변화하는 것이다(Steiner, 1985). 이러한 관점의 연장선상에서 공단지역과 같은 특정 지역 내 특정 산업·업종의 집적이 단지 개별 기업의 양적 집합으로서 의미에 그친다면, 산업집적론 논의가 주장하고 있는 기업 간 네트워크의 형성 및 그에 따른 혁신과 성장 집적지로서의 의미는 반감될 수밖에 없다.

이러한 점은 2000년대 이후 공단지역에 대한 제반 조사·연구가 IT 및 지식산업 위주로 재편된 이후 관련 중소사업체 간의 네트워크 효과와 그에 따른 산업클러스터 효과 등, 구로공단 지역의 산업구조 고도화 계획의 효과와 이의 발전방안에 집중하고 있는 양상[8]과는 다른 함의를 줄 수 있다.

나아가 산업 구조전환이 전개되는 양상 또한 '구산업(old industries)'과 '신산업(new industries)' 간의 이분법적 구도 속에서 신산업이 구산업을 일방적으로 대체하는 것이 아닌, 지역 내 대기업 주도, 또는 노-사 협의에 의한 기존 산업·업종의 업그레이드 등, 다양한 양상과 유

---

8) 이와 관련해서는 구로공단 지역의 산업구조 고도화 계획에 관해서는 구양미(2002)를, 2000년대 이후 공단 지역에 대한 산업클러스터 효과 및 발전방안에 대해서는 윤철(2008), 김종중·김갑성(2009)을 참조.

형으로 전개됨을 드러내 보이고 있다(Reimer, 2007). 이 과정에서 구산업 지역의 구조 변화에 따른 신-구 산업 간의 명확한 경계는 실제로는 미미하다는 주장 또한 제기되고 있다(Hassink and Shin, 2005). 이러한 기존 연구는 대체로 산업집적지의 구조전환이 반드시 산업집적지에 대한 긍정적 관점에서의 효과만이 존재하는 것은 아님을 드러내 보이고 있다.

또한 이 과정에서 구 산업부문으로 잔존해 있는 제조업 부문 또한 생산자본으로서의 성격이 변화한다. 거시적으로 한국 제조업 부문의 성장 전략이 수익성 위주로 변화한 것처럼(이병천, 2011), 미시적으로는 공단지역의 제조업 부문 또한 그 성격이 변화하는 것이다. 특히 세계의 공장이자 시장으로 부상한 중국에 인접해 있다는 지정학적 특성은 국내 중소 제조업 부문의 기능적-공간적 분업 구조를 새로이 재편하게 되는 계기가 되었다. 그 핵심은 생산 자본으로서의 성격 완화와 해외 분업 네트워크 최정점에서의 관리 역할로의 변모, 그리고 수익성 추구 경영 전략의 본격화이다(김철식, 2009). 이러한 점은 국제 분업구조상의 제조 부문의 경쟁력 상실에 따른 적응 과정 속에서 제조 사업체의 성격이 변화되는 것이라 할 수 있다.

나아가 산업구조조정 과정에서 잔존하게 되는 제조업 부문의 성격 또한 변화할 뿐만 아니라, 비공식 부문과 주변부 서비스 산업의 확산 현상 또한 나타나는 것으로 드러나고 있다. 미국과 남미 지역 내 도시 지역을 사례로 살펴본 Portes and Sassen-Koob(1987)의 연구에 따르면, 산업화된 시장경제 체제하에서 원하청 관계로 이어진 가내노동으로 대표되는 비공식 부문이 여전히 광범위하게 잔존하고 있음을 드러내 보이고 있다. 이러한 비공식성은 '제3세계 현상'이 아닌, 산업화 이후 서구 자본주의 대도시 지역 안팎에서 노동집약적 경공업 부문을 중심으로 광범위하게 존재하는 현상이라는 것이다. 이러한 점은 산업 구조조정과 도시 지역 내 생산자 서비스 확대와의 상관관계를 살펴본 Sassen(1990)의 연구 결과에서도 드러나고 있다. 서비스 부문 내에서도 양극화의 양상이 드러나고 있는 것이다.

특정 산업·업종이 집중되어 있는 산업집적지에 대한 기존 연구에서 드러나는 쟁점이 구로공단 지역에서 어떻게 드러나고 있는지를 구체적으로 살펴보도록 하자.

3. 1990년대 공단지역의 산업 구조조정과 '구로단지 첨단화 계획'의 시행

1) 1980년대 후반 구로공단의 구조조정 압력의 누증

1970년대 후반 최대 호황을 누렸던 구로공단 지역은 1980년대 들어서 점차 쇠퇴하기 시작하였다. 이러한 쇠퇴 양상은 고용규모에서 잘 드러나고 있는데, 1978년 11만 명을 넘었던 공단지역 내 고용규모는 3저 호황이 본격화된 1986년에 이미 71,000여 명 수준으로 감소한 상황이었다(<그림 Ⅲ-1> 참조). 이러한 공단 내 제조업 부문의 쇠퇴는 1990년대 들어서도 지속되었다.

1980년대 중반부터 시작된 공단지역 제조업의 정체와 쇠퇴를 야기한 직접적인 원인은 다음과 같다. 첫 번째는 1970년대 중화학 공업화 이후 제조업 부문 축적 전략의 주력이 재벌계 대자본으로 이전되었

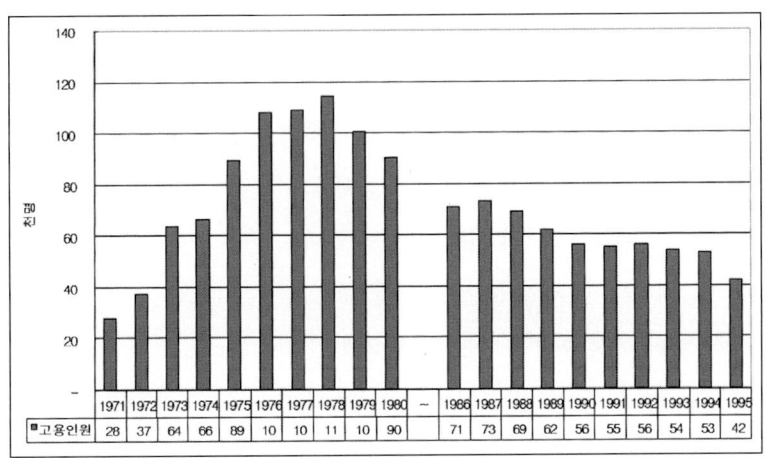

자료: 구로구(1997: 450).

〈그림 III-1〉 공단지역의 고용 규모 변화

다는 점이다. 재벌 대자본은 구미, 울산, 창원을 중심으로 한 영남권 동부 지역을 핵심적 축적 공간으로 변모시키면서 국내 제조업의 중핵 지역을 서울~인천을 잇는 경인권에서 영남 지역의 동남권 제조업 벨트로 이전시켰다(강현수, 1993). 특히 당시 국내 제조업 주력 부문이 중후장대형 설비에 기반한 중화학 부문으로 이전되면서, 노동집약적 경공업 부문은 상대적으로 위축될 수밖에 없었다. 이에 더해 1980년대 초부터 본격화한 수도권 재정비 사업과 수도 서울의 팽창에 따른 운수·수송 등 기초 인프라 부문의 취약성 또한 공단지역의 외연적 확장을 제약하는 요인으로 작용하였다(구로구, 1997: 472).

두 번째는 1987년 노동자 대투쟁의 영향이다. 이미 1985년 구로동맹파업을 통해 지역 내 연대 투쟁의 경험을 쌓은 바 있는 공단지역의 경우, 1987년 노동자 대투쟁 과정에서 대부분의 사업장에 노동조합이 결성되면서 활발한 지역 내 노동조합 활동을 전개하였다. 1987년에만 공단지역에 172개의 노조가 결성되었고, 1991년에는 총 52건의 파업이 전개되기도 하였다(조명래 외, 1996: 50). 이러한 노동조합 결성과 임금인상으로 대표되는 분배 요구9)는 1차적으로는 노동집약적 사업체가 주를 이루고 있는 공단 내 사업체에게 직접적인 노동비용 상승 압박과 수출 시장에서의 가격 경쟁력 약화, 그리고 그에 따른 구조조정으로 나타나게 되었다(양기호, 1998).

세 번째는 3저 호황에 따른 거시 경제 전반의 불균형과 그에 따른 부동산 가격의 상승이다(양기호, 1998). 1980년대 후반 3저 호황에 따른 경상 수지 흑자는 1986년부터 1989년까지 4년여간 353억 달러에 이르렀으며, 이는 1989년 한국 GDP 2,300억 달러의 15.3%에 이를 정도였다. 이러한 막대한 경상수지 흑자는 국내 통화량의 팽창으로 연결됨으로써, 1989~1990년 기간에 물가상승과 자산가격 인플레를 야기하였다. 이러한 전반적인 자산 가격의 상승은 토지 이용도 측면에서 본다면, 공장부지 위주로서 서울 지역에서 낙후된 구로공단 지역의 토지 이용 고도화를 위한 재개발 압력으로 작용하였다(양기호, 1998). 이러한 1980년대 후반의 경제적 요인이 경공업 부문, 특히 공단지역과 같은 노동집약적 조립·가공 사업체에 대한 구조조정 압력으로 작용한 것이다.10)

이러한 산업 구조조정 압력이 누적됨에 따른 공단지역 자본의 대응 양상은 크게 2가지였다. 첫 번째는 사업장 이전, 내지는 폐업이다. 이는 노동조합의 분배 요구를 감당할 수 없는 한계 기업들이 폐업을

---

9) 서울지역노동조합협의회 구로지구 위원회가 작성한 1991년 상반기 지역 내 노동조합 임금 타결 현황 자료를 보면, 공단지역 내 주요 사업장별 임금 인상률(일당 기준)은 싸니전기 14.5%, 신한밸브 18.1%, 중원전자 12.5%, 태광하이테크 23.1%, 대원강업 22.2%, 남성전기 21.1%, 아남정밀 13.5%, 협신정공 21.0% 등에 달했다(서노협 구로지구 위원회, 1991).

10) 여기에는 서울 및 수도권 지역내 공해 유발 사업체의 지방 이전을 촉진하기 위한 정부 정책 또한 작용하였다. 공단지역 내 공해유발 사업체들은 주로 시화, 안산 등지로 이전하였다.

하거나, 또는 저임금을 찾아 지방, 내지는 해외로 사업장을 이전하는 경우라 할 수 있다.[11] 특히 1990년대 초에 이르면 국내 자본의 해외 진출이 급격하게 증가하였다. 이 시기의 해외 이전은 기술이전과 시장 확보 차원의 해외 진출이 아닌, 저비용을 추구하는 해외 진출로서 구체적으로 남중국 및 아세안(ASEAN) 지역으로의 이전으로 나타났다. 공단지역의 사업체 또한 임금 비용 절감을 위해 해외로 사업장을 이전·분공장을 설립하였다(<표 Ⅲ-1> 참조).

〈표 Ⅲ-1〉 1990년대 초 공단지역의 해외 진출 및 지방 분공장 현황

(단위: 개소)

해외 진출 업체 수(1994)					국내 분공장 사업체 수	
	중국	미국	인니	기타	1982년	1992년
33(38)	18	1	5	14	39	64

* 자료: 조명래 외(1996: 42).
** 괄호 안은 중복업체 포함 시 수치임.

두 번째는 구조조정 압력의 노동자 전가이다. 이는 생산의 외부화 경향을 강화하는 것으로서 1990년대 초 신경영 전략의 일환으로 유행처럼 확대되었던 다양한 형태의 하청제, 소사장제, 가내노동의 도입으로 나타났다(정성훈, 1993; 오은주, 1996).[12]

전체적으로 이러한 상황은 과거 제조업 위주의 공단을 현재의 모습으로 변모시키게 된 직접적인 배경이라 할 수 있을 것이다. 이러한

---

11) 여기에는 공단지역 내에서 사업체를 유지하면서 지방, 또는 해외에 분공장을 설립하는 경우도 포함된다. 결과적으로 본다면 이는 공단지역 내 본 공장을 폐쇄하고 사실상 지방·해외 분공장으로 사업체 전체를 이전하는 과정이었다고 할 수 있을 것이다.

12) 이러한 가내노동 형태는 특히 공단 내 제화와 의류 사업이 구조조정되면서 이들 업종 노동자가 하청형태의 가내노동으로 종사하는 양상으로 시작되었다(조명래 외, 1996; 오은주, 1996). 당시 구로공단 지역의 소사장제 도입 실태와 관련해서는 전국노동조합협의회·써니전기노동조합·남선물산노동조합·중앙고용대책회의(1992) 참조.

구조조정 과정에서 두드러진 특징 중에 하나는 자본간 관계에서 공단 내 사업체의 하청화 경향이 강화되었다는 점이다. 이는 앞서 언급한 부담의 노동자 전가 형태로서의 소사장제 등이 확산됨에 따른 영향도 있지만, 무엇보다도 과거 노동집약적인 조립, 가공 형태에 기반해 최종재를 수출해 왔던 공단 내 사업체의 구조조정, 그리고 수출 시장보다는 내수 시장에 집중하게 됨으로써 나타나게 된 현상이다(조명래 외, 1996).

이 과정에서 공단지역의 노동력 구성 또한 변모하기 시작하였다. 이미 1980년대 중반부터 나타나기 시작한 저임 여성노동력 부족 현상에 더해 1987년 노동자 대투쟁이후 생산직 노동력 부족 현상이 본격화되면서, 주부 노동력과 이주노동자가 활용되기 시작한 것이다(정성훈, 1993). 비록 전체적으로는 이 시기에 이들 노동자층의 규모는 상대적으로 작은 규모였지만, 이후 구로공단 지역 내 노동력 구성의 변화 양상을 드러내고 있는 셈이었다.

2) 구로공단의 구조 고도화 계획의 추진

1990년대 기간 동안 공단지역의 산업활동은 침체를 벗어나지 못한 가운데, 1990년대 중반부터 구로공단 지역에 대한 산업 재구조화 논의가 본격화되기 시작하였다. 이 시기에 논의된 구로공단 지역에 대한 산업 재구조화 논의는 기존 공단지역에 대한 전면적인 재개발 방식이 아닌 기존 사업체를 첨단 지식산업 위주로 대체·재배치하는 일종의 점진적 산업 구조 고도화 방안이었다(구양미, 2002).[13]

---

13) 이는 정책 차원에서는 '산업단지 구조 고도화 사업'으로 지칭되었다. '산업집적활성화 및 공장설립에 관한

1990년대 후반에 전개된 공단지역의 산업 재구조화 정책 방향은 2000년대 이후 현재 공단지역의 원형을 창출했다는 점에서 상세히 살펴볼 필요가 있다. 이 과정에서 핵심 정책 수단은 국내 유일의 수도 내 산업 단지로서 과거 노동집약적인 제조업이 쇠락해 가는 상황 속에서 이를 보완하기 위한 다양한 형태의 규제 완화와 1999~2001년간의 IT 붐을 배경으로 한 정보통신 관련 산업 등의 지식산업[14] 유치 지원책이었다.

첫 번째는 국가 산업단지와 관련한 규제 완화이다. 앞서 언급한 것처럼 원래 구로공단은 산업화 시기 수출산업단지로 출발하였다. 그에 따라 제조업 부문의 수출 전문 사업체만이 입주할 수 있도록 되어 있었지만, 1990년 초부터 본격화한 공단지역 사업체의 구조조정에 따라 이 부분이 점진적으로 규제 완화되기 시작하였다(조명래 외, 1996:13).[15] 1996년에는 '수도권 공장 총량제' 대상에 아파트형 공장을 제외함으로써, 공단지역 내 아파트형 공장을 확산시키는 제도적 기반을 마련하기도 하였다. 또한 1997년에는 '공업 배치 및 공장 설립에 관한 법률'을 개정하여 과거 제조업종만 입주 가능했던 공단지역의 기준을 완화, 비제조업 부문의 R&D 업종 등을 포함한 IT 관련 업종의 공단 입주가 가능하도록 법제적 기반을 마련하기도 하였다(조혜영, 2010;

법률' 제45조의2항에서 규정하고 있는 위 사업은 ▲ 산업 여건의 변화, 주변 지역의 도시화 등으로 산업단지의 업종 고부가가치화 및 산업재배치가 필요한 경우, ▲ 입주기업체의 경영활동을 지원하기 위하여 산업기반시설·산업집적기반시설·공공시설 등의 유지·보수·개량 및 확충이 필요한 경우, ▲ 그 밖에 입주기업체의 지원 및 산업단지의 경쟁력을 강화하기 위하여 관리권자가 필요하다고 인정하는 경우에 산업단지 구조 고도화 사업을 실시할 수 있도록 규정하고 있다.

14) '지식산업'의 구체적인 내용은 '산업집적활성화 및 공장설립에 관한 법률' 시행령 제6조 제2항에서 규정하고 있는 산업으로서, 자연과학 연구개발업, 연구소의 연구개발업, 건축기술 및 엔지니어링, 광고, 영화·비디오 및 방송프로그램제작사업, 출판업, 전문디자인업, 교육서비스업, 경영컨설팅업 등이 포함되어 있다.

15) 1980년대 말 공단지역에 종이 인쇄, 출판업이 급증하게 된 배경에는 이러한 규제완화가 자리 잡고 있다(노병직 외, 1994).

박용규 외, 2007).

두 번째는 한국산업단지공단이 1997년에 수립한 '구로단지 첨단화 계획'이다. 이 계획은 기존 생산 중심적인 하드웨어적 산업단지 개념을 생산·업무·연구·교육 등을 포함하는 신산업 창출 공간, 혁신 창출 공간, 환경 친화적인 공간, 미래 지향적인 공간으로 변화시키겠다는 내용으로서, 크게 산업단지 구조 고도화 방안과 산업단지 혁신 체계 구축 방안 등을 중심으로 구성되어 있다(구양미, 2002: 39~40). 이 계획의 구체적인 내용은 1997년부터 2006년까지 10년에 걸쳐 조립 금속, 섬유, 인쇄 등의 6대 노동집약적 업종을 고도 기술, 벤처, 패션디자인, 지식산업 등의 첨단 4개 업종으로 대체, 재배치하도록 되어 있었다. 이 계획에 의거해 2000년 한국산업단지공단 본사가 1공단지역으로 이전하였고, 이와 더불어 2000년 12월에 공단지역의 정식 명칭을 '서울디지털산업단지'로 변경하면서 지식산업, 정보통신 관련 산업, 벤처 기업과 같은 업종을 주요 입주 대상 업종으로 선정, 유치하였다.

세 번째는 민간 개발사업자에 의한 아파트형 공장 건설 붐이다. 1990년대 공단 내 사업체의 구조조정에 따라 유휴 공장부지가 발생하게 됨에 따라 이들 지역에 아파트형 공장 건설이 시도되었던 것이다. 1997년 IMF 경제위기의 여파 속에서 1공단 내 민간 아파트형 공장 분양이 성공적으로 진행됨에 따라 경제위기로 인해 불황을 겪고 있던 중견 건설사업체가 주도하는 아파트형 공장 건설이 1공단을 중심으로 활발히 전개되었다.[16] 그에 따라 2000년대 초 이후 공단지역

---

16) 1990년대 공단지역 내 아파트형 공장 빌딩 수는 3개 빌딩에 불과했지만, 2000년 3개, 2001년, 2002년에는 각각 4개 빌딩이 1공단지역에 추가적으로 건설되었다. 2010년 말 기준으로 아파트형 공장은 공단지역 전체에 총 85개소가 있으며, 면적은 4,280,519.1㎡(1,294,857평)에 이르고 있다(공단지역 아파트형 공장 분양 관련 사업체 인터뷰 자료).

은 과거의 공단지역과는 완전히 다른 외형을 띠게 되었다.

이러한 상황과 더불어 1999년부터 본격화한 IT 붐과 뒤이은 IT 경기 후퇴는 1공단을 중심으로 공단지역의 산업 구조를 확실히 지식산업 위주로 재편하게 되었다. 초기 IT 붐이 강남 지역을 배경으로서 촉발되었다면, 2001년 IT 경기 후퇴기에는 상대적으로 지가가 저렴한 공단지역으로 IT 관련 사업체가 이전함으로써, 외형상으로는 산업 클러스터의 집적효과를 낳기 시작했기 때문이다.

4. 공단지역 제조업의 성격 변화 주변부 서비스업의 성장

이 장에서는 공식 통계자료인 전국 사업체 조사 자료를 중심으로 공단지역 산업구조의 구체적인 변화 양상을 분석한다. 이 자료는 기본적으로 현 구로공단 지역의 근사치에 해당하는 데이터를 구축해 분석하였다. 앞서 언급한 것처럼 구로공단 지역은 행정구역상으로는 구로구 구로3동 170~855번지 일대(1공단)와 금천구 가산동 50~233번지(2공단), 319~715번지 일대(3공단)이다. 전국사업체 조사자료는 행정구역상 동(洞) 단위까지 세분할 수 있기 때문에 '구로구 구로 3동'과 '금천구 가산동' 지역 데이터를 병합하여 현재의 공단지역으로 간주, 분석하였으며,[17] 필요시에는 전국 데이터 또한 활용하였다.

또 다르게 활용한 주요 자료는 인터뷰 자료와 '노동자의 미래'가

---

17) 이 글에서 활용하고 있는 '공단지역 데이터'가 포괄하고 있는 면적은 실제 공단지역 면적보다는 좀 더 넓다고 할 수 있다. 한계는 있지만, 이는 공식 통계 데이터를 통해 확인할 수 있는 가장 근사치라 할 수 있으며, 실제로 공단지역 내(內)는 아니지만, 인근에는 공단지역 내 사업체와 유사한 사업체들이 광범위하게 존재하고 있다(한지원 외, 2011).

2011년에 수행한 임금, 노동조건 실태조사 자료이다.[18] 본 조사 연구 수행을 위해 2010년 하반기부터 사례조사를 진행하였다. 사례조사 참여자는 공단지역 내 사업체 대표 및 관계자와 더불어 의류·봉제 및 물류업 부문 노동자이다.

〈표 III-2〉 사례조사 참여자 특성

사례번호	직위	주요 업종·업무	비고
1	대표	IT(웹 및 앱 개발)	1998년 설립, 2007년 공단지역 입주
2	대표	제조업(콘덴서)	1973년 공단지역에 설립, 2000년부터 중국 진출
3	대표	인쇄업	1999년부터 공단지역에서 인쇄업체 운영
4	관리자	분양사업체 운영	공단지역 벤처빌딩 분양 알선업 운영
5	노동자	의류, 봉제	공단지역 내에서 봉제 노동자로 20여 년 근무
6	노동자	물류	공단지역 내 물류업체에서 간접고용 비정규 노동자로 근무
7	대표	LED 및 에어컨	구로디지털 단지 기업인 연합회 사무총장

1) 공단지역의 산업 부문별 변화 양상

전국 사업체 조사 자료를 이용해 1995년과 2009년 사이의 산업별 사업체 수, 취업자 수 변화를 살펴본 내용이 다음 <표 III-3>의 내용이다. 지난 15년간 사업체 수는 3.4배, 취업자 수는 3.1배가 증가해 2009년 기준으로 공단지역의 전체 사업체 수는 11,789개소, 취업자 수는 17만 6천여 명에 이르는 것으로 나타나고 있다.

가장 극적으로 나타나는 변화 양상은 제조업 부문의 비중 축소이

---

18) '노동자의 미래'는 민주노총이 2기 전략조직화 사업을 추진하기 위해 2011년 초에 설립한 조직화 사업단의 명칭으로서, 구로공단 지역의 노조 조직화를 목표로 하고 있다. 위 실태 조사는 노조 조직화 사업을 전개하기 위한 기초 실태 파악 차원에서 2011년 상반기에 공단지역에 근무하는 3070명의 취업자를 대상으로 설문 조사 방식으로 진행되었다.

다. 1995년 당시, 공단지역 내에서 제조업의 취업자 비중은 78.2%로 압도적인 비중치를 차지하고 있었다. 그러나 2009년의 사업체 조사에서 제조업의 취업자 비중은 21.3%로 1995년 대비 56.9%나 감소하였다. 반면 사업체 수 비중치로 보면 단지 1.4%만 감소한 것으로 나타나고 있다. 이를 세부적으로 보면, 제조업 부문 종사자 비중치로는 지난 15년간 급격하게 감소하였지만, 절대 규모에서는 6,679명이 감소한 것으로 나타나고 있으며,[19) 사업체 수에서는 오히려 1,824개소가 증가한 것으로 나타나고 있다.

〈표 Ⅲ-3〉 공단지역의 산업 구조 변화

(단위: 개소, %)

1995년					2009년				
대산업	사업체		취업자		대산업	사업체		취업자	
	수	비중	수	비중		수	비중	수	비중
A	-	-	-	-	A	-	-	-	-
B	-	-	-	-	B	1	0.0	4	0.0
C	-	-	-	-	C	2,660	22.6	37,647	21.3
D	834	24.0	44,325	78.2	D	2	0.0	13	0.0
E	-	-	-	-	E	6	0.1	109	0.1
F	33	1.0	1,314	2.3	F	334	2.8	6,234	3.5
G	691	19.9	3,149	5.6	G	2,516	21.3	22,073	12.5
H	557	16.0	1,510	2.7	H	428	3.6	3,720	2.1

19) 같은 기간에 표준산업분류가 변경되어 1995년도의 산업 분류와 2009년 산업 분류가 정확하게 일치하지는 않는다. 이 중 2008년 2월에 시행된 9차 표준산업분류가 가장 크게 변경되었는데, 9차 변경의 핵심 내용은 지식산업 및 정보통신 부문의 성장에 따라 과거 '개인 및 사업서비스' 부문 내 하위 업종을 별도 산업 부문으로 편제한 점이다. 1995~2009년에 대분류로서의 제조업 내 하위 업종 부문은 큰 변화가 없었지만, 1995년 제조업 내 출판업이 9차 표준산업분류에서는 '출판, 영상, 방송통신 및 정보서비스업' 내 출판업으로 편제되었다. 그에 따라 1995년과 비교를 위해 2009년 출판업(581)을 제조업 부문으로 간주 시에는 총 고용규모가 40,223명으로 1995년 대비 4,102명 정도 감소한 것으로 나타난다.

I	710	20.5	1,548	2.7	I	1,244	10.6	5,249	3.0
J	1	0.0	8	0.0	J	1,971	16.7	45,833	26.0
K	15	0.4	378	0.7	K	111	0.9	2,073	1.2
L	117	3.4	197	0.3	L	351	3.0	4,474	2.5
M	45	1.3	902	1.6	M	1,181	10.0	29,268	16.6
N	8	0.2	365	0.6	N	199	1.7	13,738	7.8
O	37	1.1	530	0.9	O	135	1.1	2,016	1.1
P	28	0.8	280	0.5	P	118	1.0	911	0.5
Q	127	3.7	257	0.5	Q	184	1.6	554	0.3
R	268	7.7	1,945	3.4	R	9	0.1	485	0.3
S	–	–	–	–	S	339	2.9	2,100	1.2
T	–	–	–	–	T	–	–	–	–
합계	3,471	100.0	56,708	100.0	U	–	–	–	–
					합계	11,789	100.0	176,501	100.0

* 자료: 전국 사업체 조사 원자료, 각 연도.
** 산업대분류 코드
- 1995년: A—농·임업, B—어업, C—광업, D—제조업, E—전기·가스 및 수도사업, F—건설업, G—도소매업, H—숙박, 음식점업, I—운수업, J—통신업, K—금융, 보험업, L—부동산임대업, M—사업서비스업, N—공공행정, O—교육서비스업, P—보건 및 사회복지사업, Q—오락, 문화 및 운동관련 서비스업, R—기타, 공공 수리 및 개인 서비스업, S—가사서비스업, T—국제 및 외국기관
- 2009년: A—농·임·어업, B—광업, C—제조업, D—전기, 가스, 증기 및 수도사업, E—하수, 폐기물처리, 원료재 생 및 환경복원업, F—건설업, G—도소매업, H—운수업, I—숙박 및 음식점업, J—출판, 영상, 방송통신 및 정보서비스 업, K—금융 및 보험업, L—부동산 및 임대업, M—전문, 과학 및 기술서비스업, N—사업시설관리 및 사업지원서비스 업, O—공공행정, P—교육서비스업, Q—보건업 및 사회복지사업, R—예술, 스포츠 및 여가관련 서비스업, S—협회 및 단체, 수리 및 기타 개인서비스업, T—가구 내 고용활동 및 달리 분류되지 않은 자가소비 활동, U—국제 및 외국기관

같은 기간 서울시 전체 제조업 부문의 사업체·고용 규모, 비중 추이가 모두 감소한 것과 비교해 보면[20] 공단지역 제조업 부문은 사업

20) 이 글에서의 시기와 동일 시기 서울시 지역의 제조업 변화 양상은 다음과 같다.

〈표〉 서울시 지역 제조업의 변화

단위: 개소, 명

	1995년					2009년			
구분	사업체		취업자		구분	사업체		취업자	
	수	비중	수	비중		수	비중	수	비중
제조업	81,835	11.6%	732,691	18.9%	제조업	54.947	7.6%	282,583	6.8%

자료: 전국 사업체 조사, 국가통계포털(http://kosis.kr), 비중은 서울지역 취업자 수 대비 비중치임.

체 측면에서는 절대 규모는 증가, 비중치는 유사한 것으로 나타나고 있고, 취업자 측면에서는 규모는 약간 감소한 수준이지만, 비중에서는 급격한 감소로 특징지을 수 있다.

이러한 특징은 자연스럽게 서비스 부문의 확대로 연결된다(<표 Ⅲ-4> 참조). 즉 제조업 부문은 정체된 채, 서비스업 부문의 비중이 극적으로 확대되어 왔다. 2009년 기준으로 도·소매업, 출판·영상·방송·정보서비스업, 전문 과학 및 기술 서비스업, 사업 관리, 지원서비스업 등 대표적인 서비스 산업 내 종사자 비중치는 전체 공단지역의 62.9%에 이르고 있다(<표 Ⅲ-3> 참조).

〈표 Ⅲ-4〉 공단지역 제조업, 서비스 부문 노동자 규모 변화 추이

(단위: 명, %)

산업 부문		1995	1997	1999	2001	2003	2005	2007	2009	연평균 증가율
제조업		44,325	35,903	39,537	38,058	37,399	42,529	43,349	40,223	-0.4%
	비중치 (%)	80.0	81.1	80.9	72.3	56.2	39.5	32.1	23.6	
생산자서비스		1,477	1,153	1,887	4,220	13,853	41,398	61,326	89,982	42.1%
	비중치 (%)	2.7	2.6	3.9	8.0	20.8	38.4	45.4	52.9	
유통서비스		4,667	3,765	4,437	6,288	9,320	16,293	20,408	26,716	14.4%
	비중치 (%)	8.4	8.5	9.1	12.0	14.0	15.1	15.1	15.7	
개인서비스		3,750	2,522	2,215	2,893	4,694	5,863	7,748	9,917	8.6%
	비중치 (%)	6.8	5.7	4.5	5.5	7.1	5.4	5.7	5.8	
사회서비스		1,175	914	772	1,157	1,270	1,618	2,224	3,412	10.6%
	비중치 (%)	2.1	2.1	1.6	2.2	1.9	1.5	1.6	2.0	
합계		55,394	44,257	48,848	52,616	66,536	107,701	135,055	170,250	8.9%
	비중치 (%)	100.0	100.0	100.0	100.0	100.0	100.0	100.0	100.0	

* 자료: 전국사업체조사 원자료, 각 연도.
** 서비스업 부문의 유형 분류는 Eltring(1988)의 유형 분류에 기초하여 필자 분류(김유선(2006)에서 재인용)하였으며 이에 대한 상세한 설명은 〈부록 1〉 참조.

이러한 변화 내용이 의미하는 바는 1990년대 후반, 특히 2000년대 이후 공단지역 내 비제조 서비스 부문의 급속한 성장이다. 즉, 제조업 부문의 지속적인 위축이라기보다는 1990년대 중반 이후 제조업 부문은 정체된 채 비제조 서비스 부문이 확대됨으로써, 공단지역의 산업구조는 제조업과 서비스업, 특히 생산자 서비스 부문으로 이원화된 구조를 띠게 된 것이다.

이러한 점은 서울지역 대비 공단지역의 입지계수 비교에서도 드러나고 있다[21](<표 III-5> 참조). 공단지역은 수도에 위치한 유일한 국가산업단지로서, 서울지역의 전반적인 산업동향에 직접적인 영향을 받을 수밖에 없다. <표 III-5>에서 드러나고 있는 것처럼 공단지역은 서울지역 내에서도 제조업 부문과 출판·영상·방송통신 및 정보서비스업, 전문·과학 및 기술서비스업, 사업시설관리 및 사업지원 서비스업 부문에 특화되어 있음을 알 수 있다. 1995년부터 2009년에 이르기까지 제조업의 입지계수는 4.2에서 3.2로 낮아졌지만 여전히 높은 수준을 유지하고 있으며, 새로이 생산자 서비스 부문이 공단지역 내에서 특화되어 온 것이다.

구로공단 내 생산자 서비스 부문은 출판·영상·방송통신 및 정보서비스업과 전문, 과학 및 기술서비스업 그리고 사업시설관리 및 사업지원 서비스업이 주이다(<부록> 참조). 특히 전자의 2개 산업 부문은 현재 구로공단의 외형을 대변하는 벤처빌딩 및 아파트형 공장에 대거 입주해 현재 공단지역의 산업을 대표하고 있는 상황이다.

---

21) 입지계수(Location Quotient)는 지역의 특정 산업이 준거 지역에 비해 어느 정도 특화되어 있는가를 측정하는 지표이다. 〈표 III-5〉의 i산업에 대한 입지계수(LQ_i)를 구하는 공식은 다음과 같다. 'LQ_i = {(공단지역 i 산업 취업자 수)/(공단지역 전체 취업자 수)} / {(서울지역 i 산업 취업자 수)/(서울지역 전체 취업자 수)}.' i 산업의 입지계수가 1보다 크다는 것은 해당 지역이 기준 지역에 비해 i 산업에 특화되어 있음을 의미한다.

〈표 III-5〉 서울지역 대비 공단지역의 산업별 입지계수 비교

1995년		2009년	
산업	입지계수	산업	입지계수
농업 및 임업	0.0	농업, 임업 및 어업	0.0
어업	0.0	광업	0.4
광업	0.0	제조업	3.2
제조업	4.2	전기, 가스, 증기 및 수도사업	0.0
전기, 가스 및 수도사업	0.0	하수·폐기물 처리, 원료재생 및 환경복원업	0.4
건설업	0.2	건설업	0.7
도매 및 소매업	0.2	도매 및 소매업	0.7
숙박 및 음식점업	0.3	운수업	0.3
운수업	0.5	숙박 및 음식점업	0.3
통신업	0.0	출판, 영상, 방송통신 및 정보서비스업	4.1
금융 및 보험업	0.1	금융 및 보험업	0.2
부동산 및 임대업	0.1	부동산업 및 임대업	0.7
사업서비스업	0.3	전문, 과학 및 기술 서비스업	1.9
공공행정, 국방 및 사회보장 행정	0.2	사업시설관리 및 사업지원 서비스업	1.1
교육 서비스입	0.2	공공행정, 국방 및 사회보장 행정	0.4
보건 및 사회복지사업	0.2	교육 서비스업	0.1
오락, 문화 및 운동관련 서비스업	0.2	보건업 및 사회복지 서비스업	0.1
기타 공공, 수리 및 개인서비스업	0.8	예술, 스포츠 및 여가관련 서비스업	0.2
가사서비스업	0.0	협회 및 단체, 수리 및 기타 개인 서비스업	0.3
국제 및 외국기관	0.0	자가소비	0.0
		국제 및 외국기관	0.0

자료: 전국사업체조사 원자료(각 연도) 및 국가통계포털(http://kosis.kr).

사례조사를 통해 파악된 이들 사업체가 공단지역 내에 입지하고 있는 이유는 동종 사업체가 밀집해 있음으로 인한 일종의 네트워크 효과와 저렴한 입주비용 때문이다. 공단지역 내 벤처 빌딩의 경우에 는 통상 20~30여 개의 사업체가 하나의 벤처 빌딩에 입주하게 된다. 동종 사업체이기에 이들 사업체간에 각종 동호회 등의 연구·친목

모임이 결성되어 운영되며, 이러한 모임과 더불어 공간적으로 하나의 빌딩에 모여 있기에 업종 내 정보 교환이 신속, 원활하게 이루어지는 장점이 있다.

두 번째는 단지 자체가 지가가 저렴하고 교통이 편리하다는 점 때문이다. 공단지역 벤처 빌딩에 자비로 입주하게 되면, 취득·등록세가 전액 면제돼 서울의 그 어떤 지역보다 사업체 설립 비용이 낮게 책정되게 되며, 여기에 지방세도 5년간 50%를 감면해 준다. 이러한 벤처 빌딩 내 사무실 구입비용의 저렴함은 2000년대 초 IT 경기 후퇴에 따라 강남 지역에 위치해 있던 IT 관련 기업의 공단지역 입주를 초래한 주요 요인 중에 하나이다.

이들 생산자 서비스 부문의 수요자는 대부분 서울과 경기도 지역에 위치해 있는 대기업들이다.[22] 공단지역 안팎에는 이들 서비스를 수요할 대기업 자체가 거의 부재하기 때문이다.

2) 제조업 내 업종 구조 및 성격 변화

공단지역 내 제조업 부문의 구조조정 과정이 완료된 1990년대 중반 이후부터 현재에 이르기까지 공단지역 내에는 평균적으로 약 4만여 명 정도의 제조업 노동자가 존재해 왔었다. 이들 제조업 부문의 세부 업종별 변화 양상을 나타낸 것이 <표 Ⅲ-6>이다.

---

22) 사례 4.

1995년					2009년				
중분류 업종	사업체		취업자		중분류 업종	사업체		취업자	
	수	비중	수	비중		수	비중	수	비중
음, 식료품 제조업	10	1.2%	196	0.4%	식료품제조업	37	1.3%	258	0.6%
섬유제품제조업	42	5.0%	2,858	6.4%	음료제조업	1	0.0%	26	0.1%
봉제, 의복, 모피제조업	132	15.8%	8,362	18.9%	섬유제품제조업	112	4.0%	924	2.3%
가죽, 가방제조업	4	0.5%	214	0.5%	의복, 의복액세서리, 모피제조업	307	11.1%	6,248	15.5%
목재, 나무제품제조업	9	1.1%	32	0.1%	가죽, 가방, 신발제조업	23	0.8%	200	0.5%
펄프, 종이, 종이제품제조업	29	3.5%	960	2.2%	목재 및 나무제품제조업	2	0.1%	5	0.0%
출판, 인쇄 및 기록매체제조업	91	10.9%	5,261	11.9%	펄프, 종이, 종이제품제조업	48	1.7%	1,149	2.9%
화합물, 화학제품제조업	6	0.7%	1,096	2.5%	인쇄 및 기록매체복제업	130	4.7%	2,136	5.3%
고무, 플라스틱제품제조업	59	7.1%	1,693	3.8%	코크스, 석유정유제품 제조업	1	0.0%	5	0.0%
비금속광물제품 제조업	8	1.0%	163	0.4%	화학물질 및 화학제품제조업	44	1.6%	619	1.5%
제1차 금속산업	5	0.6%	194	0.4%	의료용 물질 및 의약품제조업	8	0.3%	290	0.7%
조립금속제품제조업	37	4.4%	621	1.4%	고무제품 및 플라스틱제조업	79	2.9%	1,122	2.8%
기타기계 및 장비제조업	195	23.4%	2,542	5.7%	비금속광물제품 제조업	15	0.5%	144	0.4%
컴퓨터 및 사무용품제조업	8	1.0%	1,401	3.2%	제1차금속산업	5	0.2%	51	0.1%
기타 전기기계전기변환 장치제조업	41	4.9%	2,763	6.2%	금속가공제품 제조업	105	3.8%	1,271	3.2%
전자부품, 영상, 음향 및 통신장비제조업	78	9.4%	12,031	27.1%	전자부품, 컴퓨터, 영상, 음향 및 통신장비제조업	532	19.2%	9,344	23.2%
의료, 정밀기기, 광학제품제조업	17	2.0%	556	1.3%	의료, 정밀, 광학기기제품 제조업	351	12.7%	4,900	12.2%

자동차 및 트레일러제조업	15	1.8%	925	2.1%	전기장비제조업	319	11.5%	3,531	8.8%
기타운송장비제조업	2	0.2%	76	0.2%	기타 기계 및 장비제조업	422	15.2%	4,189	10.4%
가구 및 기타 제품제조업	46	5.5%	2,381	5.4%	자동차 및 트레일러제조업	19	0.7%	261	0.6%
합계	834	100.0%	44,325	100.0%	기타 운송장비제조업	3	0.1%	13	0.0%
					가구제조업	6	0.2%	83	0.2%
					기타 제품제조업	91	3.3%	878	2.2%
					출판업	109	3.9%	2,576	6.4%
					합계	2,769	100.0%	40,223	100.0%

* 자료: 전국 사업체 조사, 각 연도.
** 1995년도 자료와의 비교를 위해 2009년도 자료 중 '출판업(581)'을 제조업으로 간주하였으며, 그에 따라 〈표 Ⅲ-3〉의 수치와 일치하지 않음.

대체로 1995년도 공단지역 제조업 내 주력 업종과 2009년 제조업 내 주력 업종 간에 그리 큰 편차가 존재하지 않는다. 섬유·의류·봉제 부문과 전자부품 조립 업종 등은 규모와 비중은 약간 감소하였지만, 여전히 2009년에도 공단지역 제조업 부문 내에서 고용을 주도하고 있다. 1995년 대비 고용규모가 증가한 업종 중에서 주목할 업종은 의료·정밀 기기 제조업 부문이다. 이들 업종 사업체는 주로 2, 3공단 지역 내 아파트형 공장에 입주해 있으며, 소량 주문형 생산 방식에 기반하고 있다. 이들의 주 수요처는 대도시 지역 병원과 더불어 전자부품 조립 사업체이기에 주 수요처에 대한 접근성 때문에 공단지역에 입주해 있는 상황이다.

제조업 부문에서 드러나고 있는 또 다른 사실은 10인 미만 사업장의 급증이다. <그림 Ⅲ-2>는 제조업 부문의 종사자 규모별 변화 양상을 1995년과 2009년으로 나누어 비교해 본 것으로서, 공단지역에서는 상대적으로 대형 사업장이라 할 수 있는 100인 이상 사업장의 수

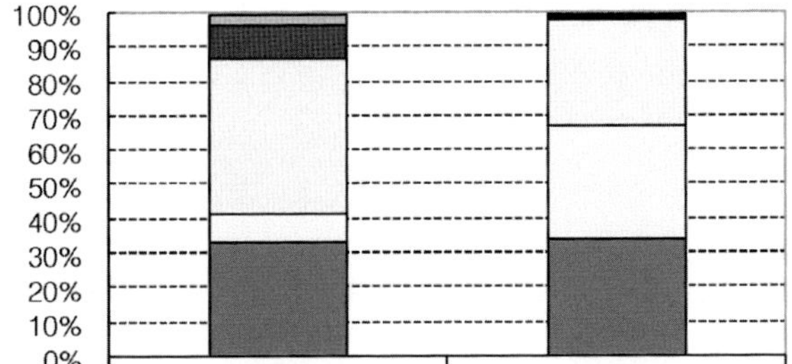

	1995년	2009년
□ 300인이상	31	8
■ 100–299인	77	49
□ 10–99인	380	848
□ 5–9인	69	914
■ 5인미만	277	950

(단위: 개소)

〈그림 Ⅲ-2〉 종사자 규모별 사업체 수 변화(제조업)

는 감소한 반면, 10인 미만 영세 사업장의 수는 급증한 것을 알 수 있
다. 이러한 점은 아파트형 공장이라는 건물 구조의 특성에 따른 공간
적 규모의 분할이 필요할 수밖에 없다는 점에서 비단 제조업뿐만이
아닌, 공단지역 내 사업체 전반에 걸쳐서 나타나고 있는 현상이다.[23]

　이러한 제조업 부문 내 영세 사업장의 급증이 의미하는 함의는, 첫
번째는 제조업 영세사업장 내 생산직 노동자의 노동시장 내 임금, 고
용조건의 악화이다. 규모별 노동시장 분단구조를 고려할 때, 영세 사
업장일수록 이들 사업장 내 노동자의 임금, 노동조건은 열악할 개연
성이 높다. 실제 '노동자의 미래'가 수행한 실태조사 자료에 의하면
반·미숙련, 숙련 노동자의 임금은 각각 116만 원, 163만 원, 205만

---

23) 〈표 Ⅲ-4〉의 산업 유형 분류에 따른 10인 미만 사업체의 비중은 생산자 서비스 50.7%, 유통서비스
　　80.1%, 개인서비스 90.6%, 사회서비스 71.3%이다.

원 수준이다. 제조업 부문 내 임금 체계가 거의 모두 시급제임을 고려한다면, 주당 평균 8시간 내외의 연장·특근을 통해 임금 수준을 제고하고 있음을 알 수 있다.

〈표 Ⅲ-7〉 공단지역 내 노동자의 임금, 노동시간 수준

구분		한 달 평균임금	주당 평균 노동시간	평균근속 개월
업종	C. 제조업	1,871,520	47.7	39.5
	G. 도매 및 소매업	1,852,595	48.9	28.0
	H. 운수업	1,598,448	51.1	32.5
	I. 숙박 및 음식점업	1,328,333	46.7	21.8
	J. 출판, 영상, 방송통신 및 정보서비스업	2,184,291	46.8	29.6
	K. 금융 및 보험업	2,485,556	48.4	37.8
	M. 전문, 과학 및 기술 서비스업	2,207,488	47.5	36.3
	N. 사업시설관리 및 사업지원 서비스업	1,361,037	45.5	20.8
	P. 교육 서비스업	1,941,111	43.5	29.0
직종	1. 고위관리직	4,160,345	51.7	81.1
	2. 전문기술직	2,459,006	48.5	36.8
	3. 사무직	1,995,161	45.2	32.3
	4. 서비스직	1,442,393	45.2	25.4
	5. 판매직	1,952,783	47.9	27.1
	6. 숙련직	2,056,357	50.7	41.4
	7. 반숙련직	1,639,748	50.5	50.1
	8. 미숙련직	1,169,840	46.5	32.1
사업장 규모	1. 10인 미만	1,739,666	46.4	28.4
	2. 10~49인	1,812,065	46.8	31.2
	3. 50~299인	2,051,913	47.5	36.3
	4. 300~999인	2,335,847	47.2	46.1
	5. 1,000인 이상	2,563,895	49.8	58.8
전체		1,922,831	47.0	34.2

자료: 노동자의 미래(2011).

두 번째 지점은 불법적인 인력 공급업 문제이다. 공단 지역 내 기륭전자의 사례에서 드러나고 있는 것처럼 전자부품, 컴퓨터, 영상, 음향 및 통신장비 제조업종의 경우에는 사실상의 불법 파견 노동자를 상당수 활용하고 있는 것으로 나타나고 있다(단병호 의원실, 2005; 노동자의 미래, 2011). '노동자의 미래'가 수행한 기초 실태조사 자료에 의하면 1,067명 제조업 부문 설문응답자 중 10.5%가 파견노동자인 것으로 나타나고 있으며, 제조업 부문 생산직 노동자의 15.9%가 파견노동자인 것으로 나타나고 있다. 특히 이러한 불법적인 파견 노동은 전자 조립 업종 내 하청업체에서 다수 활용되고 있는데, 수요변동에 따른 생산량 변화에 대응하기 위한 것이다(손정순, 2010). 이러한 점은 앞서 언급한 첫 번째 측면과 맞물려, 고용과 노동시간의 극단적 유연화의 양상으로 나타나고 있다(노동자의 미래, 2011).[24]

세 번째 측면은 공단 내 제조업 사업장의 성격 변화이다. 원래 구로공단은 수출전문 제조업체만이 입주할 수 있는 공단이었으며, 그에 따라 1990년대 초까지 공단지역 내에는 실제 생산라인을 갖춘 사업장이 주를 이루고 있었다. 그러나 제조업 사업장의 구조조정에 따른 공단 외 지역으로의 이전, 공단 첨단화 계획에 따른 생산자 서비스 부문의 확장과 아파트형 공장 및 벤처 빌딩의 건설로 인해 현재 남아 있는 제조업 사업장 중 상당 수는 연구·개발 및 시제품 생산, 기획·영업·판매 부문만 남아 있는 상황이다. 이러한 경향은 최대 소비지인 수도권에 위치해 있다는 공단지역의 지리적 이점 또한 작용하고 있으며, 그에 따라 2공단지역을 중심으로 대규모 유통·쇼핑센터의 영역으로

---

24) 이러한 양상은 공단지역과 동일하게 국내 대형 전자사업장이 밀집한 경기도 남부 지역의 전자부품 조립·가공 사업체들에서도 동일하게 나타나고 있다(손정순, 2010).

까지 제조업 사업체의 성격이 변화하고 있는 상황이다(김철식, 2012).

네 번째 측면은 비공식 노동의 활용이다. 이 부분은 이미 1990년대 초 공단지역 제조업 부문이 쇠퇴하면서 본격화되기 시작한 것으로서, 사내하청·소사장제 등의 형태에서 더 나아가 가내 노동의 활용으로 나타나고 있다(오은주, 1996). 현재는 주로 섬유·의류·봉제 및 전자부품 조립업종에서 전형적으로 나타나고 있는 상황이며,[25] 앞서 언급한 세 번째 측면과 연관되어 하청 형태를 통해 생산 물량을 확보하게 된다.

전체적으로 공단지역 내 제조업 부문 사업체는 소규모화·영세화되고 있다. 이러한 제조업 부문 사업체 또한 크게 2가지 유형으로 분화되고 있는바, 주 생산 사업장은 공단지역 외부에 위치한 채 대도시 소비지와의 근접성으로 인해 공단지역 내에서 기획·영업·판매, 연구, 시제품 생산을 위한 사업장만을 두고 있는 경우와 직접 생산을 영위하는 영세 하청 업체의 경우로 분화되어 가고 있는 상황이다. 특히 후자의 경우에는 영세사업장이라는 특성상 저임금과 불법적인 간접고용, 이주노동자 고용을 통한 극단적인 유연화의 양상으로 귀결하고 있는 있다.

3) 도시 주변부 서비스 업종의 확산

앞서 <표 Ⅲ-5>에서 드러나고 있는 것처럼 2000년대 이후 공단지역의 산업과 고용 확장을 주도한 것은 생산자 및 유통 서비스 부문이

---

25) "옷 만드는 게 뭐, 별다른 돈이 필요한 거는 아니니까요. 여기 건물(아파트형 공장) 내 빈 사무실에서 잠깐 잠깐씩, 예를 들면 뭐 1~2달 정도, 자리를 빌려서 미싱 설치해서 옷 만드는 거예요. 그러다가 다른 데로 또 옮기고 그래요. 그리고 아줌마들을 많이 활용해요. 하청 줘서 물량 배분했다가 다시 수거해서 포장하고. 그런 식으로 일들을 많이 하죠."(사례 5)

다. 다음 <표 Ⅲ-8>은 1995년 대비 2009년 생산자·유통 서비스 부문의 사업체 및 취업자 수 변화를 나타낸 것이다.

〈표 Ⅲ-8〉 생산자·유통 서비스 부문의 변화 양상

(단위: 개소, 명)

1995년				2009년			
산업 및 업종		업체 수	취업자 수	산업 및 업종		업체 수	취업자 수
도소 매업	자동차 및 부품판매업	13	127	도소 매업	자동차 및 부품판매업	40	405
	도매 및 상품중개업	68	1,601		도매 및 상품중개업	1,252	15,658
	소매업	610	1,421		소매업	1,224	6,010
운수업	육상, 파이프라인운송업	530	1,235	운수업	육상 및 파이프운송업	346	2,502
	수상운송업	-	-		수상운송업	6	86
	항공운송업	1	8		항공운송업	1	4
	여행 알선 및 창고 및 운송관련 서비스업	26	267		창고 및 운송관련 서비스업	75	1,128
숙박, 음식점업	음식점업 (수섬업 포함)	658	1,460	숙박, 음식점업	음식점 및 주점업	1,149	5,009
통신업		1	8	금 융 업	금융업	60	1,049
금 융 업	금융업	10	273		보험 및 연금업	26	704
	보험 및 연금업	5	105		금융 및 보험관련 서비스업	25	320
	금융 및 보험관련 서비스업	-	-	부동산 및 임대업	부동산업	324	4,103
부동산 및 임대업	부동산업	69	125		임대업(부동산제외)	27	371
	기계장비 및 소비용품임대업	48	72	출판, 영상, 방송, 통신 및 정보서비 스업	통신업	61	923
사업서비 스업	정보처리 및 기타 컴퓨터운영관련업	2	75		컴퓨터프로그래밍, 스템통합관리업	311	8,009
					정보서비스업	132	3,176
					소프트웨어 개발 및 공급업	1,275	29,137

	연구 및 개발업	5	403		연구개발업	211	11,811
사업서비스업	전문, 과학 및 사회과학연구개발업	28	369	전문, 과학 및 기술서비스업	전문서비스업	385	5,390
					엔지니어링 및 기타 과학기술서비스업	425	10,520
					기타 전문과학 기술서비스업	160	1,547
	사업지원서비스업	10	55	사업지원 서비스업	사업시설관리 및 조경서비스업	40	2,590
					사업지원서비스업	159	11,148
합계		1,426	6,144	합계		6,570	116,698

자료: 전국사업체조사, 각 연도.

1995년 업종을 기준으로 보면 모든 업종에서 사업체 수와 취업자 수가 증가하였지만, 취업자 기준으로 보면, 정보처리 및 기타컴퓨터 관련 운영업(537배 증가)과 전문, 과학 및 사회과학 연구개발업(47배 증가), 사업지원서비스업(249배 증가) 부문이 두드러지게 증가하였다. 전자의 2개 업종은 각각 정보통신산업 및 첨단 지식산업으로 불리면서 2000년대 이후 공단지역의 변화와 성장을 대표하고 있는 업종이다. 이들 업종은 <표 Ⅲ-7>에서도 드러나고 있는 것처럼 공단지역 내 노동시장에서 상대적으로 고학력 계층이 집중되어 있는 업종일 뿐만 아니라, 그에 따라 임금 수준 또한 여타 업종에 비해 높은 수준이다.

주목할 부문은 사업지원서비스업 부문이다. 부문은 사업시설의 청소, 방제 등을 포함한 사업시설 유지관리활동과 고용지원 서비스, 보안 서비스, 여행보조 서비스, 사무지원 서비스 등과 같은 사업운영과 관련한 지원서비스를 제공하는 산업 활동을 지칭한다. 1995년 당시에는 부문에 10개 사업체, 55명만이 존재하는 것으로 나타나고 있지만, 2009년에는 199개 사업체에 13,738명이 종사하고 있는 것으로 나타나고 있다.

〈표 Ⅲ-9〉 공단지역 사업지원서비스업 내 업종별 노동자 규모(2009년)

(단위: 개소, 명)

산업(중)	산업(소)	산업(세)	업체수	노동자수
사업시설관리 및 조경서비스업	사업시설유지관리서비스업	사업시설유지관리서비스업	32	1,410
	건물, 산업설비청소 및 방제업	건물 및 산업설비청소업	7	1,176
	조경관리유지서비스업	조경관리 및 유지서비스업	1	4
사업지원서비스업	인력공급 및 고용알선업	고용알선업	15	77
		인력공급업	41	7,251
	여행사 및 기타 여행보조 서비스업	여행사업	20	401
		기타 여행보조 및 예약서비스업	3	21
	경비, 경호, 탐정업	경비 및 경호서비스업	2	323
		보안시스템서비스업	6	314
	기타 사업지원서비스업	사무지원서비스업	12	85
		그 외 기타 사업지원서비스업	60	2,676
		콜센터 및 텔레마케팅업	18	2,178
		전시 및 행사대행업	9	141
		신용조사 및 추심대행업	2	72
		포장 및 충전업	2	23
		기타 사업지원서비스업	29	262
합계			199	13,738

자료: 전국사업체조사 원자료.

2009년 기준으로 전체 사업지원서비스업 부문 고용의 68.8%는 인력 공급업과 콜센터 및 텔레마케팅업이 차지하고 있다. 산업분류상으로 인력공급업의 대부분은 파견사업체라는 점에서 공단지역 내에는 합 법·불법 여부를 떠나 최소한 41개의 파견사업체가 7,200여 명의 파견 노동자를 고용하고 있는 것으로 추정된다. 또한 텔레마케팅업종에도 공단지역 내 2,000명 이상이 종사하고 있는 것으로 나타나고 있다.

문제는 이들 업종 내 일자리 대부분이 저임금과 고용불안으로 대 표되는 낮은 질의 일자리라는 점이다. 사업시설 관리업은 용역을 통 한 외주화가 업종 내 표준일 정도로 간접고용 비정규 노동을 집중적으로 활용하는 분야이다. 사업지원 서비스업내 인력공급업종과 더불어 콜센터 및 텔레마케팅업종 또한 '여성－외주화'로 대표되는 간접 고용 비정규 노동이 집중된 업종이다(한국비정규노동센터, 2008). '노동자의 미래'가 수행한 실태조사 자료에 의하면, 콜센터 여성 노동자의 84%가 150만 원 이하의 임금을 받고 있는 것으로 나타나고 있으며, 110만 원 이하의 임금을 받는 노동자 비율이 사무직 여성 노동자의 비율보다 3배 많다.

공단지역 내 또 다른 주변부 서비스 산업은 물류업 부분이다. 공단지역은 공항과 항만이 1시간 거리에 위치해 있고 철도와 고속도로 접근성이 높을 뿐만 아니라, 지역적 입지 자체가 서울과 경기도 남부·서부 지역을 잇는 지역에 위치해 있어 물류업 입지로는 최적의 조건을 갖추고 있다. 공단지역 내는 H사, L사, S사 등이 물류센터를 설립, 수도권 지역 내 화물을 처리하고 있는 상황이며, D사 또한 곧 물류센터를 개설할 예정으로 있다. 이러한 물류업은 표준 산업분류상으로는 운수업 부문 내 '육상 및 파이프 운송업'과 '창고 및 운송 관련 서비스업' 부문에 해당된다.

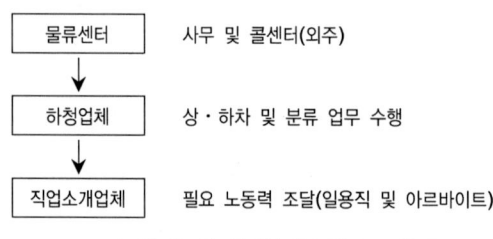

〈그림 III-3〉 물류센터의 업무·고용 구조

공단지역 내 이들 부문의 고용은 <표 Ⅲ-8>상으로는 3,630여 명에 불과한 것으로 나타나고 있지만, 이들 수치에는 외주 하청업체의 인력이 제외되어 있을 가능성이 높다. 다종다양한 화물의 집·배송을 위한 분류작업을 하는 물류센터의 경우에는 대규모 인력이 소요될 수밖에 없는바, 공단지역 내 물류센터의 경우 해당 필요 노동력을 하청 형태로 외주·조달하고 있다. 특히 이들 물류센터의 업무는 대부분이 상·하차 및 분류 업무로서 작업시간이 화물 물량 변동에 따라 유동적이고, 중량물을 취급하는 경우가 상당수일 뿐만 아니라, 임금 수준 또한 최저임금 수준이어서 전형적인 3D 업무 분야이다. 그에 따라 노동력 이직이 빈번한 직종이기에 따라 이들 하청 업체에 인력을 소개·알선, 나아가 공급해 주는 편법·탈법적인 직업소개업체 또한 성행하고 있는 것으로 나타나고 있다.[26]

이들 주변부 서비스 업종의 최하층에는 공단지역 인근의 이주노동자, 특히 재중 동포가 자리 잡고 있다. 이들 이주노동자 층은 공단지역 인근에서 집단 정착촌을 형성하면서, 건설일용직에서부터 시작하여 공단지역 내 아파트형 공장 및 벤처 빌딩 내 식당·음식점, 청소·시설관리 용역 등의 서비스 업종 내 다수 존재하고 있는 상황이다(이종구·임선일, 2011).

---

26) 사례 6.

5. 함의 및 토론

구로공단 지역은 2000년대 이후 완전히 변모하여 지식산업, 정보통신 관련 산업과 같은 새로운 업종이 공단지역 내 주를 차지하고 있는 상황이다. 이들 업종은 특히 1단지와 2단지 지역을 중심으로 입주하고 있으며, 산업단지라는 지역적 특성에 더해 벤처 빌딩이라는 공간적 특성으로 인해 이들 사업체 간에는 일종의 네트워크 효과가 작용하고 있다. 그러나 이러한 효과가 산업집적지 관련 논의에서 제기되고 있는 것처럼 얼마만큼 질적으로 확대되어 공단지역만의 구분되는 특수한 네트워크 효과를 낳고 있는지는 의문시된다.

첫 번째는 공단지역 자체가 정부 주도의 산업집적지라는 점이다. 국가 산업단지로서 공단지역에 대한 입주는 법·제도에 의해 규제되고 있어, 특정 업종·산업의 집적 자체가 정부에 의해 관리되는 지역이다. 특히 현재 공단지역의 산업구조와 외형을 형성하게 된 직접적인 계기가 1990년대 후반에 추진된 '구로단지 첨단화 계획'이었다는 점은 정부 주도로 현재의 IT 관련 산업의 집중이 진행되어 왔음을 의미한다. 이런 점에서 산업집적지 논의에서 시장 행위자가 주도하여 자생적으로 형성되는 네트워크와 그에 기반한 혁신 효과와는 구분된다.

두 번째는 이들 IT 업종을 위시한 지식산업 분야의 사업체 중 상당수는 영업외 이익 실현에 치중하는 사업체의 비중이 상당하다는 점이다. 앞서 언급한 것처럼 이들 IT 관련 사업체가 입주한 주요 요인 중에 하나는 저렴한 비용, 특히 입주비용 때문이었다. 그러나 이러한 저렴한 입주비용에 기인한 IT 사업체의 입주 수요 증가는 역으로 공단지역의 부동산 가격을 폭등시켰으며, 그에 따라 입주 사업체 중의 상당수는 이러한 부동산 가격 상승에 따른 매매 차익 추구 경향을 보여 왔다.

> "여기 벤처 빌딩 가격이 최근 몇 년간 엄청 올랐거든요. 부동산 투기 붐 따라서……. 그래서 그 매매 차익 올리려고 들어온 사업체도 많아요. 일단 세제 혜택 있고, 대출 받아서 사서 입주하더라도 원금 갚기 전까지 거치 기간에 벤처 빌딩 가격이 뛰니까요. 최근 경기 안 좋아지기 전까지 이런 식으로 돈 벌어서 여기 뜨는 업체들도 꽤 많았죠."(사례 4)

> "여기서 성공하면, 여기를 뜨려고 해요. 아무래도 '구로공단'이라는 이미지가 여전히 낙후되어 있다는, 뭐 그런 식의 이미지가 있어서요. 다시 강남이나 강북 내 좀 고급스러운 이미지가 있는 지역으로 갑니다."(사례 1)

위 사례의 경우는 IT 등 지식 산업 위주의 집적지로 변모한 공단지역에서 산업집적지 효과가 제한적일 개연성을 드러내 보이고 있다. 이러한 점은 산업집적지 논의에서 경제적 측면뿐만 아니라, 사회·문화적 요인 또한 산업집적지의 형성 및 그 긍정적 효과의 확산에 중요하다는 Martin(1999)의 논의와 연결된다. 단기 수익 추구의 경영 전략을 제약할 수 있는 공단지역의 사회·문화적 요인의 부재가 드러나는 지점이기 때문이다.

나아가 이들 IT 관련 업종을 포함한 지식산업은 기업체를 대상으로 서비스를 제공하는 사업체이기에 원하청 관계를 통해 타 사업체에게 관련 서비스를 제공하는 것이 1차적인 수익기반이다. 문제는 이들 사업체의 수요처가 대부분 공단지역 외부에 존재하는 사업체라는 것이다. 이런 점은 수요-공급자 간의 가치 사슬 구조에 입각한 네트워크의 시너지 효과가 최소한 공단지역 내에서는 제한적일 수 있음을 의미한다.

세 번째는 여전히 상당한 규모로 존재하고 있는 제조업 부문의 성격 변화이다. 앞서 실태를 통해 드러내 보였던 것처럼 공단지역의 제조업 부문은 이원화된 양상으로 귀결하고 있다. 공단지역 내 사업장이 존재하지만, 실제 생산은 지방, 또는 해외로 이전한 채 기획·관리·영업 기능의 본사 역할만을 담당하고 있는 유형과 의류·봉제, 전자부품 조립·가공 등 전형적인 노동집약적 제조업 부분만이 남아 있는 상황이다. 후자의 경우는 가내노동, 이주노동자 등 비공식 부문 노동과 간접고용 비정규 노동의 활용을 통해 경쟁력을 유지하고 있는 상황이다. 공단지역 내 생산자 서비스 부문이 공단지역 내 제조업 부문과의 상호작용을 통한 산업집적지의 긍정적 효과 확산이 제한될 수밖에 없는 상황인 것이다.

네 번째는 생산자 서비스 부문 내에서의 양극화 양상이다. 2000년대 이후 공단지역의 성장을 주도해 온 생산자 서비스 부문은 출판·영상·방송통신 및 정보서비스업과 전문, 과학 및 기술 서비스업처럼 고부가가치의 첨단 지식산업 부문도 존재하지만, 사업시설관리 및 사업지원 서비스업 부문처럼 저부가가치의 단순 용역 서비스 제공 부문 또한 존재한다. 2000년대 이후 공단지역의 생산자 서비스 부문의 확대는 이처럼 양극화된 형태로 확대되어 온 것이다. 이러한 상황은 중소 사업체 간의 긴밀한 네트워크에 기반한 외부효과의 확산과 제도화가 이루어지기에는 제한적일 수 있음을 드러내 보이고 있다.

다섯 번째는 무엇보다도 노동조합을 포함한 조직노동의 위축과 그에 따른 공단지역 노동자의 이해 대변 기능의 취약함이다.[27] 앞서 기존 연구 검토에서 살펴본 것처럼 산업집적론에서 제기하는 긍정적 외부효과가 확대 재생산되기 위해서는 노동자의 집단적 이해 대변 기능의 활성화와 이의 제도화가 필수적이다.

> "아직은 그렇게 할 생각이 없죠. 우리는 단지 입주 기업인들을 위한 활동을 할 뿐이고, 노동조합을 상대하거나 그럴 생각은 없습니다." (사례 7)

> "여기 IT 기업들의 인력난이 심각합니다. 뭐, 젊은 애들을 데려와서 한 2~3년 키우면 ○○○ 같은 회사에서 다 빨아들여 버리니까요. 연봉 2백~3백만 원 차이에 그냥 옮겨 버립니다."(사례 1)

공단지역 내 입주 기업체의 이해 대변을 위한 사용자 단체는 존재하지만,[28] 노동자의 집단적 이해 대변 기능의 제도화 역할에는 소극적이다. 나아가 IT와 중소 영세 제조업 사업장 내 노동자 또한 참여(voice) 전략보다는 이탈(exit) 전략에 치중하고 있는 상황인 것이다. 이러한 조건하에서는 산업집적론에서 언급되는 긍정적 효과가 지속되기 어려울 수밖에 없다.

이러한 점은 2000년대 이후 공단지역에 대한 대부분의 조사·연구가 첨단 지식산업 부문을 대상으로 산업집적지에 대한 긍정적 효과를 실증해 왔었다는 점에서 차이가 있다. 외형상으로는 공단지역의 산업구조와 기업 간 조직은 산업집적지 논의에서 제기되고 있는 것

---

27) 공식적으로 구로공단 지역의 노동조합 현황은 14개 사업장에 조합원 1,392명에 불과한 상황이다(전국산업단지 현황통계, 2011, 1/4분기 자료).

28) 구로공단의 사용자 단체로는 2000년대 IT 산업의 확대에 따라 벤처빌딩별 자치회를 기반으로 한 1단지 지역의 '구로디지털 단지 기업인 연합회'와 2, 3단지 지역의 '가산 디지털단지 입주기업체 협의회'가 있으며, 이외에도 과거 수출산업단지 시절부터 존재해 왔던 경영자 협의회(서울디지털 산업단지 경영자 협의회)와 서울상공회의소 구로상공회 등이 있다.

과 유사한 외형을 띠고 있지만, 그 실질에서는 Harrison(1994:9)이 20세기 후반 원하청 관계를 이용한 세계적 대자본의 축적 전략을 범주화한 '중앙집중 없는 집적(concentration without centralization)'의 하부 기반으로 역할하고 있을 개연성이 높다 하겠다.

6. 결론

1990년대 초 제조업 부문의 구조조정 이후 침체되어 있던 공단지역에 대한 정부의 구로공단 첨단화 계획은 현재의 공단지역의 외형을 형성하게 된 직접적인 계기이다. 이 과정에서 현재는 생산자 서비스 부문인 출판, 영상, 방송통신 및 정보서비스업 및 전문, 과학 및 기술서비스업이 공단지역 내에서는 주요한 산업 부문으로 자리 잡고 있는 상황이다.

공단지역이 IT산업을 위시한 첨단 지식산업의 산업집적지로 변화함에 따라 이에 대한 다양한 실태 조사·연구가 진행되어 왔으며, 이에 대한 연구는 주로 중소기업의 산업집적에 따른 혁신과 성장 추동이라는 긍정적 측면에 집중되어 왔었다.

그러나 과거 제조업 중심에서 IT 관련 첨단 지식산업으로 재편되어 왔다는 주장과 달리 제조업 부문은 여전히 취업자 규모에서 공단지역에서 20%를 차지하고 있다. 나아가 이러한 공단지역 내 제조업 부문 또한 성격이 변화되어 일부는 영세화되어 가고 있는 반면, 기존의 제조업 사업체는 탈생산화되어 가고 있는 상황이다. 또한 2000년대 이후 공단지역의 성장을 주도해 왔던 생산자 서비스 부문 또한 IT

관련 첨단 지식산업 부문과 더불어 단순 용역 서비스 부문 위주인 사업시설관리 및 사업지원서비스업 부문이 빠른 속도로 확대되고 있다. 서비스업 부문 내에서도 일종의 양극화된 현상으로 확대되고 있는 것이다. 이러한 점은 구로공단이라는 산업집적지가 과거 제조업 중심에서 첨단 IT 관련 사업체의 집적지로 양적으로는 변화하였지만, 산업집적지 논의에서 제기하는 혁신과 성장의 네트워크 효과측면에서는 제한적일 수 있음을 의미한다. 네트워크 효과를 낳을 수 있는 응집성이 미미하기 때문이다. 나아가 제조업 부문의 경우에도 실물 생산보다는 기획·관리 및 대규모 소비·유통 사업체화하고 있다는 점은 공단지역 전반의 성격 변화와도 직결되는 부분이다.

본 연구는 기존의 산업집적론, 내지는 산업클러스터론에 입각하여 구로공단을 바라보는 관점이 일면적일 수 있음을 드러내 보였다는 점에서 의미를 지니고 있지만, 공단지역 내 입주 사업체의 기업간 관계에 대한 향후 좀 더 세밀한 사례조사가 필요하다는 점에서 한계가 있다. 특히 산업집적론의 긍정적 효과가 왜 제한적인지, 그 요인과 과정에 대해서는 보다 더 면밀한 기업·작업장 차원의 구체적인 사례조사가 필요하다는 점에서 후속 연구를 통해 보완되어야 할 필요가 있다.

참고문헌

구로구청. 1997. 『구로구지』.

통계청, 전국 사업체 조사, 각 연도.

통계청, 광업·제조업 조사, 2009년도.

통계청, 서비스업 총 조사, 2005년.

한국산업단지공단, 전국산업단지현황통계(http://www.e-cluster.net).

강현수. 1993. 80년대 후반 한국 자본주의의 변화와 서울의 산업 재구조화: 유
　　연화의 확대와 지역불균형의 심화. 한국공간환경연구회 편.『서울 연
　　구: 유연적 산업화와 새로운 도시·사회·정치』. 한울.

구양미. 2002. 구로공단(서울디지털산업단지) 산업구조 재편에 관한 연구. 서울
　　대학교 지리학과 석사학위 논문.

김양희·신용남. 2000.『재래시장에서 패션네트워크로: 상인과 연구원이 말하
　　는 동대문 시장의 겉과 속』. 삼성경제연구소.

김종중·김갑성. 2009. 도시 첨단 산업클러스터 입지 요인 분석.『국토계획』
　　제44권 제7호.

김유선. 2006. 서비스 산업 노동시장 분석.『동향과 전망』통권 제68호(가을·
　　겨울호).

김철식. 2009. 상품연쇄와 고용체제의 변화: 한국 자동차 산업의 사례연구. 서
　　울대학교 사회학과 박사학위 논문.

김철식. 2012. 서울 디지털 산업단지의 재구조화: 산업생산의 공간에서 소비
　　및 지대 수익의 공간으로.『공업도시 개발과 사회 공간적 변동: 역사
　　사회학과 역사 지리학의 융합을 위하여』. 한국사회사학회·연세대 사
　　회학과 BK21 사업단·서울대 SSK 사업 "국가와 지역" 연구팀 공동주
　　최 학술 심포지움(2012. 5. 26).

노동자의 미래. 2011. 구로공단의 오늘을 말한다: 서울 디지털산업단지 실태조
　　사 결과 발표(2011.12.6.). 서울 남부노동자권리찾기사업단 노동자의 미
　　래·녹색병원 노동환경건강연구소.

노병직·김주일·임찬영. 1994.『구로공단의 실태 및 노동자 의식 조사』. 한국

노동연구원.

단병호 의원실. 2005. 『서울디지털산업단지(구. 구로공단)의 구인형태를 통해 서 본 비정규직 실태와 문제점: 구직자의 눈으로 바라 본 일자리의 현실』. 2005년도 국정감사 정책자료집.

박용규·송영필·전영옥. 2007. 『구로공단 부활의 의미』, 삼성경제연구소.

비정규직없는세상만들기네트워크. 2010. 『2010 간접고용 실태조사 결과보고서』.

서노협 구로지구위원회. 1991. 『'91 임금 타결현황』.

손정순. 2010. 다층적 하청 구조가 파견 노동자의 임금·고용에 미치는 영향: 전자 업종 내 중소 사업장 파견노동을 중심으로. 『산업노동연구』 제16 권 제1호.

심복자. 2009. 근로빈곤층 고용서비스의 정합성 연구. 성공회대학교 사회복지 학과 박사학위 논문.

조영철. 1992. 분단노동시장과 노동의 효율적 배분: 제조업 생산직 노동시장을 중심으로. 고려대학교 경제학과 박사학위 논문.

양기호. 1998. 문제의 제기: 한국의 산업화와 구로공단. 성공회대학교 사회문 화연구소. 『산업구조 전환과 구로공단의 재구조화』. 1996년도 대학부 설연구소과제 연구 결과 보고서.

오석순. 2011. 1986년이나 2011년이나, 이 지옥 같은 노동은……. 2011년 비정 규 노동 수기공모전 당선작, 한국비정규노동센터.

오은주. 1996. 구로구 지방 노동시장 변화과정 연구: 의류산업의 노동활용 전 략을 중심으로. 서울대학교 환경대학원 석사학위논문.

윤철. 2008. 서울 디지털 산업단지 재구조화 과정과 산업클러스터 발전방안에 관한 연구. 서울시립대 행정학 석사학위논문.

이병천. 2011. 외환위기 이후 한국의 축적체제: 수출주도 수익추구 축적체제의 특성과 저진로 함정. 『동향과 전망』 통권 제81호(2011년 봄호).

이상곤·이우관·곽만순. 2002. 『중소기업 모여야 산다: 동대문 시장 성공의 경제학』, 이슈투데이.

이상철. 2012. 구로공단의 형성과 변모(1963-1987년). mimeo.

이종구·임선일. 2011. 재중동포의 국내정착과 취업 네트워크. 『산업노동연구』 제17권 제2호.

전국노동조합협의회·써니전기노동조합·남선물산노동조합·중앙고용대책 회의. 1992. 『자본가의 신경영 전략-소사장제 어떻게 대응할 것인가?』. 고용정책 토론회 자료집(1992.10.30.).

조명래·이세영·문미성·엄준영·이호. 1996. 『구로지역 사회경제 변화에 관한 연구』. 한국도시연구소.

조혜영. 2010. 서울 디지털 산업단지의 변화와 향후 과제. 성공회대 노동사연구소 세미나 발표 논문(2010.12.9.).

한국비정규노동센터. 2008. 『콜센터 텔레마케터 여성 비정규직 인권상황 실태조사』. 국가인권위원회.

한국산업단지공단. 2000. 『산업단지 구조 고도화 추진 계획』(2000.10.).

한지원·이유미·박선영·황규환. 2011. 서울 디지털산업단지 제조업 기업들의 특징. 민주노총 남부전략조직사업단('노동자의 미래') 내부 워크숍 자료(2011.10.21.).

Bluestone, B. and Harrison, B. 1982. *The Deindustrialization of America: Plant Closing, Community Abandonment, and the Dismantling of Basic Industry*. N.Y.: Basic Books.

Harvey, D. 1989. *The Urban Experience,* Baltimore: John Hopkins Univ. Press(국역: 초의수. 1995. 『도시의 정치경제학』, 한울).

Hassink R, Shin, D-H. 2005. The restructuring of old industrial areas in Europe and Asia. *Environment and Planning* A 37(4).

Harrison, B. 1994. *Lean and Mean: the Changing Landscape of Corporate Power in the Age of Flexibility*. New York: Guilford Press.

Lazerson, M. H. 1988. Organizational growth of small firms: an outcome of markets and hierarchies?. *American Sociological Review*, Vol. 53, pp.330~342.

Martin, R. 1999. The new 'geographical turn' in economics: some critical reflections. *Cambridge Journal of Economics* 23.

Piore, M. J. and Sabel, C. F. 1984. *The Second Industrial Devide: Possibilities for Prosperity*. N.Y.: Basic Books.

Portes, A., Sassen-Koob, S. 1987. Making it Underground: Comparative Material on the Informal Sector in Western Market Economies. *American Journal of Sociology*, Vol. 93, No. 1.

Reimer, S. 2007. Geographies of production I. *Progress in Human Geography* 31(2).

Sassen, S. 1990. Economic Restructuring and the American City. *Annual Review of Sociology* Vol. 16.

Saxenian, A. 1994. *Regional Advantage: Culture and Competition in Silicon Valley and Route 128*. Cambridge: Harvard University Press.

Steiner M. 1985. Old industrial areas: a theoretical approach. *Urban Studies* 22.

Whitford, J. 2001. The decline of a model? Challenge and response in the Italian industrial districts. *Economy and Society* Vol. 30, No. 1.

〈부록〉

　서비스업 부문은 재화를 생산・제조하는 부문을 제외한 나머지 부문을 총칭하는 개념으로서, 산업 대분류상으로는 다음 <표 1>의 내용처럼 광범위한 영역을 포괄하고 있다. 이 글에서는 Elfring(1988)의 유형 분류에 기반한 김유선(2006)의 논의를 확대해 서비스업 부문을 크게 생산자 서비스업, 유통서비스업, 개인서비스업, 사회서비스업 등의 4개의 부문으로 재분류하였다.

　2008년 2월부터 새로이 9차 산업대분류가 적용됨에 따라 새로이 산업대분류로 편제된 영역을 4대 서비스 부문에 맞춰 필자가 새로이 분류한 내용이 다음의 표이다. 우선 '출판, 영상, 방송, 정보서비스업' 부문은 9차 표준 산업분류 개정 시 새로운 산업 부문으로 편제된 영역이다. 2007년 이전 과거 데이터와의 연속성을 위해 이 산업 부문 중에서 정보서비스(63)와 소프트웨어 개발 및 공급업(582)은 생산자 서비스 영역으로 편제했으며, 출판업(581)은 제조업으로 분류하였다.

〈표〉 서비스업 부문의 유형 구분

구분		생산자서비스업 producer services	유통서비스업 distributive services	개인서비스업 personal services	사회서비스업 social services
분류 기준	주 사용자	기업		가계	
	제공 방식	시장			비시장
	경제적 기능	생산활동 중간 투입	재화/지식/ 사람이동	가계에 최종 소비 제공	
	8차 산업대분류	금융보험업 부동산임대업 사업서비스업	도소매업 운수업 통신업	숙박음식점업 오락문화운동서비스 가사서비스업 기타서비스업	공공행정 교육서비스업 보건사회복지사업 국제외국기관
	9차 산업대분류 (2007년 이후)	금융보험업 부동산임대업 사업서비스업 폐기물수집, 환경복원업(38-39) 전문과학기술서비스업 컴퓨터프로그래밍(62) 정보서비스(63)	도소매업 운수업 통신업	숙박음식점업 출판, 영상, 방송서비스업 가구 내 자가소비, 서비스 기타 서비스업 하수, 폐수, 분뇨처리업(37) 예술, 여가서비스업	공공행정 교육서비스업 보건사회복지사업 국제외국기관

* 자료: 김유선(2006).
** 9차 산업대분류는 김유선(2006)의 유형분류에 맞춰서 필자가 유형을 재분류한 것임.

CHAPTER

4

산업구조 전환과
도시형 첨단산업

임선일 · 전호성

DIGITAL
NDUSTRIAL
COMPLEX

1. 들어가며

한국의 대표적 공업단지의 하나인 구로공단은 생산조직의 공간적 재배치를 촉진하는 세계화의 흐름 속에서 산업구조의 전환을 맞이하게 되었는데 그동안 이에 대한 사례 연구는 주목을 받지 못하고 있었다.

구로구와 금천구에 걸쳐져 있는 구로공단은 소위 공돌이와 공순이로 대변되는 낙후된 지역이었다. 그러나 어느 순간부터 대형 빌딩이 들어서면서 서울의 대표적 첨단산업단지 지역으로 탈바꿈하였다. 이러한 대규모 빌딩은 과거의 초라하고 보잘것없는 공장을 대신하는 역할을 하게 되었고 공단에서 생산하는 제품도 변화하였으며 근본적으로는 공업단지의 기능 자체도 변화된 측면이 있다.[1]

그러나 이러한 변화의 흐름과 변화의 출발점, 산업구조 전환의 세밀한 원인에 대한 연구가 부족했었다. 본 연구는 구로공단의 산업구조가 왜 변하기 시작했는가에서 출발해 그 원인과 결과를 분석하고

---

1) 이에 대한 자세한 논의는 본 논문에서 추후 다루고 있다.

자 하였으며 이를 통해 구로공단의 과거와 현재 미래에 대한 학계와 노동계의 고민과 연구를 더 촉발시키고자 하는 목적을 가지고 있다.

2. 접근방법

구로공단의 산업구조가 어떠한 계기를 통해 전환되었는가를 구체적으로 분석하기 위해서는 각종 통계 자료만이 아니라 기업 측의 견해를 파악할 필요가 있다. 여기에서는 우선 1995년부터 2009년까지 구로공단의 업종별 변화 추이에 관한 통계를 중심으로 제조업과 첨단 산업[2]으로 분류되는 출판, 영상, 방송통신 및 정보서비스업, 전문, 과학 및 기술 서비스업의 증감에 관한 자료를 분석했다. 그러나 이와 같은 가시적 데이터는 공단의 산업 구조가 전환된 현상만을 보여 줄 뿐 근본적 원인에 대해서는 알 수 없는 단점이 있다. 이를 보완하기 위해 심층면접을 실시하였다. 면접 대상은 현재 구로공단에서 사업을 하고 있는 기업의 경영자를 비롯해 산업단지관리공단의 실무 담당자 이다. 특히 본 연구에서는 구로공단에서 현재까지 사업을 영위하는 그룹과, 외부로부터 새롭게 유입된 업체, 그리고 구로공단을 벗어나 해외로 이전한 업체로 구분하여 유형을 분류하였다. 이 중에서 중국으로 사업체를 이전한 전기 · 전자 제조업체인 S전자의 현지 법인장과 총경리, 그리고 2차 하청 업체들의 경영자와 면담을 실시하고 분

---

[2] 제조업은 산업대분류 코드에 분류가 명확하다. 그러나 첨단산업의 직종별 분류는 정리하기가 모호한 측면이 있다. 따라서 본 논문은 2009년 산업대분류 코드에 의거해 출판, 영상, 방송통신 및 정보서비스업, 전문, 과학 및 기술 서비스업을 첨단 산업의 직종별 분류로 정의하였다.

석의 폭을 확장시킴으로써 산업구조 전환에 따른 기업체의 생존 방식을 명료하게 유형화 시켰다는 데 의의가 있다.

산업별 분류를 하기 위한 통계 자료는 통계청의 자료를 이용했으며 심층 면접을 위한 면담은 구로공단을 직접 방문하여 실시하였다. 면담자 중 면담 내용의 녹취에 동의하지 않은 사람의 인터뷰는 면담을 하면서 기록한 필기 자료를 이용했다.

3. 구로산업단지의 역사와 현황

구로공단은 서울특별시의 서남단에 위치하여 동쪽으로는 영등포구, 금천구와 인접해 있고 서쪽은 부천시와 광명시를 경계로 하며 남쪽은 광명시와 접해 있다. 또한 영등포에서 연장되는 경부선이 분리되는 지점으로부터 경부선, 경인선 이외에도 수원과 인천 방면의 전철 1호선과 국도가 관통하고 있는 구로구와 금천구 일부에 걸쳐 있고 남부순환 도로와 서부간선도로가 연결도로의 역할을 하고 있으며 전철 2호선과 7호선이 현재 운행되고 있는 교통의 요지라 할 수 있다.

구로지역에 수출 공단이 조성된 것은 1964년 제정된 '수출산업공업단지 개발조성법'에 따라 1965년 제2수출 공단이 13만 8천 평이 조성되면서부터였고, 1967년에 제2단지, 1970년에 제3단지로 확대되었다. 제1단지는 구로동을 중심으로 1967년에 완성되었는데, 당시 대부분의 토지가 국유지였으므로 공업용지 취득이 용이하였고, 인근 하천으로부터 공업용수 공급, 그리고 경부선, 경인선의 철도와 국도(경인로, 경수로) 및 인천항과의 근접성이 유리한 조건으로 작용하였다. 제

2단지와 제3단지는 가리봉동을 중심으로 각각 1972년과 1976년에 준공되었다. 초기에 3개 단지 업종은 전자제품 제작 및 조립 업체 32.8%, 의류, 봉제 등 섬유제품 업체 28.7%였고 나머지는 제지, 인쇄, 석유화학, 카메라, 장난감, 피혁제품 등 다양한 업체들이 입주하였다 (구로구, 1997: 28). 1980년대 후반에 이르기까지 구로공단은 저임금과 기술에 기반하여 우리나라 경제성장의 엔진으로 기능하였고(조명래 외, 1995: 11) 구로지역은 한국의 대표적 공업단지가 되었다. 그러나 1980년대 말 급속하게 진행된 지가와 임금의 상승은 제조업 부문의 경영악화를 가져왔다. 이에 따라 구로공단은 재구조화되는데 공해배출 업체나 노동집약적 업체는 지방이나 해외로 이전하는 반면 좀더 높은 기술 수준을 요구받는 업체가 새롭게 입주하는 경향을 띠게되었다.

재구조화된 구로공단은 2000년 12월 선포식을 통해 '서울디지털단지'로 명칭이 변경되어 현재에 이르고 있다.3) 디지털 산업단지의 산업구조 개편으로 첨단 정보산업단지가 조성되어 있는 구로구는 동양 최대의 기계공구 상가와 전자부품 상가가 밀집되어 있으며 과거 공단의 중심이었던 섬유, 의류 등의 대규모 제조업은 사라지고 영세한 제조업체나 가산디지털단지를 중심으로 한 의류 유통단지와 아파트형 공장, 구로디지털 단지의 벤처, 전자 업종의 업체들이 입주해 있다 (이영환 외, 2007).

---

3) 더 자세한 내용은 "서울디지털단지 구조고도화 기본계획"(산업연구원, 2005)을 참조하라.

시기 구분	1960년대 ~80년대 후반	1980년대 후반 ~90년대 중반	1990년대 중반 이후 ~현재
지역 특성	-구로공단 조성 -산업형 지역	-산업구조 재편 -산업+주거+상업 공존형	-산업+주거+상업 공존형
도시 특성	-노동자 도시	-도시 저소득 노동자 -중산층 유입	-주거형 도시 -산업 종사자 외부 유입
행정 단위	-영등포구 소속 -구로구 신설(1980년)	-구로구	-금천구 분리(1995년) -독산동, 시흥동, 가리봉동 등 -현재 19개동
구로구 내 권역별 특성	-구로, 가리봉 공단권	-공단권: 구로, 가리봉 -주거권: 개봉, 고척, 오류동	-구로갑구: 고척·개봉 주거권 (아파트 밀집 지역), 오류·항동 주거권 -구로을구: 구로·신도림 주거권 (아파트 밀집지역), 구로공단권, 가리봉 주거권(금천구 가산디지 털단지 배후기능)

　　현재 이곳의 주민 구성은 과거부터 살고 있는 구주민과 아파트가 건설되면서 유입된 신주민, 그리고 공단에서 일하던 한국인이 나간 쪽방촌에 새롭게 유입된 재한 중국동포가 삶을 영위하고 있다. 토착 한국인들은 자영업에 종사하거나 구로공단 내 또는 다른 지역으로 출퇴근을 하고 있으며 재한 중국동포들은 서울과 경기도 지역의 건설 현장에서 일하거나 구로공단의 주변부 노동 시장에 위치하고 있다. 그들이 구로공단 주변에서 집단적으로 생활하게 된 이유는 서울 시내에서 이곳보다 저렴한 비용으로 주거문제를 해결할 수 있는 곳은 흔하지 않을 뿐만 아니라 집단적으로 거주하면서 얻데 되는 부가적 이익[4])이 있기 때문이다.

---

4) 재중동포들이 집단거주 하게 되면서 중국식 식당이나 선술집 등에서 자연스럽게 친교를 맺게 되고 이를 통해 얻게 되는 일자리에 대한 정보, 중국 현지에 대한 소식 등이 타 지역에 비해 획득하기 좋은 조건을 가지고 있다.

4. 산업구조의 전환

1) 산업구조 전환의 계기

노동집약적인 전통적 제조업으로 구성되어 있던 구로공단이 산업구조 전환의 계기를 맞이하게 된 이유를 한 가지로 정의할 수는 없다. 그러나 공단에 입주해 있는 기업체에 대한 컨설팅을 하고 있는 S사의 L부장과 Y테크의 L회장 이야기를 토대로 분석해 보면 몇 가지 요인을 발견할 수 있다. L회장은 서울구로디지털단지 기업인 연합회의 사무총장직을 겸하고 있는데 구로공단이 첨단지식 산업단지로 발돋움할 당시 구로로 사업체를 옮겨 초기에 아파트형 공장에 입주한 기업인이다.

L회장이 역삼동에서 구로로 사업체를 이전하기 전부터 구로의 상황도 녹록지는 않았다. 1987년 노동자 대투쟁 이후에 인건비와 지가의 상승, 이와 맞물려 산업구조가 변화되면서 노동집약적 경공업을 위주로 한 구로의 제조업은 쇠퇴하고 있었다.

> 뭐. 어떤 그 이런 개선책이 필요하다 해서 저도 논문이라든지 연구 자료라든지 그런 사실은 과거부터 계속 봐 왔어요. 그래서 그 일단은 1980년대 일단 부분들이 대두가 됐고 그다음 1990년대 중반 이후에 제조업이 공동화하고 슬럼화가 진행됐었어요. 90년대 중반 이후부터 우리가 97년 이후에 외환위기가 왔잖습니까. 그러면서 1997년에 구로공단 회생을 위해서 구로공단 첨단화 계획이 수립이 됐어요. 1997년에. 97년 이전에는 이 산업단지 국가산업단지 내에 입주할 수 있는 우리가 산지법(산업단지법)에서 얘기하는 36조 4항에서 얘기하는 지식산업하고 정보통신산업은요, 그 전에는 입주가 안 됐었어요. 국가산업단지 내에 그전에 제조업만 가능했는데 이게 구

로단지 첨단화 계획이 수립이 되고 나서 이제 그 지식산업하고 정보통신산업을 육성을 해서 끌어들여야겠다고 해서 시작했던 그때죠. 그리고 어떤 건 수출량에 고용 쪽을 보게 되면 1988년이 기점이 될 거예요. 1988년을 기점으로 해서 수출은 42억 달라 고용은 7만 3천 명을 정점으로 해서 이게 줄기 시작했어요. 그래서 그게 필요성이 대두가 됐던 거죠. 이제 수술을 해야 되겠다. 구로공단을(S사, L부장).

제조업이 쇠락의 길을 걷게 되었던 가장 큰 원인은 경쟁력의 약화였다. 인건비와 지가는 지속적으로 상승하는 데 반해 납품단가는 상승하지 않았고 이는 수익성을 악화시켰다. 취약한 경쟁구조가 유발된 구로공단은 침체기에 들어섰고 이러한 상황은 2000년도까지 지속되었다. 그러나 제조업이 쇠퇴하는 경향은 지속되고 있으나 완전히 사라지지는 않았다.

제조업만이 구로공단에 입주할 수 있도록 했었던 산업단지법은 1997년에 구로공단 첨단화 계획이 수립되면서 수정되었다. 지식산업5)과 정보통신산업6)이 합법적으로 구로공단에 입주할 수 있게 되었고 벤처산업의 거품이 제거되면서 역삼동 인근의 테헤란밸리에 집중해 있던 기업체들이 구로공단으로 눈을 돌리게 되었다. 구로공단이

---

5) 지식이나 정보의 생산·전달활동 등을 전문적으로 수행하는 신문·잡지·출판·방송·교육·광고·행정 서비스 등의 7개 부분의 산업군(産業群). 1962년 미국 프린스턴대학의 마칠럽(Fritz Machlup) 교수가 제창한 새로운 경제이론인 지식산업론에 처음 사용한 말이다. 마칠럽은 지식이나 정보도 일종의 소비재라고 주장하면서 그 생산·재생산·유통에 관련된 위와 같은 7개 부문의 산업군을 곧 지식산업이라고 정의했다. 그는 또 이러한 지식산업이 오늘날 국민총생산에서 점유하는 비율이 점차 급속도로 증가하고 있음을 자세한 수치를 통해 제시함으로써, 이후 지식산업이라는 말이 정보사회화란 말과 함께 널리 사용하게 됐다(한국언론진흥재단).

6) 정보산업 중 전자적 네트워크를 통한 정보의 유통을 맡은 산업. 정보통신산업은 정보와 통신에 관련된 산업으로 넓게 해석도 하지만 개념이 불명확해지므로 전기통신방송의 전부와 정보처리의 일부(온라인의 부분)에 한정하는 것이 타당하다. 또 정보통신산업이라는 용어에는 정서적인 뜻이 강하여 과학적 분석에 적당치 않은 점을 피하기 위해 정보네트워크산업이라는 용어를 택하는 편이 좋겠다. 단, 분석의 필요상 관련 산업을 동시에 대상으로 삼는 것은 전혀 문제가 되지 않는다(매일경제).

디지털산업단지로 개편되면서 구로공단으로 업체를 이전했던 L회장
은 외부로부터 구로공단에 유입된 초기 멤버이다. 그는 현재 Y테크라
는 반도체 제조 회사와 E베콘이라는 엘리베이터용 냉난방기 제조회
사를 운영하고 있다. 그가 구로공단으로 업체를 이전하게 되었던 이
유는 공단 내의 첫 벤처빌딩이었던 '에이스 테크노 타워 1차'의 분양
이 중요한 이유가 되었다. 역삼동에서 월세로 지불하던 금액 때문에
경영에 어려움을 겪고 있던 시기에 좋은 대출 조건을 제시하며 기업
체를 유인했던 에이스 테크노타워는 매력 있는 입지 조건을 갖추고
있었다. 여기에 구로공단이 가지고 있던 기존의 입지 조건도 기업체
를 이전하는 데 중요한 결정 요인으로 작용했다. 그것은 첫째, 기업체
가 계속 서울에 남아 있을 수 있다는 점이다. 한국 산업구조의 특성
중 한 가지는 모든 경제 행위의 주체가 서울을 중심으로 유기적 관계
를 맺고 있다는 점이므로 서울을 벗어나지 않아도 경상비를 줄일 수
있는 구로공단은 훌륭한 장점을 가지고 있었다. 둘째, 국가산업단지
에서 기업활동을 하게 되면서 얻게 되는 다양한 혜택이 있다. 국가
산업단지는 정부로부터 다양한 세제 혜택과 금융 혜택을 받을 수 있
기 때문에 이 또한 중요한 입지 조건이라 할 수 있다. 셋째, 이러한
기업체들이 집적화됨으로써 얻게 되는 네트워크의 활용을 들 수 있
다. 관련 산업들이 한 공간에 모여 있게 됨으로써 정보의 공유, 납품
의 효율성과 같은 실질적 이익이 증대한다.

> 동종업체들이 모이면서 하나의 객체로 있던 사람들이 유기체가 된
> 거예요. 서로 서로 간에 모임을 구성하고 그 모임 내에서 정보를
> 교환하고 공동연구를 하고 그런 상황들이 지금도 계속 진행 중이
> 에요(S사, L부장).

마지막으로 부동산 시세 증가에 따른 자산의 증가이다. L회장의 경우도 마찬가지로 분양받았던 에이스타워의 가격이 올라가기 시작했는데 기업의 집적화로 부가적 이익을 얻기 위해 모여드는 기업체들이 많아질수록 부동산의 가격은 계속 치솟았다. 이를 지켜본 건설사들은 앞다투어 구로공단에 아파트형 공장을 신축했고 부동산 자산 증가와 기업체의 원활한 운영, 두 마리 토끼를 잡으려는 기업체들이 몰려들었다.

결국 구로공단이 현재의 모습처럼 변화하게 되었던 중요한 특징 가운데 하나는 1997년 구로첨단화 계획을 정부가 수립했지만 실질적으로 시장에 개입하여 디지털단지로 전환시킨 주체가 민간이었다는 사실이다.

2) 전통적 제조업에서 첨단지식산업7)으로

구로공단은 2000년 12월 '서울디지털단지'로 명칭을 변경하는 명명식을 가졌다. 이때부터 본격적으로 산업구조가 재편되기 시작했는데 아파트형 공장이 대량으로 분양되고 첨단지식 산업으로 분류되는 업체들이 대거 유입되었다.

실질적으로 2000년부터 붐이 이루었다고 보면 돼요. 2000년부터 아

---

7) 본 논문에서는 첨단지식산업을 지식산업과 정보통신 산업으로 상정한다. 이를 연도별 산업대분류표에 의해 분류해 보면 다음과 같다.

1995~2006년	64: 통신업, 72: 정보처리 및 기타 컴퓨터 운영 관련업, 73: 연구 및 개발업, 74: 전문, 과학 및 기술서비스업, 87: 영화, 방송 및 공연산업
2007~2009년	58~63: 출판영상방송통신 및 정보서비스업, 70~73: 전문, 과학 및 기술서비스업

파트 공장이 활발하게 된 시기 그 시발점 그 자체도 2000년으로 보면 될 거예요. (중략) 실질적으로 벤처 업체들이 유입됐던 것이 활발하게 유입됐던 것이 2002~2004년도에 그때 많이 유입이 됐어요. 벤처 기업들이. 심지어는 벤처기업 협회까지. 벤처 기업들이 이쪽으로 많이 이동을 하니깐. 협회까지 오게 되는 사태까지 벌어졌던 거죠. 벤처 기업 협회가 지금 디지털 산업단지 안에 있거든요(S사, L부장).

아파트형 공장의 특징 중 하나는 소음이 크거나 거대한 설비 기계가 들어와 제품을 생산하기에는 무리가 있다는 점이다. 따라서 구로공단의 아파트형 공장에는 자연스럽게 첨단지식 산업이 입주하게 되었다. 그러나 제조업이 완전히 사라진 것은 아닌데 이런 경우 영업과 연구 개발을 담당하는 부서는 구로디지털단지에, 생산을 담당하는 공장은 서울 근교의 지방에서 각각의 업무를 수행한다. 구로디지털단지 기업인 연합회의 L회장이 경영하고 있는 두 개의 회사도 본사는 구로공단에, 공장은 경기도에 위치하고 있었다. 결국 구로공단에서 직접 제품을 생산하고 유통할 수 있는 업체는 생산 설비가 차지하는 공간 규모를 적게 차지하는 첨단 지식 산업이며 이들이 구로공단의 핵심 주력 산업군이다. 구로공단은 이처럼 제조업과 첨단지식 산업이 혼재한 상태인데 세 개의 단지 중 1단지 쪽에는 첨단지식 산업이, 2, 3단지 쪽에는 제조업 비율이 높다.

근데 입주 비율이 대단히 달라요. 그러니깐 소위 말해서 2, 3공단을 하나로 좀 묶고요. 하나의 그룹군으로 묶고. 1공단은 별개의 하나의 그룹군으로 설정하시는 게 나중에 향후에 이해하기에 편하실 것 같구요. 그 나누는 이유는 뭐냐면 그 세 가지 업종이 들어오고는 비율 자체가 1단지 쪽으로 지식산업 하고 정보통신산업이 우세한 지역이고요. 2공단하고 3공단 쪽 같은 경우에는 아무래도 지식이나 정보통신산업 제조업 비율이 좀 많은 지역이에요. 그럼 왜 그렇게 1

단지 쪽에는 지식산업 쪽이라든지 아니면 정보통신산업이 좀 비율이 높고 3단지 쪽으로 2단지, 3단지 쪽 같은 경우에 제조업이 높냐라고 하면……(중략) 비제조 쪽 같은 경우에는 보통 1단지 쪽에 우세를 보이는데 소프트웨어 개발 공급 부분하고 엔지니어링 서비스하고 디자인 쪽이 과반수를 차지한다고 보시면 좋고요(S사, L부장).

<그림 Ⅳ-1>에서 1995년부터 2009년까지의 제조업체 수를 보면 지속적으로 증가하고 있음을 볼 수 있다. 그러나 취업자 수는 지속적으로 감소하다가 2005년을 기점으로 소폭 상승하였다. 이와 같은 결과는 산업단지법에 의해 정부에서 지정한 산업공단에는 제조업체만이 입주 할 수 있다는 조항에 기인하는데 기업체를 경영하는 기업인들은 이와 같은 조항을 적절하게 이용하기도 한다.

제조업이라고 분류되는 건 우리가 재무재표상에 그 각 하나의 회사 여러 개 영업을 하잖습니까. 그중에 이게 주 업종이냐 부 업종이냐 주 업종에 내한 개념은 다 일고는 계실 테지민 전체 여리 기지 산업 중에 가장 매출이 큰 업을 주 업종이라고 보거든요. 그 업종에 가장 큰 비율을 제조다 아니면 비제조에서 어떤 뭐 용역비가 높다든지 아니면 무슨, 무슨 비가 높은 것에 따라서 업종이 분류가 되는 상황들인데(S사, L부장).

기업은 경영의 효율성을 위해 다양한 업종을 영위 대상으로 삼는데 필요에 이를 필요에 따라 이용하고 있다고 볼 수 있다. 즉, 구로공단의 주력 산업군이 첨단 지식산업으로 변화했지만 제조업은 첨단지식산업군의 요소요소에 필요한 존재로 위치하고 있는 것이다.

<그림 Ⅳ-2>를 살펴보면 첨단지식산업으로 분류되는 업종은 2000년도를 기준으로 사업체와 취업자의 수가 서서히 증가하다가 2002년부터는 폭발적으로 증가하고 있었음을 볼 수 있다. 사업체 수는 2000

년에 비해 30배가량 증가했으며 취업자의 수도 36배가량 증가했다. 이는 2000년부터 구로공단의 산업구조가 제조업은 현 상태를 유지하며 활로를 모색했으며 첨단지식산업이 주요 업종으로 나타나고 있었다는 사실을 보여 주고 있다.

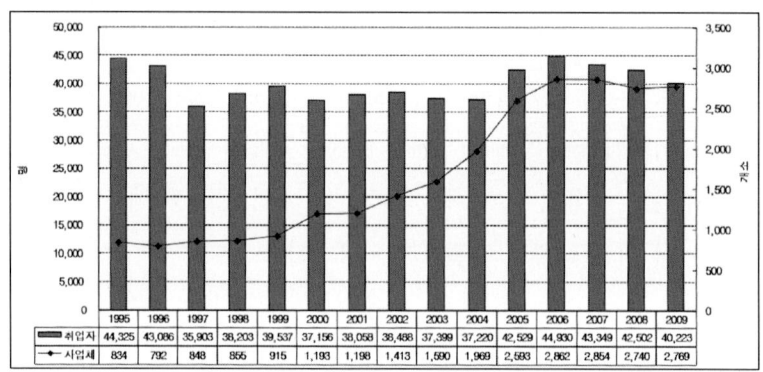

	1995	1996	1997	1998	1999	2000	2001	2002	2003	2004	2005	2006	2007	2008	2009
취업자	44,325	43,086	35,903	38,203	39,537	37,156	38,058	38,488	37,399	37,220	42,529	44,930	43,349	42,502	40,223
사업체	834	792	848	855	915	1,193	1,198	1,413	1,590	1,969	2,593	2,862	2,854	2,740	2,769

〈그림 IV-1〉 연도별 제조업체와 취업자의 변화 추이

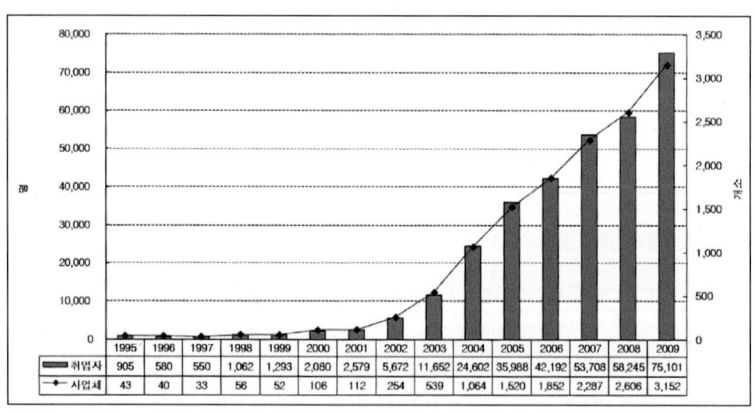

	1995	1996	1997	1998	1999	2000	2001	2002	2003	2004	2005	2006	2007	2008	2009
취업자	905	580	550	1,062	1,293	2,080	2,579	5,672	11,652	24,602	35,988	42,192	53,708	58,245	75,101
사업체	43	40	33	56	52	106	112	254	539	1,064	1,520	1,852	2,287	2,606	3,152

〈그림 IV-2〉 연도별 첨단지식산업체와 취업자의 변화 추이

이처럼 구로공단의 산업구조 전환에 따라 이에 대응하는 기업들의 생존 방식도 다양하게 나타났는데 공단이 초기부터 현재까지 공단에서 기업활동을 영위하는 그룹과 외부에서 구로공단으로 유입된 그룹, 그리고 공단에서 서울의 인근 지역이나 지방, 또는 해외로 생산 시설을 이전하는 그룹들이 생겨났다.

3) 산업구조전환에 따른 생존전략 유형

지가 상승과 인건비 상승에 따른 기업환경의 변화는 기업의 활로를 모색하는 데 중요한 조건이다. 현재 구로공단에서 사업체를 경영하거나 구로공단으로부터 외부로 전출된 기업들도 이러한 기업생존을 위한 의사 결정에 의해 현재의 위치가 정해졌다. 여기에서는 이러한 세 가지 유형별 생존전략을 분석해 볼 것이다.

첫 번째 유형으로서, 공단 초기부터 현재까지 구로에서 기업을 경영하는 경우를 사례를 통해 살펴보면, 인쇄업체를 운영하고 있는 K 사장은 1979년 구로공단에서 처음으로 직장 생활을 시작했다. 이때 제조업체들은 정부로부터 특혜를 받으며 구로공단에 입주하기 시작했다.

> 그전엔 제조가 없으면 여기 입주를 할 수가 없었으니깐. 여기가 70년도에 1, 2, 3단지를 박정희 대통령 때 분양을 한 거잖아요. 이십년 상환으로 해서 그래서 여기 업체들이 그때 들어올 때 정부에서 거의 거저 주다시피 해서 여기만 해도 영등포 쪽이 산업단지였고 문래동하고 여기는 변방이지. 버스 차도 없었고 여기 하안동도 없었고(인쇄업체, K사장).

1994년에 본인의 회사를 설립하면서 구로를 떠나 을지로에서 인쇄업을 하던 K사장은 6년 동안의 사업을 정리하고 구로공단에 입주하였다. 여기에는 구로공단이 가지고 있는 조건이 중요한 결정 요인이 되었다. 이를 살펴보면 첫째, 공간적 입지 조건이 을지로에 비해 구로공단이 우위에 있었다. 을지로는 서울의 중심지에 위치하기 때문에 공간을 넓게 사용할 수 있는 여지가 적었다. 따라서 소규모로 인쇄업을 영위하는 기업인들에게는 아무런 문제가 없다. 하지만 큰 기계를 사용하고 대규모의 일을 감당하기 위해서는 을지로보다 구로공단이 훨씬 유리했다.

> 물류 터가 좁아서 이게 용지 같은 거라든가 적재하기가 힘들고 큰 차도 못 들어오잖아요. 이런 데는 25톤, 30톤도 들어오는 판인데 거기는 1톤짜리 하나도 골목에 매일 서 있고 하니깐 스트레스 엄청나게 받거든 그러니깐 소량, 거기는 소규모, 여기 공단에는 작은 회사들이 별로 없어요. 구로에는 삼환회사 같은 경우에도 직원이 옛날에 ××동 삼환회사에서 4년을 보냈거든. 그리고 여기로 이사 왔잖아. 94년도에 1단지로, 여기가 제일 많아 직원이 500명 가까이 되지. 삼환 인쇄소가(인쇄업체, K사장).

사업체가 활용할 수 있는 공간이 타 지역에 비해 넓었던 구로지역은 K사장뿐만 아니라 다른 기업들에게도 좋은 조건을 가지고 있었다. 둘째, 인쇄 시스템의 집적화로 인한 편리성에 기인한다. 물론 을지로에 인쇄 골목의 구조도 완성품을 만들어 내는 시스템을 가지고 있었지만 구로공단에 비해 그 효율성이 떨어졌다.

> 다 똑같은 거예요. 을지로보다 편하죠. 을지로 같은 경우에는 이게 옮겨 다니는 게 많아. 자기가 다 하는 건 없어. 그러다 보니 하나

완성품이 나오면 대여섯 군데 왔다 갔다 하면서 그런데 여기는 그렇진 않아요. 많은 양을 하기가 힘들지. 을지로는 많은 양은 힘들고 급한 것 양이 적은 것만 하지. 큰일은 할 수가 없어요. 이러다가도 비가 오면은 움직이기가 힘들어. 공단에는 규모가 있으니까 랩으로 딱 싸서 비가 와도 다 지게차로 딱 떠서(인쇄업체, K사장).

대량 인쇄물을 만들어 내기에 적합한 구로공단의 시스템은 을지로에 비해 높은 효율성을 가지고 있었다. 완성품을 생산하고 포장하는 과정까지 구로공단이 가지고 있는 편리성은 기업체가 구로공단에서 기업활동을 지속할 수 있도록 하는 유인 요인이었다. 셋째, 사회간접자본의 이용성이 극대화되어 있다는 점이다.

예를 들어서 인쇄소도 마찬가지예요. (중략) 못 가는 사람들은 내 거래처가 아래쪽에 나온 시내에 있는 사람들은 출판사에 뭐 버스가 있습니까? 전철이 있습니까? 차 없으면 못 가잖아요. 버스 타고 가려면 가는 데 한나절이에요. 그 정도로 가면 누가 갑니까? 안 가지. 못 간다고. 여기 같은 경우에는 전철 타고 오잖아요. 그리고 물류가 여기 오는 시간은 물류가 비싸잖아요. 여기는 고속도로 타잖아요. 서울, 영동, 경북, 서해안(중략) 접근성이 바로 입구에서 지금 수출의 다리에서 바로 타잖아요. 가면은 못 가는 고속도로가 어디 있어요. 서해안, 영동고속도로, 판교 가는 경부고속도로 외곽 안 되는 곳이 없잖아요. 다 타지(인쇄업체, K사장).

납품을 제시간에 해야 하는 고객과의 약속을 중요시하는 인쇄업의 특성상 정확한 물류의 배송은 기업의 경영과 성장에 중요한 부분이었다. 구로공단은 이러한 문제를 해결해 줄 수 있는 훌륭한 입지조건을 가지고 있었다. 위에서 살펴보았던 이러한 세 가지 요인들이 기업체가 구로공단에서 지속적으로 경영활동을 할 수 있도록 만들어 준 요인들이었다고 할 수 있다.

두 번째 유형으로서 구로공단 이외의 지역에서 기업체를 운영하다 구로공단으로 유입된 업체의 경우를 살펴보면, 웹과 앱 개발을 하고 있는 회사의 대표인 K사장은 일본에서 10년 동안의 근무를 마치고 한국으로 돌아와 1998년에 소프트웨어 개발 회사를 창립했다. 마포에 회사를 두고 경영을 하던 중 IT회사가 몰려 있는 테헤란밸리로 회사를 이전하려고 하였는데 IT 붐이 일어나면서 임대료가 상승했고 결국 테헤란밸리 외곽 지역이었던 논현동에 자리를 잡았다. 그는 2007년까지 10년 동안 논현동에서 사업을 하다가 구로디지털단지에 입주했다. K사장이 구로디지털단지로 회사를 이전하게 된 이유는 두 가지 정도로 요약할 수 있다.

첫째, 중소기업의 경우, 강남지역의 높은 임대료 때문에 회사 경영 상황이 좋지 않게 되었고 굳이 사업을 위해 강남 지역을 고집할 이유가 없었다. 회사의 근무 환경이 강남지역 보다 좋지는 않았지만 경영 상태를 호전시키기 위해 구로공단으로 이전을 한 경우이다.

> 마포에 있다가 거기로 옮겨 간 거지요. 근데 회사를 하는 사람들은, 특히 저희 같은 중소기업도 아니고 영세기업들은 임대료라는 게 좀 무시를 못 합니다. 거기다 우리나라 임대료 구조라는 게 잘 아시겠지만 꼭 2년에 한 번씩 올려 줘야지 내려 주는 건 없거든요. 그게 굉장히 저는 스트레스를 받았어요. 그래서 꼭 2년째 되면 또 얼마씩 올려 줘야 되고 그러다 보니깐 한 1년에 저희가 보증금을 1억 5천(만 원) 내고 1년에 한 6천(만 원) 정도 냈던 기억이 나네요. 요정도, 요거보다 조금 작은 평수였습니다. 거기다 스튜디오를 가지고 있고 하다 보니깐 옮기기가 쉽지 않고 한 번 임대료에 끌려 다니다 보니깐 그게 스트레스가 됐거든요. 그래서 그 당시에도 1단지가 형성이 되어 있었어요. 조그맣게 한신아이티라고 해가지고 고런 빌딩들이 있고 해서 몇 번 와 봤었는데 그때는 입사가 전혀 구축이 안 돼 있었어요. 그리고 또 저희들 회사하는 사람들 이미지는

이 강남이라고 하는 이미지가 크거든요(소프트웨어 개발, K사장).

　K사장은 구로공단으로 회사를 이전하게 되면서 임대료에 대한 경영 부담을 덜게 되었다. 그러나 현재는 곧바로 실무에 투입될 수 있는 인력이 부족하기 때문에 인력난을 겪고 있으며 이는 다른 업체의 경우도 마찬가지이다. 둘째, 구로공단에 구축되어 있는 인프라의 활용이 용이하다는 점이다. 구로공단은 1970년대 이후로 정부의 지원을 받으면서 물류를 수송 할 수 있는 도로를 비롯해 그 밖의 사회간접자본이 잘 정비되어 있었고 이를 기반으로 기업 활동을 하고자 하는 기업인들이 입주하였다. 이는 제조업 중심의 구로공단이 첨단지식 산업 단지로 변모하면서도 변하지 않았던 무형의 자산이다.

　　　제가 봐서 인프라는 참 잘 만들어진 거거든요. 유래가 없는 거잖아요. 해외 쪽에서도 저희도 일본을 들락날락하지만 일본 사람들도 놀라는 게 어떻게 단지가 조성이 돼서 민간하고 공공이 이렇게 협력을 해서 이런 단지를 만드는 그것도 여기가 섬유 쪽 단지고, 그런 쪽을 이렇게 거의 혁신에 가깝다고 하는데 어차피 인프라는 제대로 잘 창출이 됐고 여기도 보면 인프라에 투자를 하려고 하는 그런 노력들도 보이거든요. 1단지 같은 경우에는 계속 좋아지잖아요. 도로변도 깨끗해지고 넓어지고 지금부터는 그 인프라에 다 알맹이를 채워 넣어야 되는데 거기서 시간이 안 된 건지 답보 상태인지 중소기업 하는 사람들은 성질이 되게 급해지거든요. 빨리 빨리 팍팍 했으면 좋겠는데 보면 아직은 실질적으로 무슨 IT 업계를 위해서 조그만 업체들이 뭔가 열심히 일하고 있다는 그런 느낌은 아직 못 받은 것 같아요(소프트웨어 개발, K사장).

　그러나 이러한 인프라가 구축되어 있음에도 불구하고 기업 활동을 위한 실질적 정책에 대해서는 부정적인 의견을 가지고 있었는데 중소기업을 대상으로 하는 금융정책이 대표적인 경우이며 입주한 업체의 사장들이 대표자협의회를 구성하고 공단의 실질적 발전을 고민하는 대신에 정치적 성향을 띠는 것에 대한 불만도 가지고 있다.

마지막으로 구로공단에서 기업을 경영하다가 외부로 기업체를 이전한 유형이 있다. 외부로 기업체를 이전한 경우, 구로공단에서 지방, 또는 경기도 인근으로 이전하거나 국외로 이전한 두 가지 사례가 있을 수 있는데 본 글에서는 해외로 이전한 사례에 대한 분석을 주요 분석 대상으로 한정했다. 이와 같은 유형에 적합한 업체로 선정한 곳은 S전자인데 구로공단에는 본사와 연구소만 있을 뿐 제품을 생산하는 시설은 모두 중국의 위해와 주하이로 이전하였다. 대기업에 콘덴서를 납품하는 1차 밴더인 S전자가 중국으로 이전하게 된 이유는 두 가지 정도로 압축할 수 있다.

> 본사는 저희들이 어차피 ××해야 하니까 본사는 파워 같은 경우는 연구소가 있고, 그다음에 구매가 있고, 영업이 있고, 고객을 하는 CS가 본사에 있고. 콘덴서 쪽으로 봤을 땐 영업, CS, 요런 부서들만 있고 실제적으로는 나머지는 다 나와 있는 상황이고(S전자, K전무).

현재 S전자는 본사는 가산동에 물류창고는 안산에 생산 시설은 모두 중국에 있다. 2000년에 중국 주해 법인을 설립하였고 2006년에는 위해 공장 및 법인을 별도로 설립했으며 2008년에는 주해에 SMPS 사업부를 설립함으로써 생산시설의 완전한 이전이 마무리되었다. 이와 같이 구로공단을 떠나 해외로 이전하게 되었던 이유 중 첫 번째 원인은 원가 상승에 따른 부가가치의 하락이 원인이었다. 한국은 이미 인건비가 동남아시아나 중국에 비해 높은 상태였고 기업은 생존을 위해 새로운 노동시장을 찾아야 했다. 이와 같은 상황에서 중국은 원가를 최소화할 수 있는 최적지로 떠올랐다. 경영 악화를 방어하기 위한 중국행은 결국 성공을 거둔 셈이다.

> 사실은 가장 큰 원인은 원가죠. 원가부분이 상승이 되고 자꾸 부가가치가 떨어지니까. 결국은 어느 한 쪽이라고 볼 순 없지만은 일단은 해외 법인이 진출하는 목적 자체가 그것일 거고 두 번째는 다양한 고객들에 대한 부분을 만족시켜 주기 위해서 나올 수밖에 없는…… S프린트가 옆에 있는데, 여기서는 S프린트에…… 한국서 물건을 만들어서 조달해 줄 수 없을뿐더러 그러니까 공장을 여기에서 만들어서 여기에서 교두보가 만들어지는 거죠. 근데 한국에서 이 사업을 해 가지고는 안 되는 거죠(S전자, K전무).

둘째, 고객 만족을 위한 어쩔 수 없는 선택이었다는 점이다. 1차 밴더인 S전자는 가장 큰 고객인 S프린트에 제품을 납품하고 있었다. 세계 정상급의 대기업인 S전자가 중국으로 진출하면서 빠르고 정확하게 제품을 납품하기 위해서는 원청과 가까운 거리에 회사가 위치할 필요성이 있다. 뿐만 아니라 S프린트에서 새로운 제품을 만들기 위해 주문하는 품목의 종류가 달라질 수 있는데 원청과의 공간적 거리가 가까우면 재빨리 대응할 수 있기 때문이다. 여기에 부가적으로 중국의 다른 시장을 공략할 수 있는 이점도 있었다.

이상과 같이 구로공단을 중심으로 기업체의 이전이 다양하게 전개되었으며 이는 구로공단의 산업구조가 전환되면서 파생된 일들이었다.

5. 맺음말

1970년대 조성되었던 구로공단은 제조업 중심의 국가산업공단이 었다. 그러나 새로운 기술의 발전과 사회, 노동 환경의 변화로 새로운 국면을 맞이하게 되었다.

이러한 현상에 대해 본 연구를 통해 밝혀진 바를 정리하면 다음과 같다. 첫째, 국내의 제조업이 쇠퇴하면서 구로공단도 그 영향을 받게 되었다. 따라서 산업구조의 전환을 통해 공단의 활성화가 반드시 필요했다. 둘째, 그럼에도 불구하고 전통적 제조업이 모두 기업활동을 중지한 것은 아니었다. 비록 첨단 지식 산업이 구로공단의 중요한 업종으로 자리매김했지만 제조업은 첨단지식 산업의 주변에서 그 명맥을 유지하고 있었다. 셋째, 지식산업과 정보통신산업을 포함하는 첨단지식 산업이 구로공단의 대표적 산업군으로 부상했다. 여기에는 정부의 정책보다 앞서서 민간의 투자와 집적화가 자생적으로 시작했다는 특수성이 있다. 넷째, 구로공단의 산업구조 전환에 따라 새로운 기업이 구로공단으로 이전하거나 구로공단을 떠나 해외, 또는 경기도를 비롯한 지방으로 이전하는 업체들이 생겨났다.

이상과 같은 결과를 통해 구로공단의 변화하는 흐름을 읽을 수 있었으며 본 연구를 출발점으로 더 다양하고 세밀한 연구 분석이 이루어지기를 바란다.

참고문헌

구로구. 2007. 『구로통계연보』.

산업연구원. 2005. 『서울디지털단지 구조고도화 기본계획』.

이영환·김성기. 2007. 구로지역의 사회복지운동 전개과정. 『사회복지연구』. 한국사회복지연구회.

이종구·임선일. 2010. 재한 중국동포의 에스니시티(ethnicity) 변용에 관한 연구 -서울 서남부 지역을 중심으로-. 『산업노동연구』. 한국산업노동학회.

조명래 외. 1996. 구로지역 사회경제 변화에 관한 연구. 한국도시연구소.

Jeremy, Rifkin. 1996. *The end of work :the decline of the global labor force and the dawn of the post-market era*. New York: G. P. Putnam's Sons.

Massey, Douglas. S. 1987. Understanding Mexican Migration to the United States. *American Jounal of Sociology* 926, 1372-1403.

_____. 1990. The Social and Economic Origins of Immigration. *Annals of the American Academy of Political and Social Science* 510, 60-72.

Massey, Douglas. S. and Felipe, Garcia. Espana. 1987. "The social process of International Migration." *Science*. 237: 733-738.

한국언론진흥재단 홈페이지

매일경제 홈페이지

통계청

K전무 녹취록(콘덴서 생산업체)

K사장 녹취록(인쇄업체)

K사장 녹취록(소프트웨어 개발 업체)

L부장 녹취록(컨설팅업체)

L회장 녹취록(구로 디지털단지 기업인 연합회)

스웨덴의 시스타 사이언스 시티(Kista Science City)의 성공 요인:

산업정책 및 지역발전정책의 변화와 스웨덴 모델의 효과를 중심으로

신정완

DIGITAL
INDUSTRIAL
COMPLEX

1. 들어가는 말

경제발전은 산업구조조정을 불가피하게 수반하며 산업구조조정은 산업입지의 재배치를 야기함으로써 지역발전전략의 조정을 불가피하게 한다. 그리고 세계화의 압력은 이러한 조정을 가속화한다. 따라서 산업정책과 지역발전정책은 불가분의 관계를 갖는다. 성장잠재력이 큰 첨단산업을 지역개발의 필요성이 큰 지역에서 육성할 경우 산업구조조정의 긍정적 효과가 극대화될 수 있다.

이와 관련하여 스웨덴은 매우 흥미로운 사례일 수 있다. 스웨덴에 대해 대부분의 사람들이 갖고 있는 통상적 이미지는 강한 복지국가, 세계 최고 수준의 조세부담률, 강한 노동운동, 세계 최강의 사민주의 정당의 장기 집권, 사회적 조합주의(social corporatism) 등일 것이다. 그런데 이러한 이미지는 스웨덴의 사회경제시스템인 '스웨덴 모델(the Swedish model)'이 원활히 작동하던 1960년대 말까지는 매우 긍정적인 이미지였으나, 1970년대에 스웨덴 경제가 혹독한 장기불황을 겪고 또 1990년대 초에 심각한 금융위기를 겪으면서 상당히 부정적인 이미지로 극적으로 전환하였다. 즉 스웨덴 모델의 이러한 특성들은 스웨덴 경제가 세계화, 정보화, 금융화, 탈산업화 시대에 적응할 수 없게 하는 경직적이고 구시대적인 특성들로 인식되곤 했다.

그러나 1990년대 초의 금융위기가 비교적 성공적으로 극복되고 난 1990년대 후반부터 스웨덴은 여러 주요 경제지표에서 유럽 최상위권의 성적을 기록해 왔다. 유럽 최상위권의 경제성장률, 비교적 양호한 실업률, 매우 낮은 인플레이션율, 매우 높은 수출성장률 등 거의 모든 거시경제지표에서 양호한 성적을 보였다. 또 지식기반경제로의 원활한 이행, 벤처기업들의 활발한 창업과 높은 혁신능력, 정부의 기업 지원서비스 시스템의 선진성, 경제정책의 투명성과 합리성 등이 오늘날 스웨덴 경제를 대표하는 특성들이다. 이와 관련하여 세계화, 정보화, 금융화, 탈산업화 시대에 존속할 수 있는 사회경제시스템으로서 스웨덴을 필두로 하는 '북구 모델(the Nordic model)'에 대한 관심이 높아졌다. 1990년대 후반에 들어 북구 모델은 선진 자본주의국의 사회경제시스템으로서는 '영미모델(the Anglo-American model)'과 경쟁할 수 있는 유일한 모델로 높이 평가되어 왔다. 게다가 2008년 세계경제위기 발생 이후 미국, 영국 등 영미 모델의 대표주자들이 위기의 격랑 속에서 큰 혼란에 빠진 반면에 스웨덴, 덴마크 등 북구 나라들이 비교적 위기를 순탄하게 극복함에 따라 북구 모델은 영미 모델보다 여러모로 우월한 것으로 평가되고 있는 형편이다.

이렇게 스웨덴이 1990년대 후반 이후 성공가도를 달릴 수 있었던 핵심 요인의 하나는 ICT(Information and Communication Technology) 산업, 제약 산업 등 고부가가치 첨단산업의 부상이다. 스웨덴은 핀란드와 더불어 유럽의 대표적 ICT 강국으로 자리 잡았다. 특히 스웨덴의 수도 스톡홀름(Stockholm) 근교에 있는 시스타 사이언스 시티(Kista Science City)는 '북유럽의 실리콘 밸리(Silicon Valley)'라 불릴 정도로 성공적인 ICT 클러스터(cluster)로 평가되어 왔다. 본래 군사기지가 위치했던 지역인 시스타는 스톡홀름 근교 주거공간으로 개발되었는데, 이후 최첨단 ICT 기업들이 활발하게 활동하는 역동적인 ICT 클러스터로 빠르게 탈바꿈한 것이다. 따라서 시스타 사이언스 시티의 발전은 국제적으로도 성공적인 산업구조조정과 지역발전정책의 대표 사례의 하나라 할 수 있다.

통상 유연성, 기민성, 창의성 등이 강조되는 ICT 부문에서, 강한 복지국가의 대표주자인 스웨덴이 크게 성공할 수 있었다는 것은 의미심장한 일이라 할 수 있다. 통상적으로 ICT 산업은 미국처럼 노동시장이 매우 유연하고 임금격차가 크며 개인주의적 문화가 발달한 사회에서 잘 발전할 수 있는 것으로 생각되어 왔는데 스웨덴은 이와 사뭇 다른 풍토를 가진 사회인 것이다. 따라서 우리가 스웨덴의 경험을 잘 배운다면, 잘 정비된 복지국가와 경쟁력 있는 첨단산업이 공존하며, 평등주의적인 제도 및 문화와 유연한 산업구조조정이 양립할 수 있고, 시민들의 높은 생활안정과 기업들의 높은 혁신능력이 공존할 수 있는 사회경제시스템을 발전시켜 가는 데 적지 않은 시사점을 얻을 수 있을 것이다.

시스타 사이언스 시티에 대한 기존 연구들은 대부분 시스타 지역 내부에서 발생한 미시적 현상들에 초점을 맞추어 왔다. 예컨대 통신 부문의 세계적 대기업인 에릭슨(LM Ericsson)사(社)가 지역 발전의 선도자로서, 시스타로의 기업입지 이전을 통해 시스타 발전의 최초 계기를 마련하였고, 수많은 부품과 서비스의 구매자로서 안정적 수요를 창출했으며, 스핀오프(spin-off)를 통해 신생기업들의 창설을 촉진했고, 산관학연(産官學硏) 협력의 핵심 행위자로 기능해 왔다는 점이 강조되었다(복득규 외, 2003; 유청영, 2007; 소진광, 2003; Saperstein, Jeff & Daniel Rouach, 2002). 또 스톡홀름 지방정부의 네트워킹 역할, 산관학연 협력체계의 원활한 발전 등도 거의 빠짐없이 거론되어 왔다.

이 논문에서는 이에 더하여 시스타 사이언스 시티의 성공요인을 스웨덴 정부의 산업정책/지역발전정책의 변화라는 장기적·거시적 맥락에서 조명하고자 한다. 또한 이 문제를 스웨덴 모델의 구조와 변용이라는 거시적 환경의 맥락 속에서 살펴봄으로써 기존 연구들을 보완하고자 한다. 이를 통해 시스타 사이언스 시티 발전 요인에 대한 입체적인 이해를 가능케 하는 한편, 국내외 스웨덴 연구를 주도해 온 '스웨덴 모델'에 관한 거시적 연구와 시스타 사이언스 시티의 발전이라는 미시적 연구주제를 결합할 수 있는 길을 모색할 것이다. 특히 이를 통해, 근년에 스웨덴에서 ICT 산업이 발전하고 시스타 사이언스 시티가 발전하게 된 원인을 주로 구(舊) 스웨덴 모델과의 단절 효과에서 찾는 해석의 일면성을 비판할 것이다. 즉, 1980년대 이후 스웨덴에 시장원리 지향적 제도와 정책들이 속속 도입됨으로써 구 스웨덴 모델의 경직성이 극복되었기 때문에 ICT 산업과 시스타 사이언스 시티가 발전할 수 있었다고 보는 해석의 일면성을 드러낼 것이다.

이 논문의 주된 문제의식은 다음과 같이 요약할 수 있다.

첫째, 스웨덴에서 ICT 산업이 크게 발전할 수 있었던 원인은 무엇인가? 특히 시스타 사이언스 시티가 두드러지게 성공할 수 있었던 원인은 무엇인가?

둘째, 스웨덴 모델과 ICT 산업의 발전, 특히 시스타 사이언스 시티의 발전 간에는 어떤 관계가 있는가? 스웨덴 모델 덕에 ICT 산업 및 시스타 사이언스 시티가 크게 발전할 수 있었던 것인가 아니면 스웨덴 모델에도 불구하고 발전한 것인가?

이러한 문제의식에 기초하여 2장에서는 배경적 설명으로서 시스타 사이언스 시티 발전의 기술적 기초로 작용한 스웨덴 통신(telecommunication) 산업의 발전과정과 시스타 사이언스 시티의 발전과정을 서술할 것이다. 3장에서는 스웨덴 정부의 산업정책 및 지역발전정책의 역사를 살펴볼 것이다. 4장에서는 시스타 사이언스 시티의 성공요인을 스웨덴 모델의 구조와 변용이라는 거시적·제도적 맥락에서 설명할 것이다. 5장에서는 향후 스웨덴 연구에서 고려되어야 할 사항과 관련하여 이 글이 줄 수 있는 함의를 제시할 것이다.

2. 스웨덴 통신 산업 및 시스타 사이언스 시티의 발전과정

1) 스웨덴 통신 산업의 발전과정

스웨덴은 전통적으로 통신 부문의 강국이었다. 미국의 발명가 벨 (Alexander Bell)이 전화 발명 특허를 따낸 지 불과 5년 후인 1885년에 이미 스톡홀름에는 5,000대 정도의 전화가 가설되어 있었는데, 인구 규모가 훨씬 큰 베를린, 런던, 파리에는 당시 각기 4,000대 정도의 전화가 있었다. 1950년에 인구 1,000명당 200대 이상 전화가 가설된 나라는 미국과 스웨덴뿐이었다. 또 이동전화의 경우 1997년에 스웨덴에는 인구 100명당 36개의 이동전화가 있었는데 OECD 평균 수치는 100

명당 16개였다(Laestadius, Staffan & Christian Berggren, 2000: 3). 인터넷 이용률에서도 스웨덴은 세계 최상위권에 속해 있으며, 전체 산업 생산에서 통신 부문이 차지하는 비중에서도 스웨덴은 핀란드와 함께 세계 정상의 위치에 있다. 수출에서 통신 장비 제품에 얼마나 특화되어 있는가를 보여 주는 수출특화지수에서 1998년에 스웨덴은 OECD 평균수준의 3배를 크게 상회하는 수치를 나타냈다.

〈표 V-1〉 통신 장비의 수출특화지수(OECD 평균값을 1.0으로 설정할 경우)

국가	1990년	1993년	1996년	1998년
핀란드	1.40	1.66	2.25	3.79
스웨덴	1.51	1.85	2.31	3.31

자료: Laestadius, Staffan & Christian Berggren(2000: 5).

스웨덴에서 통신 산업은 밀접한 민관협력을 통해 발전했다. 전화 도입 초기에는 200개 정도의 민간 전화회사가 활동하다가 점차 국영 전신·전화기관인 '스웨덴 전화'가[1] 독점사업자로 되었다. '스웨덴 전화'는 전화사업의 운영뿐 아니라 전화 장비 생산까지 담당하는, 수직적 분업구조를 갖춘 거대 기관이었다. 그러나 민간기업인 에릭슨 (LM Ericsson)이 전화 장비 공급의 큰 부분을 담당했다. '스웨덴 전화' 와 에릭슨은 한편으로는 발주자-납품업자로서의 협력적 분업관계를 맺기도 하고 다른 한편으로는 전화 장비 생산에서 경쟁관계에 서 있기도 했다.

1969년에는 '스웨덴 전화'의 주도로 북구 나라들의 이동전화 표준을 개발하려는 작업이 시작되었고 1981~82년에 'NMT(Nordic Mobile

---

1) 스웨덴어로 Telegrafverket, 이후 Televerket으로 개명. 영어로는 the Swedish Telecom.

Telephone)'라는 북구 공통의 이동전화 서비스가 상용화되었다.[2] 에릭슨과 핀란드의 노키아(Nokia)사(社)가 NMT 시스템의 주된 교환기 공급자 역할을 담당했다(Laestadius, Staffan & Christian Berggren, 2000, 12~13). 에릭슨은 점차 통신 부문의 세계적 강자로 발전해 갔는데, 초기에 주로 주거공간으로 개발되었던 시스타 지역이 세계적 ICT 클러스터 지역으로 발전하게 된 데는 에릭슨 계열사가 1970년대 후반에 시스타에 입주하기로 결정한 것이 결정적 요인으로 작용했다. 또 세계적 거대 기업인 에릭슨은 후방연관효과와 스핀오프(spin-off)를 통해 ICT 분야의 다른 산업과 기업들의 발전을 촉진했다. 본 논문의 주 연구대상인 시스타 사이언스 시티를 대표하는 부문이 이동통신 소프트웨어 개발 부문인 것을 보면, 스웨덴의 유서 깊은 통신 산업의 경쟁력이 근래의 스웨덴 ICT 산업 발전과 시스타 사이언스 시티의 발전에 근본 배경으로 작용했다는 점을 알 수 있다.

2) 시스타 사이언스 시티의 발전과정[3]

현재 시스타 사이언스 시티가 자리 잡고 있는 예르바팰텔(Järvafältet) 지역은 20세기 초부터 군사기지가 자리 잡았던 지역이다. 1970년대 초에 국방정책의 일환으로 군사기지가 폐쇄됨에 따라 이 지역이 거대한 공터로 남게 되었다. 사민당 정부는 1965~75년 기간에 주택 100만 호 건설 사업을 추진했는데 이는 대도시의 인구과밀로 인한 주택부

---

2) 이후 1992년에는 범유럽 이동통신 시스템인 GSM(Global System for Mobile Communication)으로, 1990년대 후반부터는 3세대 글로벌 이동통신 시스템인 UMTS(Universal Mobile Telecommunication System)로 발전했다. 복득규 외(2003, 125).

3) 이 소절의 내용은 Sandberg, Åke., Fredrik Augustsson and Anne Lintala(2005)에 크게 의존하였음.

족 문제를 해소하기 위한 것이었다. 스웨덴의 수도 스톡홀름에서 매우 가까운 예르바팰텔 지역이 주거단지로 개발되면서 후스비(Husby), 아칼라(Akalla), 시스타(Kista)와 같은 스톡홀름 근교 주거지가 형성되었다. 시스타의 경우 개발 당시부터 주거 공간과 비즈니스 공간, 문화 및 상업 센터가 결합된 공간 개발을 지향하여 소위 'ABC 도시'의[4] 형태로 개발이 추진되었다. 비즈니스 공간이 주거 공간 가까이에 위치해야 하기 때문에 이 비즈니스 공간에 입주할 기업들은 환경 친화적 기업들이어야 했다.

그러나 초기에는 기업들의 입주가 활발하지 않았다. 시스타 개발의 분수령이 된 것은 1976년과 1977년에 에릭슨의 계열사들인 SRA(Svenska Radiobolaget, 스웨덴 라디오 회사)와 Rifa(Radio Industrin Fabriksaktiebolaget, 라디오 산업 제조 주식회사)가 저렴한 부지 활용을 위해 시스타로 이주해 온 일이었다. 또 1977년에는 스톡홀름과 시스타를 연결하는 지하철이 개통되었다. 통신 산업의 세계적 강자인 에릭슨의 주요 계열사들이 시스타로 이주하자, 이후 스웨덴 내외의 많은 기업들이 시스타로 이주하기 시작했다. 1978년에는 IBM 자회사가 이주했고, 1980년 대와 90년대엔 노키아, Microsoft, Apple, Sun 등 세계적 ICT 기업들이 시스타에 입주했다. 세계 유수 기업들이 시스타로 입주하게 된 데에는 이미 입주한 ICT 기업들과의 협력에 대한 기대 외에도 스웨덴 최대의 국제공항인 알란다(Arlanda) 공항이 시스타에 아주 가깝다는 입지조건도 크게 작용했다. 1980년대 말부터는 시스타가 '북유럽의 실리콘 밸리'라 불리며 국제적으로 대표적인 ICT 클러스터로 알려지게 되었다.

---

4) 'ABC' 도시란 arbet(노동), bostad(주거), centrum(중심, 센터)의 이니셜을 따서 만든 말이다.

에릭슨 계열사의 시스타 입주를 시발점으로 하여 유수 ICT 기업들이 시스타에 입주하자 스톡홀름 시(市)는[5] 1983년에 시스타에 핵심 연구소와 기업들이 입주할 '전자센터(elektronikcentrum; electronic center)'를 건설하기로 결정했다. 이 프로젝트에는 에릭슨과 국립과학기술대학인 KTH(Kungliga Tekniska Högskolan; Royal Institute of Technology)가 적극적으로 참여했다.

그리하여 1986년에 이 프로젝트를 주관할 '전자센터 재단'(elektronikcentrum stiftelse; 통상 'Electrum 재단'이라 불림)이 설립되었고, 1988년에 'Electrum 건물'(Electrumhuset; 이하 '일렉트룸'으로 약칭)이 완공되었다. 일렉트룸에는 IT 분야의 공공연구소인 SISU(Svenska institutet för sysemutveckling; Swedish Institute for Systems Development)와 SICS(Swedish Institute of Computer Science)가 입주했고 KTH와 스톡홀름 대학(Stockholms universitet; Stockholm University)의 일부 학과들도 입주했다. 또 ICT 분야의 기업들도 입주해서, 산관학연 협력이 일상적으로 이루어질 수 있는 네트워크 중심지로 발전하였다.

2000년에는 스톡홀름 시와 시스타 입주 기업들, KTH와 스톡홀름 대학, 각종 연구소들이 협력하여 시스타가 입주한 예르바펠텔 지역을 '사이언스 파크(Science Park)'에서 '사이언스 시티(Science City)'로 한 단계 더 발전시킨다는 공동 프로젝트에 착수하였다. 이는 기업과 연구소의 유치 및 네트워킹뿐 아니라 주거, 환경, 문화, 사회통합 문제 등을 종합적으로 고려하는 통합적 발전을 추진한다는 것을 의미했다. 그리하여 이 프로젝트를 추진할 단위로 '시스타 사이언스 시티 주식

---

5) 스톡홀름 시(Stockholms stad)는 스톡홀름 랜(Stockholms län)과 구별된다. 랜은 한국의 도(道)에 해당하는 광역행정단위로서 스톡홀름 랜은 스톡홀름 시와 그 외곽 지역을 포함한다.

회사(Kista Science City AB[6])'를 설립하였다.

2001년에는 주요 건설 프로젝트들이 개시되었다. Kista Science Tower 는 ICT 관련 기업 및 여타 기관들이 입주할 32층 건물로 건설되었는데 준공 이후 시스타의 랜드마크(landmark)로 자리 잡았다. 또 시스타의 대형 상업 센터 건물인 Kista Galleria의 재건축도 2000년에 시작되어 인구가 빠르게 불어나는 시스타 지역의 편의시설 확충과 개선을 이루었다.

2002년에는 KTH와 스톡홀름 대학이 공동으로 시스타에 'IT 대학(IT-universitet)'을 설립하였다. IT 대학 설립에는 에릭슨도 적극적으로 참여하여 IT 대학 교수의 상당수가 에릭슨이 출연한 기금에서 급여를 받아 왔다. 2003년에는 에릭슨 본사가 시스타로 이주하여 시스타 발전사에 또 하나의 큰 획을 그었다. 스웨덴 최대 기업인 에릭슨의 본사가 입주함에 따라 시스타의 ICT 부문 고용인구가 크게 증가하였을 뿐 아니라, 에릭슨과 거래관계가 있는 여타 기업들의 추가 입주가 유발되었다.

2000년대 초반에 세계적으로 'IT 거품(IT bubble)'이 꺼짐에 따라 시스타에 입주한 기업들도 어려움을 겪어 고용규모가 감소했다. 시스타에 있는 에릭슨 본사 및 계열사의 고용인구만 8,000명이나 감소했다. 그러나 2000년대 중반부터 경기가 회복되어 이후에는 일관된 성장추세를 보였다.

---

6) 'AB'는 'aktiebolaget'(주식회사)의 약자다.

〈표 V-2〉 시스타 입주 기업 현황

구분	2004년	2006년	2007년	2008년	2009년
ICT 기업	399개	523개	525개	501개	608개
ICT 기업 고용인구	18,449명	19,281명	20,187명	20,646명	22,718명
전체 기업	4,018개	4,618개	4,731개	4,282개	4,651개
전체 기업 고용인구	45,928명	59,853명	62,248명	63,749명	65,550명

자료: http://kista/etablera-företag/statistik.

시스타 사이언스 시티는 무선이동통신과 무선인터넷 분야에 특화되어 있어 통상 'Wireless Valley'나 'Mobile Valley'라 불리곤 했다. 특히 시스타를 대표하는 기술은 무선통신기술인 '블루투스(Bluetooth)'로서 1994년에 에릭슨의 주도하에 에릭슨, 노키아, IBM, 인텔(Intel), 도시바 (Toshiba)가 컨소시엄(consortium)을 구성하여 기술개발에 착수하여 1998년에 개발을 완료했다. 또 이동전화 사업을 위해 에릭슨과 소니 (Sony)가 합작하여 만든 회사인 소니 에릭슨(Sony Ericsson)은 시스타 지역의 벤처기업인 스피레아(Spirea)가 생산하는 반도체 칩을 이용해 왔다(복득규 외, 2003, 124).

지금까지 살펴본 바와 같이 시스타 사이언스 시티의 발전은 스웨덴 정부가 처음부터 체계적으로 계획을 세워 추진한 것이 아니었다. 시스타는 기본적으로 주거공간으로 개발된 것이었으나, 에릭슨의 계열사들이 저렴한 부지 활용을 목적으로 이주함에 따라 발전의 최초 계기가 마련되었다. 이후 시스타의 발전 가능성이 보이자 정부의 적극적 개발계획이 마련되기 시작한 것이다. 그리고 중앙정부가 아니라 스톡홀름 시 지방정부가 개발계획을 주도했다. 또 개발계획을 입안하고 추진하는 과정에서 에릭슨과 같은 주요 입주 기업, KTH와 스톡홀름 대학이라는 인근 주요 대학, SISU나 SICS와 같은 공공연구소들이 스톡홀름 시와 처음부터 밀접하게 협력하였다. 그런 점에서 시스타의 발전은 국제적으로도 모범적인 산관학연 협력 사례로 꼽힐 만하다.[7]

3. 스웨덴의 산업정책과 지역발전정책의 역사

1) 산업정책

스웨덴 사회민주주의 노동자당(이하 '사민당'으로 약칭)은 1932～76년 기간에 중단 없이 집권하였는데 사민당의 경제정책은 대체로 자유주의적이었다. 1930년대와 40년대에는 사회주의 이념에 따라 정부의 경제 통제에 대한 신념이 강하여 정부 주도로 산업합리화를 추진하려 하였으나 부르주아 정당들과[8] 재계의 거센 반발로 인해 포기하고 1950년대부터는 대체로 자유주의적 산업정책을 추진하였다. 즉, 생산과 투자 결정을 민간 기업들에 일임하였다.

그런데 이러한 자유주의적 산업정책은 대기업 편향성을 띠었다. 특정 대기업들을 지정하여 지원하지는 않았지만 조세정책, 임금정책,

---

7) 그러나 시스타 사이언스 시티도 여러 약점을 갖고 있기도 하다. 우선 입주 기업들의 구성에서 중견기업이 부족하고 대기업과 소기업으로 양분되어 있다. 또 대기업에 납품하는 중소기업들의 부가가치는 낮은 편이다. 또 시스타 고용인구의 대부분은 시스타 외부에 거주하면서 시스타로 통근하고 있다. 이는 아마도 시스타가 스톡홀름 시와 매우 가깝고 교통편이 좋다는 사정에 기인할 것이다. 반면에 시스타 거주인구에서 이민자의 비중이 매우 높고 따라서 장기실업자가 많다. 이는 시스타의 생활환경을 악화시켜 클러스터로서의 매력을 줄이는 요인으로 작용한다(OECD, 2007b, 237～241). 또 최근 이동전화 시장이 스마트폰 중심으로 재편되는 과정에서 소니 에릭슨이 고전을 면치 못했는데, 이것 또한 시스타의 발전에 장애로 작용할 가능성이 높아 보인다. 소니 에릭슨의 한 축인 소니사(社)는 2011년 10월 말에 소니 에릭슨의 에릭슨사 지분을 인수하여 독자적으로 이동전화 사업을 운영하겠다고 발표하였다. 지분 인수 작업은 2012년 초에 완료될 것으로 예상된다.

8) 스웨덴에서 '부르주아 정당'이란 보수당, 자유당, 중앙당, 기민당 등 우파 정당들을 의미한다. 그런데 스웨덴에서 '부르주아 정당'이란 용어는 좌파 세력이 우파 세력을 비난조로 부를 때 사용되는 용어가 아니라, 우파 정당들도 스스로를 그렇게 부르는 공식화된 용어다.

노동시장정책 모두 수출 부문의 거대 기업들에 유리하게 편성되었다. 사민당 정부는 기업들의 투자를 촉진한다는 명분하에 투자를 많이 하는 기업들에 다양한 법인세 감면 혜택을 부여했는데 스웨덴에서 투자를 주도하는 기업들은 대체로 수출 부문 거대 기업들이었다.

또한 스웨덴의 블루칼라 노동조합 중앙조직인 LO는 1950년대 중반부터 '연대임금정책'을 강력히 추진하였는데, 이 정책은 산업이나 기업의 수익성이나 임금지불능력 수준에 관계없이 동일 노동에 대해서는 동일 임금이 지급되도록 하는 것을 목표로 삼는 정책이었다. 따라서 임금지불능력이 높은 고수익 기업들은 이 정책으로 인해 임금비용 절감 혜택을 누리게 되었는데, 스웨덴에서 고수익 기업들은 대체로 수출 부문의 대기업들이었다. 사민당 정부가 추진한 '적극적 노동시장정책'은 실직한 노동자에 대한 직업훈련과 취업알선 등을 통해 이들이 경쟁력 있는 기업들에 쉽게 재취업할 수 있도록 지원했는데, 이 정책으로 인해, 성장하는 대기업들은 비용부담 없이 우수한 인력을 원활히 공급받을 수 있었다.[9] 시스타 사이언스 시티의 발전에서 선도기업으로서 견인차 역할을 담당한 에릭슨과 같은 수출 부문 대기업들은 사민당 정부의 대기업 편향적 산업정책의 혜택을 장기간 톡톡히 누릴 수 있었다.

1990년대 중반에 들어 대기업 편향적 산업정책 기조에 변화가 왔다. 1994년에 집권한 사민당 정부가 중소기업 육성정책을 추진하기 시작한 것이다. 이렇게 산업정책의 기조가 바뀌게 된 가장 큰 요인은 생산의 세계화로 인해 스웨덴 대기업들의 해외 생산 비중이 급증한

---

9) 스웨덴의 대기업 위주의 경제정책에 대한 자세한 설명으로는 신정완(2000, 131~156) 참조.

데서 찾을 수 있다. 사민당 정부는 1980년대에 금융 자유화정책의 일환으로 외환규제를 크게 완화했는데 이것이 대기업들의 해외 진출을 크게 촉진했다. 이렇게 되자 대기업의 성장이 국내 고용창출로 연결되지 않는다는 문제가 발생하였고 '산업 공동화'를 우려하는 여론이 형성되었다. 그러자 1990년대 중반에 들어 사민당 정부는 스웨덴 내에 뿌리를 둘 수밖에 없는 중소기업을 육성하는 것이 국내 고용창출에 더 도움이 되겠다고 판단한 것이다. 그리하여 사민당 정부는 중소기업 육성을 위한 각종 정책을 마련하였다. 중소기업에 대한 조세부담의 경감, 재정 지원 및 컨설팅 지원 강화, 노동시장의 유연성 강화 등의 조치를 취했다. 또 중소기업의 활성화를 위해서는 지방정부와 중소기업 간의 긴밀한 협력이 필요하다고 판단하여, 지방정부가 해당 지역의 중소기업 육성정책을 주도할 수 있도록 산업정책의 분권화를 추진하였다(OECD, 1998: 147~51). 시스타에 입주한 ICT 부문 중소기업들도 이러한 중소기업 육성정책의 혜택을 누릴 수 있었다.

1990년대 이후 통신 산업의 가속적 발전과 관련해선 1980년대 이후 추진된 산업규제 완화정책이 중요한 의미를 갖는다. 1982~91년 기간에 집권한 사민당 정부는 '제3의 길(den tredje vägen; the third way)' 정책을 추진하였는데, '제3의 길'이란 사민당이 그동안 시행해온 케인스주의적 정책과 1980년대에 들어 국제적으로 대두된 신자유주의적 정책 노선 사이의 중간의 길을 의미한다.[10] 그러나 전체적으로 보면 제3의 길 정책은 자유주의적, 시장주의적 지향을 강하게 띤 정책 노선이었다.

---

10) '제3의 길' 정책의 내용과 집행경과에 대한 자세한 설명으로는 신정완(2009) 참조.

제3의 길 정책의 일환으로 추진된 정책의 하나가 산업규제 완화정책이다. 주로 교통, 통신 등 인프라 산업에서 중점적으로 추진되었는데, 그 핵심은 종래에 국가기관이 독점적 공급자로서 시장을 지배하던 산업 분야에 민간 기업의 참여를 허용함으로써 경쟁을 촉진하거나, 인프라 산업의 국가기관을 공기업으로 전환시켜 경영의 자율성을 높이는 것이었다.

통신 산업에서는 국가기관인 '스웨덴 전화(Televerket)'가 통신 관련 사업의 대부분을 장악하고 있었는데 1984년에 텔렉스(telex) 장비 분야에서 독점을 해제했다. 1985년에는 전화기 공급의 독점도 해제했다. 1988년에는 공중전화 사업과 기업용 전화 교환기 분야에서도 독점을 해제했다. 이러한 조치는 당시 성장하던 통신 부문의 민간 기업들의 수익창출 기회를 넓혔다.

또 '스웨덴 전화'를 두 개의 조직으로 분리하는 작업에 착수하여 인허가와 관리·감독을 담당하는 부문은 1992년에 공공기관인 '통신위원회(Telestyrelsen)'로 분리하였고 사업 부문은 1993년에 텔리아(Telia AB)라는 공기업으로 전환시켰다.[11] 또 전화 사업자로서 텔리아 외에 민간 기업들도 참여할 수 있게 했다. 이러한 개혁 이후 통신 분야의 민간 사업자가 급증했다(Svensson, 2001: 110). 유럽에서는 스웨덴이 최초로 통신 산업에서 이렇게 전면적으로 규제완화정책을 추진하였다(Saperstein, Jeff & Daniel Rouach, 2002: 132). 규제완화정책이 추진된 여러 산업 부문 중에서도 통신 부문이 대표적으로 긍정적 성과를 낳은 부문으로 평가된다(OECD, 2007a: 46). 통신 분야에서 진행된 이러한

---

11) Telia AB는 이후 Telia Sonera AB로 개명했다.

시장친화적 규제완화정책은 민간 기업의 시장 참여 기회를 확대함으로써 통신 관련 기업들이 밀집해 있던 시스타 ICT 클러스터의 발전을 더욱 촉진했다.

중앙정부 수준에서의 통신 산업 규제 완화정책에 부응하여 1994년에 스톡홀름 시와 스톡홀름 랜이 공동으로 AB Stokab이라는 공기업을 설립하였다.[12] AB Stokab은 새로이 구축된 광섬유 네트워크를 통신 사업자들에게 임대하는 사업을 담당하는 기업이다. 통신 사업자들은 광섬유 네트워크를 임대받아 사용함으로써 독자적으로 네트워크 설비를 구축할 필요가 없어져 고정비용을 크게 절감할 수 있었다. 이는 통신 부문에서 진입장벽을 크게 낮춤으로써 신생기업의 창설과 기업 간 경쟁을 촉진하는 효과를 가져왔다(Saperstein, Jeff & Daniel Rouach, 2002: 132).

또 스웨덴은 1990년대 초에 발발한 금융위기를 수습하는 과정에서 막대한 대외부채를 지게 되었는데, 대외부채를 상환하는 데 거시경제정책의 역점을 두다 보니 투자자본의 부족 문제가 발생하였다. 이 문제를 해결하기 위해 1994년에 집권한 사민당 정부는 적극적으로 외자유치정책을 추진하였다. 그리하여 1995~99년 기간에 해외직접투자 총 유입액에서 스웨덴이 세계 6위를 기록했고 국민 1인당 유입액에서는 세계 2위를 기록했다(신정완, 2004, 328). 1990~99년 기간에 스웨덴 민간부문 R&D 지출의 20%, 수출의 절반 정도가 외자기업에 의한 것이었다(Saperstein, Jeff & Daniel Rouach, 2002: 116). 스웨덴으로 유입된 외자의 큰 부분은 ICT 산업, 제약 산업 등 고부가가치 산업에

---

12) 스톡홀름 시가 지분의 91%를, 스톡홀름 랜이 9%를 보유한 채 설립했다.

투자되었고, 세계 굴지의 기업들을 유치하게 된 시스타 사이언스 시티는 그 혜택을 크게 누릴 수 있었다.

2) 지역발전정책

1960년대 이전에 사민당 정부의 지역발전정책은 매우 자유주의적인 성격을 띠었다. 특정 지역의 발전을 인위적으로 도모하지 않고 시장원리에 따라 지역 간에 불균등발전이 진행되는 것을 방관하였다. 이는 사업기회가 풍부한 대도시 중심의 산업발전과 대도시로의 인구집중을 초래하였는데, 1960년대에 들어 이에 대한 비판과 반성의 목소리가 높아졌다. 특히 사민당 지지율이 높은 북부 노를란드(Norrland) 지역의 인구가 격감하여 지역 주민들의 삶의 질이 악화되어 왔다는 문제가 제기되었다. 또 농민, 자영업자, 중소기업주 등에 지지기반을 둔 정당인 중앙당이 지역균형발전의 필요성을 강하게 제기하였다. 사민당 정부는 이러한 상황에 대응하여, 낙후 지역에 투자하는 기업들에게 선별적인 투자보조금을 지급하는 등의 방식으로 낙후 지역의 발전을 지원하는 정책을 추진하였다(Pontusson, 1992: 130). 그러나 이러한 지역균형발전정책의 효과는 미약하여 대도시로의 투자와 인구집중 경향을 막을 수 없었다.

1970년대에는 스웨덴의 전통적 주력산업인 철강업과 조선업이 한국, 브라질 등 신흥공업국과의 경쟁에서 밀려 사양산업으로 전락해 갔다. 이들 산업은 고용규모가 큰 데다 특정 지역에 밀집해 있었기 때문에 이러한 산업의 포기는 실업의 급증과 더불어 몇몇 주요 산업지역의 공동화를 야기할 수밖에 없었다. 그리하여 1976~82년 기간에 집권한 부르주아 정당 연립정부는 철강업과 조선업에 막대한 보조금 지급을 통해 이들 산업을 회생시키려 했으나 결국 실패로 끝났다. 그리하여 이들 산업을 중심으로 1976~82년 기간에 산업 부문 고용인구가 15만 명이나 감소했다(Feldt, 1985: 13). 또 스웨덴의 두 번째 대도시인 요테보리(Göteborg)의 조선산업단지 등 많은 산업단지들이 공동화했다.

이후 1982년에 집권한 사민당 정부는 사양산업에 대한 선별적 지원정책을 포기하고, 일반적인 거시경제정책을 통해 경제를 회생시키고, 경쟁촉진을 통해 경쟁력 있는 산업과 기업의 성장을 촉진하는 시장원리 지향적 정책으로 선회하였다. 또 1980년대에 지방정부의 권한을 강화하는 지방분권화정책을 추진하였다. 이러한 정책기조는 1991~94년 기간의 부르주아 정당 연립정부나 1994~2006년 기간의 사민당 정부, 2006년 이후의 부르주아 정당 연립정부에도 계승되어 왔다.

또 시스타 사이언스 시티 등 첨단산업 중심의 클러스터 발전이 이루어지자 스웨덴 정부의 지역발전정책은 성장잠재력이 높은 지역의 발전을 더욱 촉진하는 '선택과 집중' 위주의 정책기조로 전환되어 갔다. 대도시 등 거점지역 중심의 경제발전이 세계화 시대에 불가피하다는 인식이 자리 잡아 간 것이다. 또 지방분권화에 따라 권한이 강해진 지방정부들이 지역발전정책을 주도하게 되었는데, 기존 산업기반이 튼튼하고 물적, 인적 자원이 풍부한 대도시의 지방정부들이 지역발전정책을 주도해 왔다. 이에 따라 인근에 시스타 사이언스 시티 등 첨단산업 기반이 갖추어진 스톡홀름과 같은 대도시 지역들이 높은 경제성장률을 보이며 스웨덴 경제의 발전을 이끌어 왔다. 예컨대 스톡홀름 랜은 1995~2004년 기간에 누적성장률이 63%였는데 전국 평균은 44%였다(OECD, 2007b: 236).

4. 스웨덴 모델의 구조와 변용의 관점에서 본 시스타 사이언스 시티의 성공 요인

스웨덴 모델은 1930년대에 형성되기 시작하여 2차 대전 이후 1960년대 말까지 전성기를 구가하고, 1970년대에 동요를 보이다 1980년대 이후 시장주의적 요소가 강화되는 방향으로 변용되어 왔다. 전성기 스웨덴 모델을 구성하는 핵심적인 제도와 정책 요소들로는 다음과 같은 것을 들 수 있다. 첫째, 전국적 수준의 노동조합과 사용자단체가 국가의 개입을 최소화하며 자율적 협약과 중앙단체교섭을 통해 쟁점 사항을 일괄적으로 해결하는 스웨덴 식 노사관계를 들 수 있다. 이러한 노사관계 틀을 기반으로 삼아 스웨덴에서는 산업평화가 장기간 유지되었으며, 기업 수준에서 노사가 정보를 공유하며 긴밀하게 협력하는 미시적 조합주의(micro corporatism) 또는 미시적 코포라티즘이 발전했다. 특히 스웨덴의 블루칼라 노조인 LO와 사민당은 이미 1920년대부터 산업합리화와 기술발전에 매우 우호적인 태도를 견지해 왔다. 산업합리화나 기술발전으로 인해 초래되는 부작용들, 예컨대 기술적 실업 문제 등에 대해서는 적극적 노동시장정책과 같은 정책적 대응을 통해 충분히 대처할 수 있다고 믿어 온 것이다.

둘째, 앞에서 설명한 바와 같이 대기업 편향적인 자유주의적 경제 정책도 중요한 요소다. 셋째, 높은 조세부담률에 기초하여 전 국민을 복지수혜자로 포괄하는 보편주의적 복지국가도 핵심적 요소다. 넷째, 정부의 정책 입안이나 집행 과정에 노동조합이나 사용자단체 등 주요 이익단체들이 적극적으로 참여하는 조합주의적(corporative) 의사결정구조도 중요하다. 다섯째, 정당 및 이익단체 간에 실사구시적 논의에 기초하여 대화와 타협을 중시하는 정치문화는 일종의 소프트웨어적 제도로 기능해 왔다.

그런데 이렇게 스웨덴 모델을 구성하는 요소들은 순차적으로 해체되거나 변형되어 갔다. 스웨덴 식 노사관계의 핵심적 요소인 중앙단체교섭과 연대임금정책은 1980년대에 해체되기 시작해 1990년대 이후에는 사라졌다. 대기업 편향적인 경제정책은 사민당 정부가 1990년대 중반 이후 중소기업 육성정책을 추진하면서 그 편향성이 약화되었다. 보편주의적 복지국가는 1990년대에 들어 그 보편주의적 성격이 다소 약화되는 방향으로 변모하였지만 기본 골격은 대체로 유지되고 있다(SOU, 2001: 79, 240~51).[13] 조합주의적 의사결정구조는 전국적 수준에서는 1990년대 이후 크게 약화되었지만 기업이나 지역 수준의 미시적 조합주의는 비교적 건재한 편이다.

기업 수준의 미시적 조합주의의 발전에서 매우 중요한 역할을 한 것이 노동자 경영참가제도다. 사민당 집권 기간인 1976년에 '공동결정법'이 제정되었는데, 그 골자는 임금 문제와 같은 통상적 단체교섭 사안뿐 아니라 노동조건에 영향을 미치는 제반 사안을 단체교섭 의제에 포함시킬 수 있게 하고, 노동조합이 기업 경영에 관한 정보에 쉽게 접근할 수 있도록 한다는 것이었다.[14] 이를 통해 기업의 의사결

---

13) 'SOU, 2001: 79'라는 표기는 스웨덴의 국가연구위원회에서 발간하는 정책보고서 시리즈인 Statens Offentliga Utreding(SOU: 국가의 공적 연구)이 2001년에 발간한 제79호 보고서를 의미한다.

14) 공동결정법의 핵심 내용을 좀 더 구체적으로 정리하면 다음과 같다. ① 사용자의 우선교섭의무: 사용자는 노동 및 고용조건과 관련하여 중요한 변화를 초래하는 의사결정을 내리기 전에, 이 문제에 관해 사용자의 이니셔티브로 노동조합과 단체교섭에 임해야 할 의무를 지게 되었다. 우선적으로는 기업 수준의 노동조합과 단체교섭에 임하되, 여기에서 합의를 끌어내지 못할 경우 상급 노동조합과 단체교섭에 임하도록 했다. ② 단체교섭권의 확대: 노동조합이 요구할 경우, 고용조건과 노동의 지도 및 할당과 관련된 문제들에 대해 노사가 공동으로 결정하는 문제에 대해서도 단체교섭이 이루어지도록 했다. ③ 노동조합의 정보 취득권: 사용자는 노동조합에게 기업의 경영실태 및 인사정책에 관해 지속적으로 정보를 제공해야 하며, 노동조합이 기업의 각종 장부 및 서류들을 검토할 수 있도록 허용해야 할 의무를 지게 되었다. 공동결정법의

정에 대한 노동조합의 참여가 대폭 확장되었다. 또 이를 통해 기업 내의 수직적 위계구조가 약화되고 수평적 조직문화의 형성이 촉진되었는데, 이는 수평적 의사소통과 협력, 노동자의 업무 자율성이 중시되는 ICT 산업의 발전에 크게 기여한 것으로 평가된다(Saperstein, Jeff & Daniel Rouach, 2002: 122). 예컨대 에릭슨의 이동전화 개발의 경우 처음에는 경영진이 개발을 주저했으나, 기술진이 이동전화사업의 장래성에 큰 신념을 가지고 경영진의 반대를 무릅쓰고 개발을 추진하여 결국 큰 성공을 거두었다고 한다(Saperstein, Jeff & Daniel Rouach, 2002: 146). 그런데 이렇게 노동자의 업무 자율성이 존중되고, 노사 간에, 또 노동자들 사이에 대화와 협력, 공동결정이 중시되는 기업문화는 공동결정법과 같은 구체적 제도의 효과이기도 하지만, 사민당이 장기 집권하고 노동조합이 세계에서 가장 강력하다는 사정으로 인해 발전한 평등주의적 문화의 효과이기도 하다고 볼 수 있을 것이다.

또 스웨덴 사민주의 세력은 매우 평등주의적인 교육 철학을 견지하여, 학교 교육에서 팀 작업 중심의 과제 부여 등을 통해 학생들이 어릴 적부터 협동 정신과 소통 능력을 습득하도록 하는 데 힘을 쏟아왔다. 예컨대 1930년대에 스웨덴의 가족정책과 교육정책의 기본 틀을 만든 사민주의 계열의 지식인 뮈르달 부부(Alva & Gunnar Myrdal)는 1934년의 저서 『인구 문제에서의 위기』에서, 학교에서의 "모든 경쟁은…… 개인의 성적에 대한 경쟁이 아니라 집단, 학급, 또는 학교 전체 차원에서의 성과 경쟁이 되어야 한다(Myrdal, Alva & Gunnar Myrdal, 1934, 267)."고 주장하였다. 이렇게 학생 간 경쟁보다는 협동을 강조

제정과정과 그 결과에 대한 상세한 분석으로는 신정완(2001) 참조.

하고, 경쟁이 필요한 곳에서는 개인 간 경쟁보다는 집단 간 경쟁을 촉진하는 교육 철학은 실제로 교육 정책의 주요 부분으로 흡수되었다. 이러한 교육 풍토에서 성장한 스웨덴의 노동자나 경영자들은 기업 내 및 기업 간 협력과 소통에 능숙할 수밖에 없을 텐데, 이는 다양한 기관 간의 수평적 네트워크 형성이 중요한 의미를 갖는 클러스터의 발전과, 조직 구성원 간의 수평적 협력이 중요한 의미를 갖는 ICT 산업의 발전에 유리하게 작용하였을 것이다.

한편 지역 수준의 미시적 조합주의란 지방정부가 정책을 입안하고 집행하는 과정에서 지역의 기업들, 노동조합, 대학이나 연구소 등 주요 이해당사자 및 전문가 집단과 긴밀히 협의하는 제도나 관행을 의미하는데, 시스타 사이언스 시티의 발전과정에서 미시적 조합주의가 매우 긍정적인 결과를 가져왔다. 스톡홀름 시는 시스타 사이언스 시티 개발과정을 처음부터 주도하지는 않았으나 에릭슨 계열사의 시스타 입주 이후 세계 유수 기업들이 속속 시스타에 입주하는 과정을 경험하면서, 시스타를 세계적인 ICT 클러스터로 육성할 포부를 갖게 되었다. 그리하여 지역의 기업, 대학, 연구소 등과 협력하여 일렉트룸을 설립하는 등 산관학연 협력체계를 구축하고, 비즈니스 공간과 주거공간이 이상적으로 배치되도록 공간 개발을 추진하는 등 환경 조성자 역할을 담당했다. 또한 스톡홀름 시는 e-government 사업을 통해 지역의 ICT 기업들이 생산하는 재화와 서비스의 대량 구매자로 기능함으로써 안정적 수요기반을 창출하기도 했다(Saperstein, Jeff & Daniel Rouach, 2002: 139).

또 앞에서 사민당과 LO는 산업합리화에 대해 긍정적 입장을 견지해 왔다고 했는데 이는 ICT 산업의 발전에 대해서도 마찬가지였다.

LO는 'digital divide' 문제 해소를 위해서는 노동자들이 ICT 기술을 충분히 습득하고 활용할 수 있어야 한다고 보고 이를 촉진하는 정책을 추진하였다. 또 사민당은 ICT 산업을 신성장동력으로 보고 이를 적극적으로 발전시키는 정책을 추진하였다. 스웨덴을 'ICT 국가(ICT Nation)'로 발전시킨다는 비전(vision)을 견지해 온 것이다(Saperstein, Jeff & Daniel Rouach, 2002: 141). 스웨덴은 e-government 분야에서도 매우 선진적인데, 이는 사민당을 위시하여 대부분의 정당들이 ICT 산업의 발전을 중시하는 데다, 정부 행정의 투명성과 민주성을 중시하는 정치문화에도 기인한다고 볼 수 있다. 결국 오랜 역사를 가진 구 스웨덴 모델의 제도적, 문화적 유산도 ICT 산업의 발전에 기여한 셈이다.

한편 1980년대의 '제3의 길' 정책 노선 대두 이후 새로이 도입된 주요 정책들로는 산업규제 완화정책, 물가안정을 중시하는 통화주의적 거시경제정책, 중소기업 육성정책, 적극적인 외자유치정책, 행정분권화정책, 노동시장 유연화정책을 들 수 있다. 이러한 정책들은 대부분 ICT 산업의 발전에 기여했다. 앞에서 살펴본 바와 같이 산업규제 완화정책과 적극적 외자유치정책, 중소기업 육성정책은 ICT 산업의 발전에 직접적으로 기여했다. 특히 규제완화와 중소기업 육성정책의 기조 속에서 '기업가 정신(entrepreneurship)'이 존중되는 사회적 분위기가 형성되었는데, 이는 스웨덴 사회의 강한 동조화(synchronization) 경향, 대세추수적 경향과 맞물려, ICT 산업 등 첨단산업 분야들에서 창업을 활성화시켰다고 한다(Saperstein, Jeff & Daniel Rouach, 2002, 144).[15]

1990년대 초에 금융위기를 겪고 난 후 확고하게 정착된 통화주의

---

15) 사회구성원들의 사고방식 및 행위양식상의 강한 동조화 경향도 평등주의 문화의 산물로 해석할 수 있을 것이다.

적 거시경제정책 기조는 경제주체들의 인플레 기대 심리를 약화시키고 미래 거시경제정책에 대한 불확실성을 감소시킴으로써 간접적으로 경제성장과 첨단산업 발전에 기여한 것으로 평가된다(Eklund, 2007, 83). 1980년대 이후 추진되고 1990년대 중반 이후 한층 강화된 행정 분권화정책은 시스타 ICT 클러스터와 같은 지역 클러스터 발전에 크게 기여했다. 중앙정부는 산업규제 완화정책과 같은 일반적 정책수단을 통해 산업 발전에 유리한 여건을 제공하고, 지방정부는 해당 지역에서 개별 산업을 육성하거나 기업을 유치하는 방식으로 산업정책상의 역할분담이 이루어진 것이다.

한편 장기간에 걸쳐 시행된 제도와 정책은 사회구성원들의 심성(mentality)과 행위양식에 영향을 미친다. 하드웨어적 제도는 이에 부합되는 문화와 규범, 행위규칙과 같은 소프트웨어적 제도를 창출하고 소프트웨어적 제도는 다시 하드웨어적 제도의 작동을 지원하는 피드백 관계가 형성되는 것이다. 스웨덴의 정치문화에서 이러한 점을 잘 발견할 수 있다. 스웨덴의 경우 사민당이 장기 집권했지만 단독으로 유권자의 과반수 지지를 얻은 적은 매우 드물었다. 엄격한 비례대표제 원리에 입각한 의원내각제라는 정치제도 틀 내에서 사민당은 항상 정책추진을 위해 다른 정당의 지원을 필요로 했다. 이는 상호 경쟁하는 정당들 간에도 실사구시적 논의에 기초하여 합의(consensus)를 형성하는 것을 중시하는 정치문화를 배양했다. 그리하여 집권 정당이 바뀌어도 많은 정책영역에서 정책기조의 일관성이 유지되는 풍토를 조성하였는데 1980년대 이후 산업정책 영역에서 이러한 특징이 잘 확인된다. 규제완화와 시장개방을 꾸준히 추진하면서도, 그 긍정적 효과를 극대화하고 그 사회적 부작용을 완화시킬 수 있는 보완적 제도와 정책을 구비하는 '조정된 규제완화(coordinated deregulation)'의 기조는 사민당 정부와 부르주아 정당 연립정부 모두에서 공통적으로 확인된다. 또한 주요 정책 입안을 위해 장기간에 걸쳐 사전 연구를 추진하고 정당 간, 이익집단 간에 입장을 사전에 조율해 온 오랜 관행도 지역 수준의 미시적 조합주의의 성공적 작동을 지원하고 산업구조조정에 따르는 사회적 갈등을 최소화하는 결과를 가져왔다.

시스타 사이언스 시티의 성공요인에 관해서는 다양한 해석이 가능하다. 시장주의적 입장에 선 논자들의 관점에서는, 1980년대 이후 스웨덴 정부의 경제정책 노선이 과거에 비해 좀 더 시장원리 지향적으로 바뀐 점이 가장 주목될 것이다. 특히 1980년대 이후 통신 산업에서의 일관된 규제완화정책이 가장 강조될 것이며, 1990년대 이후의 적극적 외자유치정책, 중소기업 육성정책, 그리고 기업가정신을 존중하고 지원하는 정책과 문화의 형성 등이 중요한 요인으로 지목될 것이다.

한편 시스타 사이언스 시티의 발전이 처음부터 정부의 계획에 따라 이루어진 것이 아니라는 점에 주목하면, 그저 우연한 행운들의 중첩이 낳은 결과로 보일 수도 있을 것이다. 시스타 지역은 처음에 주로 주거공간으로 개발된 것인데 에릭슨 계열사들이 스스로의 판단에 따라 입주하면서 발전의 최초 계기가 형성되었고, 이 시기가 마침 국제적으로 무선통신의 발흥기와 겹쳤으며, 시스타가 알란다 국제공항과 근접해 있다는 입지조건으로 인해 해외 유수기업들의 입주가 촉진되었다는 점 등이 그러하다.

그러나 시스타의 발전을 스웨덴 정부의 산업정책 및 지역발전정책의 역사라는 장기적 관점에서 조망하고, 또 스웨덴 모델의 구조와 변용이라는 거시적 틀 속에서 바라보면, 발전을 가능케 한 여러 요인들이 보다 폭넓게 파악되고 또 이 요인들 간의 관계가 더 잘 보일 수 있다.

시스타 발전의 최초 계기를 마련하고, 이후 지역 브랜드(brand) 창출에 결정적으로 기여한 에릭슨은, 유서 깊은 스웨덴 통신 산업의 총아이자, 스웨덴 모델의 핵심 구성요소인 대기업 편향적 경제정책의 대표적 수혜자다. 사민당의 장기 집권과 강력한 노동조합의 존재는 노동자의 자율성이 존중되고, 노사 간에, 또 노동자 간에 긴밀한 대화와 협력이 강조되는 수평주의적 기업문화를 배양하였다. 이는 수평적 대화와 네트워크가 특별히 강조되는 ICT 산업이 발전할 수 있는 비옥한 토양을 제공하였다.

또한 스웨덴 모델의 구성요소의 하나인 조합주의는 기업과 지역 수준의 미시적 조합주의라는 형태로 지금까지 살아남아 기업의 노사 간에, 또 지역의 산·관·학·연 간에 밀접한 협력을 가능케 했다. 또 전통적으로 사민당과 노동조합이 산업합리화에 우호적이었다는 사정도 ICT와 같은 첨단산업 중심의 산업구조 전환을 지원해 주었다. 그리고 정당 간에 합의 형성을 필요로 하고 또 촉진하는 스웨덴의 정치제도와 정치문화는 정권 교체에도 불구하고 1980년대 이후 스웨덴 정부의 산업정책이 일관성을 유지할 수 있게 해 주었다. 또 정부 행정의 투명성과 민주성을 중시하는 오랜 정치문화는 e-government의 모범적 발전을 통해 ICT 산업의 발전에 기여하였다. 이러한 구 스웨덴 모델의 제도적·정책적·문화적 토대 위에서 1980년대 이후 추진된 시장원리 지향적 정책들이 ICT 산업의 발전과 시스타 사이언스 시티의 발전으로 결실을 맺은 것이다.

따라서 1980년대 이후, 특히 1990년대 이후 스웨덴 ICT 산업과 시스타 사이언스 시티의 발전이 1980년대 이후 구 스웨덴 모델과의 단절의 효과로만 이해되어서는 곤란하다.[16] 구 스웨덴 모델의 여러 특성들은 시스타 발전의 선도자였던 에릭슨의 성장을 장기간 지원했을 뿐 아니라, ICT 산업과 시스타 사이언스 시티가 발전할 수 있는 다양한 제도적, 문화적 인프라스트럭처를 제공하였다. 주요 경제주체들 간에 수평적이고 유연한 협력을 촉진해 주는 '사회적 자본(social capital)'을 제공한 것이다. 1980년대 이후 도입된 시장원리 지향적 정책들은 구 스웨덴 모델이 제공한 유형적·무형적 자산 위에서 ICT 산업의 급속한 발전이라는 성과를 거둘 수 있었던 것이다. 따라서 스웨덴의 ICT 산업 및 시스타 사이언스 시티의 발전과정에서 우리는 과거의 전통으로부터의 단절과 변화의 측면 못지않게 연속성과 경로의존성의 측면도 읽어 낼 수 있는 것이다.

5. 맺음말

스웨덴은 근년에 ICT 산업 등 첨단산업 중심으로 산업구조 전환을 성공적으로 달성한 대표적 사례다. 그리고 스웨덴의 ICT 산업의 번영을 상징하는 지역이 시스타 사이언스 시티다. 스웨덴의 주류 경제학계의 지배적 견해는 성공적 산업구조 전환을 포함하여 1990년대 후반 이후 스웨덴 경제가 보여 준 좋은 성과를 주로 구 스웨덴 모델과

---

16) 예컨대 Eklund(2007), Blomström, Magnus, Ari Kokko & Fredrik Sjöström(2002)은 주로 단절의 측면을 강조한다.

의 성공적 단절의 효과로 보고 있다.[17] 이러한 견해에 경청할 만한 부분이 있는 것은 분명하다. 그러나 앞에서 살펴본 바와 같이 이런 견해는 구 스웨덴 모델 전성기에 시행된 정책들과 이 시기에 정착된 제도들이 지속적으로 발휘한 긍정적 효과를 과소평가하고 있다고 판단된다.

한국에서도 최근 '복지국가 논쟁' 등을 계기로 하여 스웨덴 모델에 대한 관심이 부쩍 늘었다. 스웨덴을 우리 사회가 지향해야 할 모범적 사례로 보는 입장에 선 논자들은 흔히 스웨덴 모델 전성기에 성장과 분배의 선순환 구조가 잘 작동하였다는 점을 거론하며, 잘 정비된 강한 복지국가가 경제성장에도 긍정적으로 작용할 수 있다는 점을 강조해 왔다. 반면에 시장주의적 입장을 견지하는 논자들은 스웨덴이 근년에 좋은 경제적 성과를 보이고 있는 것은 복지국가 때문이 아니라 오히려 스웨덴이 구 복지국가 모델과 단절하고 시장주의적인 방향으로 정책 기조를 전환했기 때문이라고 주장한다.[18]

그러나 진실은 매우 복합적이다. 스웨덴 모델 전성기에 작동했던 제도와 정책의 상당수는 이미 사라진 것이 사실이지만 보편주의적 복지국가 모델과 같이 여전히 남아 있는 것도 있고, 구 스웨덴 모델 시기에 형성된 정치문화와 행정 관행은 대부분 건재하다고 볼 수 있다. 또 지금은 사라진 제도와 정책이 만들어낸 토양 위에서 1980년대 이후의 시장주의적 개혁이 작동했다는 점도 고려되어야 한다. 시스타 사이언스 시티의 성공 스토리는 이러한 점을 잘 보여 주는 사례일 것

---

17) 예컨대 스웨덴 경제에 대한 대표적인 교과서적 설명인 Hultkrantz, Lars & Hans Tson Söderström(2007)에 실린 여러 논문들이 이런 견해를 취하고 있다.

18) 예컨대 민경국(2006)을 들 수 있다.

이다. 향후 스웨덴에 대한 연구는 구 스웨덴 모델의 유산의 계승이라는 측면과 이것과의 단절이라는 측면을 모두 고려하여 수행되어야 실상에 더 가까이 다가갈 수 있으리라 판단된다.

참고문헌

민경국. 2006. 스웨덴 복지모델과 한국경제에의 시사점. *CFE Report* no. 1.

박상철. 2005. 스웨덴의 혁신클러스터: 시스타 사이언스 시티. 국가균형발전위원회 편, 『선진국의 혁신클러스터』. 동도원.

복득규 외. 2003.『한국 산업과 지역의 생존전략, 클러스터』. 삼성경제연구소.

소진광. 2003. 산·관·학이 공동으로 일궈낸 스톡홀름의 시스타(Kista) 과학도시.『지방자치』.

신정완. 2000.『임노동자기금 논쟁과 스웨덴 사회민주주의』. 여강.

_____. 2001. 노동자 경영참가 문제에 대한 스웨덴 노동조합 총연맹(LO)의 접근방식.『사회경제평론』제17호.

_____. 2004, 재벌개혁 논쟁과 스웨덴 모델,『시민과 세계』제6호.

_____. 2009. 스웨덴의 '제3의 길' 정책의 실패원인: '정책 부조화' 문제를 중심으로.『사회경제평론』제32호.

유모토 켄지 & 사토 요시모토 저. 박선영 역. 2011.『스웨덴 패러독스』. 김영사.

유청영. 2007. 스웨덴 시스타 사이언스 시티.『도시문제』.

한영빈. 2005. 정보화와 스웨덴의 국가전략.『한·독사회과학논총』, 제15권 제1호.

Blomström, Magnus, Ari Kokko & Fredrik Sjöström. 2002. Growth and Innovation Policies for a Knowledge Economy: Experiences from Finland, Sweden, and Singapore. Stockholm, School of Economics Working Paper 156.

Eklund, Klas. 2007. Stagnation, kris, upsving: stora kast i svensk ekonomi(스태그네이션, 위기, 약진: 스웨덴 경제의 거대한 변화). In Lars Hultkrntz & Hans Tson Södeström. *Marknad & Politik*(시장과 정책) 7th edition, Ch. 2. Stockholm: SNS förlag.

Feldt, Kjell-Olof. 1985. *Den tredje vägen: en politik för Sverige*(제3의 길: 스웨덴을 위한 정책), Stockholm: Tidens förlag.

Jakobsson, Ulf. 2000. Tillväxt och urbanisering i den nya ekonomin(신경제에서 성장

과 도시화), *Ekonomisk Debatt*(경제토론) No. 6.

Laestadius, Staffan & Christian Berggren. 2000. The Embeddedness of Industrial Clusters: the development of telecommunication technologies and industry in Scandinavia. paper presented at the Eight International Joseph A. Schumpeter Conference.

Myrdal, Alva & Gunnar Myrdal. 1934. *Kris i befolkningsfrågan*(인구 문제에서의 위기), Stockholm: Bonniers.

OECD. 1998. *Economic Surveys: Sweden*.

_____. 2007a. *OECD Reviews of Regulatory Reform: SWEDEN*.

_____. 2007b. *Globalisation and Regional Economies: Can OECD Regions Compete in Global Industries?*

Pontusson, Jonas. 1992. *The Limits of Social Democracy: Investment Politics in Sweden*. Ithaca and London: Cornell Univ. Press.

Sandberg, Åke., Fredrik Augustsson and Anne Lintala. 2005. *IT-företagen i Kista: Verksamhet, nätverk, kompetens och platsens kvaliteter*(시스타의 IT 기업들: 활동, 네트워크, 경쟁력, 그리고 공간의 질). Arbetslivsinstitutet, KTH, Kista Science City.

Saperstein, Jeff & Daniel Rouach. 2002. *Creating Regional Wealth in the Innovation Economy*. Financial Times Prentice Hall.

SOU 2001: 79, *Välfärdsbokslut för 1990-talet* (1990년대의 복지 결산).

Svensson, Torsten. 2001. *Marknadsanpassningens politik: Den svenska modellens förändring 1980-2000*(시장적응적 정책: 1980-2000년 기간에 스웨덴 모델의 변화), Uppsala Universitet. Uppsala.

http://kista.com

http://kista/etablera-föetag/statistik

일본에서 산업구조의 전환과 대도시의 대응:

東京의 산업진흥 정책을 중심으로

여인만

DIGITAL
INDUSTRIAL
COMPLEX

1. 서론

본 장의 목적은 일본 대도시에서 산업구조가 전환되는 원인과 내용을 살펴보고, 지방자치단체에서 그에 대해 어떠한 정책적 대응을 보이고 있는가를 검토하는 것이다. 구체적인 분석대상 지역은 도쿄(東京) 지역이다. 도쿄는 일본의 수도로서 일찍부터 3차산업의 비중이 높았지만, 2차 대전 이전부터의 공업지역이 잔존하고 있고, 더구나 그 가운데 일부는 현재까지도 국내외적으로 높은 경쟁력을 보유하고 있다. 한편으로 수도 기능에 수반하는 전통적인 3차산업 이외에도 특히 1990년대 중반 이후에는 IT산업의 성장과 관련된 서비스업의 성장이라는 전 세계적인 현상도 두드러지고 있다.

그런데 이러한 도쿄라는 특정 지역의 산업구조의 변화는 일본이라는 일국 단위에서의 변화 요인과 기본적인 요인을 공유한다. 특정 지역과 일국 단위에 모두 영향을 미치는 요인으로서는 경제발전단계 및 국제적인 환경 요인, 경제정책 요인 등이 있다. 예를 들어 1차산업에서 2차산업, 그리고 2차산업에서 3차산업으로의 비중 확대라는 클

라크 법칙은 전 세계적으로 나타나는데, 이는 주로 산업부문 간 생산성 차이라고 하는 일국 내 공통적인 요인에 의한다. 또한 80년대 중반 이후 급격한 엔고(円高)에 의한 제조업의 해외이전도 마찬가지다. 경제정책은 기본적으로는 경제발전단계에 의해 규정되는 현상을 촉진 혹은 완화(연착륙)시키는 역할을 수행한다. 일본의 경우, 1950년대에 중화학공업 육성을 통한 산업구조고도화 정책, 그리고 1970년대의 구조불황산업에 대한 산업구조조정 정책은 그 대표적인 예이며, 특히 이러한 산업구조와 관련된 문제를 조사・심의하는 기관으로 1960년대에 '産業構造審議會'라는 조직을 通産省(현 經濟産業省) 산하에 설치하여 현재까지 운영해 오고 있다.

그러나 특정 지역에 대한 산업구조의 전환을 논의할 경우에는 이러한 경제정책 이외에도, 공업입지정책이라는 좀 더 직접적인 영향을 미치는 정책 요인을 고려해야 한다. 대규모 공장 혹은 공업단지가 특정 단지에 입지할 경우, 그 지역의 2차산업 비중은 확대되거나 비중 저하가 완만해지기 때문이다. 도쿄의 경우, '東京一極集中'이라는 현상 및 그에 따른 문제점을 해결하기 위해 여러 정책이 실시되어 왔는데, 공업입지 제한 등도 그 일환이었다.

이러한 공업입지정책의 실시 주체는 중앙정부이나, 도쿄도(東京都)라고 하는 지방자치단체의 방침과 무관한 것은 아니다. 지방자치단체의 정책도 공업입지에 영향을 미칠 수 있기 때문이다. 실제로 1970년대 '혁신파'에 의한 도정(都政)이 실시되는 시기에는 도쿄로부터의 공장이전이 활발하게 유도・추진되었고, 1980년대 이후에는 공장의 유지, 생활과 직장의 조화가 좀 더 중시되었다. 나아가 특정 제조업 혹은 서비스업이 특정 구・지역에 밀집할 경우, 그 구・지역 자치단체의 정책도 그 지역의 산업구조에 영향을 미칠 수 있다. 예를 들어 도쿄에서 제조업이 밀집되어 있는 오타구(大田區)의 경우, 구청 차원의 제조업 지원 정책이 이 지역 제조업의 유지 및 성장에 영향을 미치고 있다.

이상을 염두에 두면서, 본 장에서는 도쿄에서 산업구조기 전환되는 과정과 그 원인, 그리고 그에 대한 도쿄도의 대응을 주로 산업진흥정책을 중심으로 분석하고자 한다. 구성은 다음과 같다. 먼저 제2절에서는 일본 공업입지정책의 역사를 검토한다. 1970년대 이후 국토의 균형발전이라는 기본방침하에서 구체적으로 어떠한 정책이 실시되어 어떠한 성과를 거두었는지, 그리고 그 결과 도쿄의 위상은 어떻게 변화했는지를 살펴본다. 그리고 1990년대 이후 장기불황이 계속되면서 이러한 공업입지정책의 기본방침에 근본적인 변화가 발생한 점을 확인한다. 제3절에서는 이러한 정책 및 경제환경의 변화에 의해 실제로 발생한 도쿄의 산업 및 취업구조 변화를 검토한다. 먼저 1960년대부터 2000년대까지의 장기간에 걸친 변화, 특히 제조업의 하락과 서비스업의 확대 추이를 확인한 후에, 최근 시기를 대상으로 서비스업의 구체적인 내용을 파악한다. 제4절과 제5절에서는 이러한 변화에 대한 지방자치단체의 정책적 대응에 대해 살펴본다. 제4절에서는 도쿄도 차원에서, 그리고 제5절에서는 오타구 차원의 정책에 대해, 제2절에서 설명한 공업입지정책의 역사를 염두에 두면서, 각 지역 내에서의 산업관련 정책이 어떻게 추진되어 왔는가를 검토한다.

2. 공업입지정책의 전개와 전환[1]

1) 공업재배치정책의 추진

일본에서 10% 내외의 연평균 경제성장률을 기록한 고도성장기는 1955년부터 1973년까지였는데, 1060년대 말부터 그에 따른 문제점도 부각되기 시작했다. 전형적으로는 공해문제와 주거환경 문제가 심각해져서, 67년의 '공해방지대책기본법', 73년의 '공장입지법'의 제정으로 대책을 모색하게 되었다. 이러한 문제와 성격을 약간 달리하면서, 지역 간 격차의 시정이라는 과제도 이 시기에 급속히 대두하여, 1990년대 후반까지 기본적인 골격이 유지되는 '공업재배치촉진' 정책이 시행되기 시작했다.

1972년 시점에 전 국토의 20%에 불과한 도쿄·나고야·오사카로 이어지는 태평양벨트 지역에 전국공업 출하액의 72%가 집중되어 있었다. 따라서 이 지역으로의 집중을 완화하고 국토이용의 재편성이 필요하게 되었다. 이러한 목표하에서 각 지역의 개발능력에 따라 공업을 적정하게 배치하도록 유도하는 '공업재배치촉진법'이 72년에 제정되었다. 재배치를 위해 각 지역에 공업재배치 촉진 보조금을 교부하고, 세제우대와 재정투자 등으로 공장이전을 촉진한다는 것이 이 법의 주요 내용이었다. 그 후 77년에 '공업재배치계획'이 제정되어, 향후 전개되는 정책들의 지침이 되었다.

이 정책지침은 1998년 제5차까지 책정된 전국종합개발계획[2]과 밀

---

1) 이 항목에 관한 서술은 武田晴人(2011)에 주로 의거했다.

2) 전국종합개발계획이 최초로 작성된 것은 1962년인데, 이때 거점개발구상이 명료하게 제시되었다. 그 후

접한 관련을 맺으면서 다음과 같은 여러 공업입지·지역산업 정책에 반영되었다.

(1) 1981년 테크노폴리스 구상

이 구상은 1970년대의 공장지방분산 정책의 효과가 지지부진한 원인을 해결하려는 모색 가운데 나오게 되었다. 즉 기존 공장의 지방이전·설립이 아니라, 80년대의 새로운 시대에 맞는 신산업(마이크로일렉트로닉스, 메카트로닉스)의 연구기관을 주거공간과 결합시킨 테크노폴리스를 지방에 설립한다는 구상이었다. 이 구상에 대해서는 각 지역으로부터 열광적인 유치 붐이 일어나, 86년까지 전국 20개 지역이 선정되었다. 각 지역의 선정기준은 인구 20만 이상의 지방도시와 일체화된 생활권이 될 수 있는 지역, 3대 도시권과 1일 행동권으로 포함되는 지역이라는 점으로, 기존 공업집적지역을 배제하였다. 그리고 이 구상을 법률적으로 뒷받침하기 위해 83년에 '고도기술 공업집적지역 개발촉진법'을 제정했다.

이 법률에 의해 실제로 진행된 계획에 대해서는, 지역 중소기업의 기술향상에 충분히 기여하지 못하고 기업화·상품화가 미비하다는 지적이 있기는 했으나, 각 지역에서 기초적 산업기반시설이 정비되었다는 점에서 최소한 입지정책 면에서는 성과를 거두었다고 평가되었다(日本立地センター, 1990).

69년에 신 전국종합개발계획이 작성되었는데, 당시의 목표도 거점개발구상의 확립이었다. 77년의 제3차 전국종합개발계획에서는 공업의 지방분산 촉진이라는 목표로 변경되었고, 87년의 제4차 계획에서는 東京一極集中의 해소가 중요과제로 제시되었다.

(2) 1986년 리서치 코어 구상

이 구상은 1970년대와 달리 80년대 들어 새롭게 부각된 또 하나의 문제, 즉 '도쿄일극집중' 문제를 해결하기 위해 제기되었다. 특히 도쿄에는 서비스 부문과 관리부문이 집중되어 있는 점에 착목하여 도쿄의 이러한 기능을 분담할 수 있는 지방거점도시의 육성이 필요하다는 인식을 하게 되었다. 이러한 인식을 86년에 제정된 '민활법(민간사업자의 능력 활용에 의한 특정시설의 정비 촉진에 관한 임시조치법)'을 이용하여 구체화시킨 것이 리서치 코어 구상이다.

이 구상의 내용은, 상당 정도 연구기관 및 기술자가 집적되어 있는 지방도시에 연구개발기능을 한층 더 집적시키기 위해 연구개발기업화 기반시설(리서치 코어)의 설립을 지원한다는 것이다. 이 구상에 대해 당초에는 테크노폴리스 지역을 중심으로 35지역이 선정을 희망했으나, 행정·학술·경영·유통·금융 기능 등을 엄격하게 심사하게 되어 실제로 승인을 얻은 경우는 매우 제한되었다. 실제로는 가와사키(川崎), 후쿠오카(福岡), 센다이(仙台) 등 기존 공업집적지역을 포함한 11개의 지방 대도시에 사업이 집중되었다.

(3) 1988년 두뇌입지 구상

이 구상은 리서치 코어가 대규모 거점도시에 집중되어 있는 점을 보완하여, 좀 더 광역지역을 대상으로 한 지역진흥·산업입지를 목표로 하고 있다. 또한 이 구상의 배경에는, 당시 급격한 엔고에 의한 제조업의 공동화(空洞化) 우려, 내수 위주 산업으로의 전환 필요성, 경제의 서비스화라는 환경변화가 있었다. 즉 새로운 시대에 맞춰, '고차원적 기능'(서비스산업, 연구개발기능)을 지방에 집적시킨다는 것이 구상의 핵심이었다. 대상도시는 리서치 코어 구상과 달리 중규모 도시로 계획되어, 88년에 '지역산업의 고도화에 기여하는 특정산업의 집적촉진에 관한 법률'(두뇌입지법)이 제정되었다.

여기서 특정산업이란, 리스업, 기계임대업, 소프트웨어업, 정보제공·처리 서비스업, 디자인, 자연과학연구소 등 16업종을 가리키고 있는데, 이들 업종은 특정 지역에 집적함으로써 시너지효과를 거둘 수 있을 것으로 기대되었다. 이 법률에 의한 집적촉진계획이 승인된 지역은 94년까지 26지역이었는데, 테크노폴리스 지역과 중복되거나 그 지역에 근접하는 경우가 많았다. 즉 테크노폴리스가 하이테크 공장을 유치하는 데 중점이 있었다면, 두뇌입지구상은 산업지원 서비스업, 연구기관을 유치함으로써 그것을 보완하는 기능을 하였다고 할 수 있다.

이 정책은 지역진흥정비공단을 통해 산업기반정비 및 지원조치가 실시되었고, 테크노폴리스 정책보다 좀 더 강력한 정책수단을 보유하고 있었다. 더구나 90년에는 법률의 일부를 개정하여 도쿄 중심부에 집중되어 있는 특정업종 사업소의 지방이전을 촉진하기 위한 융자제도도 신설되었다.

(4) 1991년 오피스 아르카디아(office arcadia) 구상

이 구상의 기본 성격은 두뇌입지와 동일하나, 대상이 산업이 아니라 업무용 시설(오피스)이라는 점에서 상이하다. 이 법이 제정된 배경에는 종합적인 국토개발계획과 관련하여 1988년에 '다극분산형 국토

형성 촉진법'의 제정이 있다. 이 법에서는 중앙정부 행정기관의 이전 등이 규정되고, 지방개발을 위한 진흥거점지역, 그리고 대도시의 질서 있는 정비를 위한 업무핵도시의 정비가 추진되도록 되어 있었다. 이에 맞춰 통산성은 기업의 관리기능을 수행하는 사무소의 지방분산을 추진하기 위해 '지방거점도시지역의 정비 및 산업업무시설의 재배치 촉진에 관한 법률'(지방거점법)을 92년에 제정했다. 이를 구체화한 것이, 지정된 지방거점도시 지역 내에 '오피스 아르카디아'를 건설하여 도쿄의 사무소 이전을 촉진한다는 구상이었다.

그러나 이 정책에 대해서는, 도쿄일극집중의 원인이 대면접촉에 의해 얻을 수 있는 정보가 중요한 정보집약적 산업의 증가에 있기 때문에, 지방으로 이전하는 기업수가 많지 않을 것이라는 비판이 있었고(酒田哲, 1993), 실제로 큰 성과를 거두지 못했다.

2) 공업입지정책의 성과와 한계

공업재배치정책의 기본적인 성격은 공장의 지방분산을 통해 지역 간 균형발전을 실현한다는 것이었다. 그렇다면 실제로 그 정책의 성과는 어떠했을까? 장기적으로 보면 이 정책이 추진된 1970년대부터 1990년대까지 대도시권의 공장입지 비중은 착실하게 하락했다(<표 VI-1>). 특히 도쿄일극집중이 문제시되는 간토(關東) 임해지역의 하락세는 뚜렷하여 이 문제가 크게 완화되었음을 보여 주고 있다.

<표 Ⅵ-1> 공장입지건수의 지역별 구성

(단위: %)

구분	1967년	1975년	1985년	1995년	2003년
대도시권	40.9	29.2	24.1	22.1	32.7
関東임해	16.5	9.7	7.7	4.3	7.5
東海	18.1	12.0	10.5	12.7	16.1
近畿임해	6.2	7.5	6.0	5.1	9.1
지방권	59.1		75.9	77.9	67.3

자료: 武田晴人(2011: 6).

그러나 다른 한편에서 보면 대도시권의 공장입지 분산은 도쿄권이 간토(関東)내륙, 남부 도호쿠(東北), 오사카권이 긴키(近畿)내륙, 산요 (山陽) 등 인근지역으로 확대되었고(<표 Ⅵ-2>), 결과적으로 기존 공 업지역이 광역화된 데 불과하다는 평가도 있다.

<표 Ⅵ-2> 지역별 공장입지건수의 추이

(단위: 건, %)

구분	1967~74년		1975~84년		1985~94년		1995~2004년	
	건수	점유율	건수	점유율	건수	점유율	건수	점유율
北海道	1,194	3.5	1,076	6.0	1,599	5.7	613	5.2
北東北	1,367	4.0	980	5.5	1,877	6.7	556	4.7
南東北	2,615	7.7	1,472	8.2	2,616	9.3	1,286	10.8
関東내륙	3,708	10.9	2,604	14.6	4,230	15.0	1,758	14.8
関東임해	4,020	11.8	1,768	9.9	1,520	5.4	760	6.4
東海	5,946	17.4	2,083	11.7	3,208	11.4	1,515	12.8
北陸	3,399	10.0	1,554	8.7	3,290	11.7	1,184	10.0
近畿 내륙	1,905	5.6	587	3.3	904	3.2	450	3.8
近畿 임해	1,843	5.4	1,201	6.7	1,490	5.3	821	6.9
山陰	673	2.0	319	1.8	444	1.6	142	1.2
山陽	2,413	7.1	1,035	5.8	1,681	6.0	528	4.4
四国	1,106	3.2	826	4.6	1,348	4.8	511	4.3

北九州	2,470	7.2	1,349	7.5	2,207	7.9	974	8.2
南九州	1,445	4.2	1,018	5.7	1,698	6.0	778	6.6
합계	34,104	100.0	17,872	100.0	28,112	100.0	11,876	100.0

자료: 武田晴人(2011: 7).

3) 공업입지정책에서 산업창출정책으로의 전환

<표 VI-1>과 <표 VI-2>에서는 2000년대 들어 기존의 추세와는 다른 방향으로 움직이고 있는 것을 볼 수 있다. 즉, 전체적으로 공장입지건수가 급감하고, 지역별로 볼 때 대도시권의 비중이 다시금 상승하고 있다. 이 두 가지 현상은 서로 밀접한 관련이 있다. 기존 공장입지정책의 기본방침이 전환된 데 따른 것이다.

1990년대의 장기불황에 의해 공장의 입지건수는 89년의 3,500건을 정점으로 하여 감소하기 시작했다. 그에 따라 버블기에 계획된 공업단지가 완성되었으나 미분양 공장이 속출했고, 2000년대 들어서는 기존 공장의 폐쇄도 증가하였다. 그 결과 지역별로 공장유치 경쟁이 치열해져, 입지보조금이 거액에 달하는 상황이 발생했다. 즉 공업재배치 정책을 추진하던 상황과는 근본적으로 상이한 환경에 처하게 되었던 것이다. 따라서 이러한 변화된 상황에 맞춰 정책을 변화시킬 필요가 있었다.

그런데 이미 95년에 통상성 환경입지국의 자문기관인 신산업입지연구회는 당시까지의 "공장을 도시에서 지방으로 몰아내는 혹은 이전을 유도하는 것으로부터, 도시에서 기입입지를 촉진하는 방향으로 산업입지정책의 기본이념을 전환"할 필요가 있다는 보고서를 제출했다(通商産業省環境立地局, 1995). 그리고 새로운 입지정책의 이념으로 종래의 균형발전(공정성 기준)을 유지하면서도 국제적으로 매력 있는 산업입지환경의 정비(효율성 기준)라는 관점이 되어야 한다고 주장했다. 이러한 의견은 97년 중에 산업구조심의회 산업입지부회의 심의를 거쳐 기본 방침으로 결정되면서, 98년부터 구체적인 정책전환으로 나타났다.

먼저 1998년에 기존 입지정책의 핵심인 테크노폴리스법과 두뇌입지법을 폐지하고 '신산업 창출촉진법'으로 통합시켰다. 즉, 입지정책이라기보다는 사업창출을 위한 법률로 대체시켰던 것이다. 그리고 2002년에는 수도권 및 긴키권에 공장입지를 제한하던 '공장 등 제한법'이 폐지되게 되었다. 그리고 이들 법과 밀접한 관련을 맺는 공업재배치촉진법도 06년에 폐지되었다.

그에 앞서 97년에 제정된 '특정산업집적의 활성화에 관한 임시조치법'(집적활성화법)도 이미 입지정책이라기보다는 국내 제조업의 경쟁력을 확보·유지하기 위한 목적에서 만들어졌다고 할 수 있다. 즉, 일본 제조업의 경쟁력 기반이 되고 있는 산업집적지역이, 공장의 해외이전 등에 의해 약화되고 있는 현실에 대처하기 위한 것이었다. 따라서 이 법률에서는 공동화의 영향을 받고 있는 기계·섬유산업 등에 부품·금형을 공급하는 247업종이 활성화 대상 업종으로 지정되었고, 대상기업도 대도시와 지방을 구분하지 않았다.

07년에는 신산업창출법과 집적활성화법의 내용을 종합한 것으로 볼 수 있는 '기업입지의 촉진 등에 의한 지역산업 집적의 형성 및 활성화에 관한 법률'(기업입지촉진법)이 제정되었다. 이는 산업클러스터 이론의 영향을 받아,[3] 각 지역특성에 맞는 기업을 지방자치단체에서 자율적으로 선정하고 유치경쟁을 유도하도록 한 것이다. 종래의 정책이 주로 중앙정부에서 작성된 데 비해, 이 정책은 도도부현(都道府縣)과 시정촌(市町村)이 기본계획을 작성하면 중앙정부가 심사하여 동의하는 구조로 되어 있다. 동의를 획득하면 세제, 금융, 인재육성 등의 면에서 지원을 얻을 수 있다. 기존의 공업집적지역 혹은 대도시를 정책 대상에서 배제하지 않는 것은 말할 나위도 없다. 인접한 복수의 지역이 공동으로 계획을 추진할 수 있게 한 것도 특징이다. 2010년 10월 말 현재 정부가 각 지역의 계획은 <표 VI-3>과 같다. 이에 의하면 전국에서 196건의 사업이 승인되었는데, 그에 의해 1.6만 개 정도의 기업이 신규 창업하여 51만 명 정도의 고용이 창출될 것으로 기대되었다.

〈표 VI-3〉 기업입지촉진법에 의한 지역별 기본계획상의 기업입지 및 고용창출 목표

지역	사업 수	기업(건)	고용(명)	지역	사업 수	기업(건)	고용(명)
北海道	20	425	27,718	滋賀県	7	43	7,060
青森県	2	116	8,300	滋賀·京都·大阪·兵庫	1	278	6,414
岩手県	6	174	8,200	滋賀·京都·大阪·奈良	1	27	1,914
宮城県	4	180	9,200	京都·大阪	1	178	4,305
秋田県	5	139	4,150	京都府	4	109	9,596
山形県	2	161	3,340	大阪府	2	69	6,700
福島県	6	319	10,005	兵庫県	18	447	15,848
茨城県	8	319	15,200	奈良県	1	100	3,250
栃木県	2	260	10,150	和歌山県	2	136	3,148
群馬県	4	445	24,510	鳥取県	1	70	3,058
埼玉県	2	160	5,550	島根県	1	67	3,930
千葉県	5	358	8,880	岡山県	1	135	2,700

---

3) 일본에서 산업의 국제경쟁력 저하와 산업 공동화의 해결책으로 산업클러스터가 주목된 것은 1998년경부터이다. 経済産業省의 구체적인 정책은 2001년도부터 실시되었는데, 주된 내용은 산학관 연계, 이업종기업 간 연계 네트워크를 형성하고, 지적재산권 등의 상호활용을 통해 지역에 신산업 및 신사업을 창출시키는 것이었다. 경제산업성의 직접적인 지원은 2009년도에 종료되었으나, 그 후 文部科学省이 주도하는 이노베이션 전략추진지역 선정사업, 지역신성장산업 창출촉진사업으로 연결되었다.

東京都	2	80	1,600	広島県	1	2,200	42,000
東京・埼玉・神奈川	1	229	8,648	山口県	1	100	3,500
東京・神奈川	1	1,011	49,727	德島県	1	110	2,200
神奈川県	1	252	10,000	香川県	1	100	2,000
新潟県	12	284	7,510	愛媛県	5	218	4,575
山梨県	1	63	3,536	高知県	1	68	2,144
長野県	12	304	7,034	九州	1	380	17,921
長野・静岡・愛知	1	3,360	10,000	福岡県	1	670	20,200
静岡県	5	600	22,886	佐賀県	5	78	3,055
富山・石川・福井	1	–	600	長崎県	5	130	5,840
福井県	1	155	4,300	熊本県	4	179	10,080
石川県	1	136	18,130	大分県	1	100	4,200
岐阜県	5	140	2,800	宮崎県	1	125	5,000
愛知県	4	305	18,600	鹿児島県	3	114	3,230
三重県	7	66	3,541	沖縄県	3	120	12,482
福井県	2	129	3,870	合計	196	16,522	514,395

주: 2011년 10월 말 현재.
資料: 済産業省 홈페이지.

이처럼 버블붕괴 후 장기불황은 기존 공업입지정책의 기본 방침을 크게 전환시켰다. 즉 성장과정에서 나타나는 지역격차의 해소보다는 당면의 경기회복을 위한 기업환경 정비라는 측면이 더욱 중요시되게 된 것이다.[4] 이러한 정책의 기본방침의 변화는, 공업입지정책과도 관계가 있는 지역경제정책에서도 나타난다. 즉 2001년 4월에 등장한 고이즈미(小泉)정권의 지역산업정책은 지역재생본부를 중심으로 이루

---

[4] 사실 공업입지정책과 밀접한 관련이 있는 전국종합개발계획으로 대표되는 국토정책은 항상 모순되는 두 측면, 즉 경제성장정책에 관련된 국토기반 정비(성장정책)와 지역격차・국토의 황폐화 등에 대한 대응(사회정책)이라는 요소를 가지고 있었다고 할 수 있다. 1950년대부터 80년대까지의 고도성장기 및 안정성장기에는 상대적으로 사회정책적 요소가 강조되었다면, 장기불황기인 1990년대 이후에는 그 반대로 성장정책적 요소가 중요시되고 있다고 볼 수 있다.

어졌다. 이 본부는 03년 10월에 발족했는데, 05년 4월에 지역재생법
이 시행되면서 이 법을 근거로 하게 되었다. 이 본부가 추진한 핵심
정책은 구조개혁특구 정책과 지역재생 정책이다. 전자는 규제완화를
통해, 후자는 규제완화 이외의 수단을 통해 지역경제의 활성화를 도
모했다. 이 정책의 특징은 활력 있는 지역만을 대상으로 한정한다는
점으로 지역 간 격차 해소라는 문제의식은 이미 희박해졌다고 할 수
있다(橘川武郎, 2006).

3. 도쿄의 산업구조 전환과 서비스업의 현황

1) 도쿄의 위상

　도쿄 지역이 일본 전체에서 차지하는 비중은 사업소 기준으로 볼 때
약 12% 정도, 종업원 기준으로는 약 15%를 차지하고 있다. 이러한 비중
은 최근 30년간 큰 변화를 보이지 않고 있다(<표 Ⅵ-4>). 하지만 추세적
으로는 1980~90년대에 하락하는 추세를 보이다가 2000년대 들어 다시
금 상승하고 있다. 앞 절에서 살펴보았던, 도쿄일극집중의 해소 및 지역
균형 정책의 추진과 전환과 맥을 같이하고 있는 것으로도 볼 수 있다.
　전국적으로 볼 때 사업소의 경우 1990년대 초반, 종업원(취업자)의
경우 90년대 후반에 각각 정점에 달한 후 감소하고 있다. 도쿄의 추
이도 대체적으로 전국의 추이와 일치하지만, 사업소의 경우 전국보다
이른 80년대 후반부터 감소하기 시작한 점이 주목된다.

구분	도쿄				전국			
	사업소		종업원		사업소		종업원	
	개소	전국비(%)	명	전국비(%)	개소	증가율(%)	명	증가율(%)
1981년	790,521	12.2	7,573,624	14.7	6,488,329		51,545,087	
1986년	797,438	11.9	7,956,726	14.6	6,708,759	3.4	54,370,454	5.5
1991년	777,470	11.5	8,777,116	14.6	6,753,858	0.7	60,018,831	10.4
1996년	771,655	11.5	8,982,413	14.3	6,717,025	-0.5	62,781,253	4.6
2001년	724,769	11.4	8,608,794	14.3	6,349,969	-5.5	60,157,509	-4.2
2006년	690,556	11.7	8,704,870	14.8	5,911,038	-6.9	58,634,315	-2.5

자료: 總務省統計局, 『事業所·企業統計調査』, 각 년판.

참고로 전국 비중 제2위와 제3위의 지역은 오사카와 아이치현(愛知縣)인데, 그 비중은 약7%와 6%로 도쿄의 절반 정도이다. 고도성장기 이전까지 일본은 전통적으로 도쿄와 오사카의 '二極中心'으로 알려졌으나, 그 후 도쿄로의 집중이 가속화되었던 것이다.

〈표 VI-5〉 현별 사업소 및 종업원 수의 구성비(2006년)

사업소 수		종업원 수	
전국	5,911,038	전국	58,634,315
東京都	11.7%	東京都	14.8%
大阪府	7.2%	大阪府	7.6%
愛知県	5.7%	愛知県	6.4%
神奈川県	4.9%	神奈川県	5.7%
埼玉県	4.3%	埼玉県	4.4%
北海道	4.3%	北海道	4.1%
兵庫県	4.0%	兵庫県	3.9%
福岡県	3.8%	福岡県	3.8%
千葉県	3.3%	千葉県	3.5%
静岡県	3.2%	静岡県	3.1%
기타	47.5%	기타	42.7%

자료: 〈표 4〉와 동일.

2) 도쿄의 산업구조 변화 추이

도쿄의 사업소 수 추이를 보면(<그림 VI-1>), 전체적으로는 80년대 후반부터 감소하고 있지만, 산업별로는 큰 차이를 보이고 있다. 제조업의 경우 83년을 정점으로 감소하기 시작하여, 05년에는 정점의 45% 수준까지 하락했다. 도쿄 제조업의 감소 추세는 전국적인 추세보다도 급속하게 진행되고 있다. 도소매업의 경우 90년대 후반에 급감한 후 최근에는 감소세가 둔화되고 있다. 도소매업에서의 이러한 변화는 대규모소매점포법(대점법)의 폐지 등 유통업의 규제완화에 의한 영향 때문인 것으로 보인다.

그에 비해 서비스업은 꾸준히 증가하다가 특히 90년대 말에 급증하였다. 표에서 01년의 사업소가 급증한 것은 01년에 산업분류가 변경된 데 따른 영향도 있을 것으로 추정된다. 그러나 대분류상의 변경은 없었기 때문에 이 데이터에 큰 오차가 있을 가능성은 적다. 그렇다면 <그림 1>로부터는, 80년대 중반의 플라자 합의 이후 제조업 공동화와 서비스경제화가 대대적으로 예상되었으나 실제로는 90년대 후반의 장기불황기에 이러한 현상이 발생했다는 것을 알 수 있다.

종업원 수 기준으로 보면 사업소 기준과는 약간 다른 양상을 나타내고 있다(<그림 VI-2>). 전체적으로 90년대 후반까지 증가세를 지속하였고 2000년대 들어서도 완만한 정체 혹은 증가가 반복되고 있다. 제조업의 경우 일본 전국 기준으로 정점에 달한 것은 1973년이었으나 도쿄는 그보다 약간 이른 69년이었다.

그 후 감소 추세는 사업소보다 더 급격하여 05년에는 정점의 약 30% 수준에까지 감소했다. 도소매업의 추이는 사업소기준과 동일하

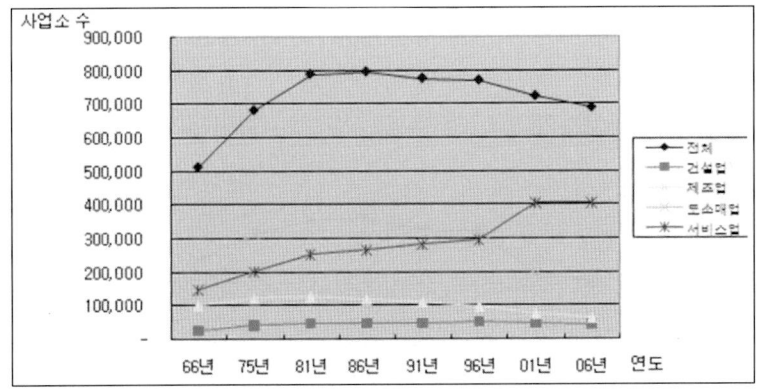

자료: 〈표 Ⅵ-4〉와 동일.

〈그림 Ⅵ-1〉 도쿄의 산업별 사업소 수 추이

다고 할 수 있다. 서비스업의 추이도, 사업소 기준처럼 급격하지는 않
지만 90년대 후반 이후 급격하게 증가하고 2000년대 이후에도 증가
추세가 이어지고 있음을 알 수 있다.

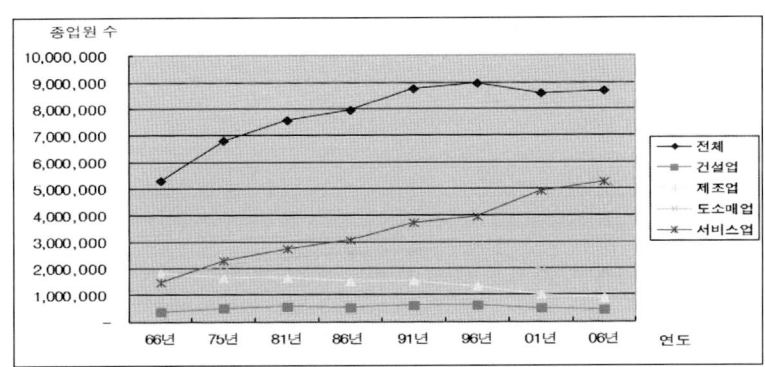

자료: 〈표 Ⅵ-4〉와 동일.

〈그림 Ⅵ-2〉 도쿄의 산업별 종업원 수 추이

다음으로는 이상의 도쿄도의 추이를 지역별로 좀 더 세분화하여 살펴보기로 한다. 도쿄의 대표적인 제조업 지역은 오타(大田)구, 스미다(墨田)구, 하치오지(八王子)시이다. 이들 3지역의 사업소 및 종업원 수의 추이를 표시한 것이 <그림 VI-3>이다. 제4절에서 자세하게 소개하는 오타구는 금속기계, 스미다구는 일용품·잡화를 중심으로 중소기업이 대부분을 차지하고, 하치오지시는 전기기계를 비롯한 대기업 공장이 입지해 있는 지역이다. 하치오지시의 사업소와 종업원 수가 90년대 중반까지 큰 변화가 없다가 90년대 후반에 감소하기 시작한 데 비해, 스미다구는 60년대 말부터 일관되게 오타구는 80년대 중반부터 사업소가 감소하고 있다는 차이를 보이고 있다.

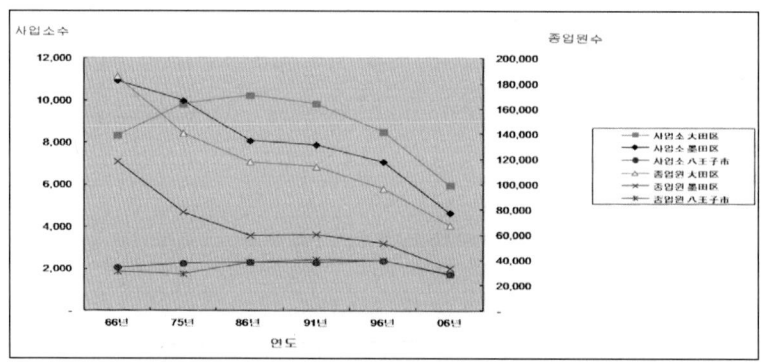

자료: 〈표 VI-4〉와 동일.

〈그림 VI-3〉 주요 제조업 지역의 사업소 및 종업원 수 추이

다음으로는 앞서 살펴보았던 산업별 분류를 좀 더 세분화하여, 최대 비중을 차지하고 있는 서비스업의 내용을 확인해 보자. 산업대분류상 종업원 수의 최근 현황을 나타낸 것이 <표 VI-6>이다. 사업소

기준으로 보았을 때도 큰 차이는 없다. 단일 사업으로 최대는 전체의 21%를 차지하는 도소매업이고, 다음으로 서비스업 19%이다. 3차산업의 비중은 85%인데, 그것을 도소매업, 음식숙박업, 광의의 서비스업으로 구분하면 각각 21%, 9%, 55%로 광의의 서비스업이 압도적인 비중을 차지한다. 새로운 산업분류에 의한 통계가 시작된 2001년과 06년을 비교해 보면, 이 기간에 가장 많이 증가한 산업은 의료·복지, 정보통신업이고, 제조업과 도소매업의 감소량이 많았다. 산업구조의 서비스화, 새로운 서비스산업의 확대라는 90년대 후반부터의 현상이 더욱 뚜렷해지고 있음을 알 수 있다.

〈표 Ⅵ-6〉 산업대분류상 도쿄 종업원 수의 최근 변화

분류	종업원 수(명)		구성비(%)		A - B(명)	A/B(%)
	2006년(A)	2001년(B)	2006년	2001년		
전체	8,704,870	8,608,794	100.0	100.0	96,076	1.1
농림어업	3,615	3,910	0.0	0.0	-295	-7.5
광업	2,650	3,070	0.0	0.0	-420	-13.7
건설업	447,963	505,840	5.1	5.9	-57,877	-11.4
제조업	897,472	1,005,772	10.3	11.7	-108,300	-10.8
전기·가스·수도	31,038	39,274	0.4	0.5	-8,236	-21.0
정보통신업	759,290	615,653	8.7	7.2	143,637	23.3
운수업	407,456	411,923	4.7	4.8	-4,467	-1.1
도소매업	1,852,456	1,940,941	21.3	22.5	-88,485	-4.6
금융보험업	357,847	388,992	4.1	4.5	-31,145	-8.0
부동산업	248,743	236,649	2.9	2.7	12,094	5.1
음식·숙박업	776,562	779,216	8.9	9.1	-2,654	-0.3
의료·복지	583,353	465,460	6.7	5.4	117,893	25.3
교육·학습지원	405,225	373,423	4.7	4.3	31,802	8.5
복합서비스업	60,947	59,760	0.7	0.7	1,187	2.0
서비스업	1,633,418	1,546,939	18.8	18.0	86,479	5.6
공무	236,835	231,972	2.7	2.7	4,863	2.1

자료: 〈표 Ⅵ-4〉와 동일.

한편 산업대분류별 도쿄의 전국비중을 보면, 2006년 현재 종업원 수를 기준으로 정보통신업이 50%에 가까운 비중을 차지하고 있고, 금융·보험업과 부동산업이 각각 25% 정도를 점하고 있다. 그에 비해 최근 종업원 수가 급증한 의료·복지는 10% 정도이다. 도쿄에서 특히 발달하고 있는 분야를 특화계수(도쿄 구성비/전국 구성비)를 통해 확인해 보면, 특화도가 높은 산업은 정보통신업, 금융·보험업, 부동산업, 서비스업이고, 특히 정보통신업의 경우에는 압도적으로 높은 계수를 보이고 있다(<표 Ⅵ-7>).

〈표 Ⅵ-7〉 산업대분류별 도쿄의 종업원 구성

분류	종업원 수		구성비(%)		전국 비중(%)		특화계수	
	2006년	2001년	2006년	2001년	2006년	2001년	2006년	`2001년
전체	8,704,870	8,608,794	100.0	100.0	14.8	14.3		
농림어업	3,615	3,910	0.0	0.0	1.5	1.6	0.10	0.11
광업	2,650	3,070	0.0	0.0	7.9	6.5	0.53	0.46
건설업	447,963	505,840	5.1	5.9	10.8	10.2	0.73	0.72
제조업	897,472	1,005,772	10.3	11.7	9.0	9.2	0.61	0.64
전기·가스·수도업	31,038	39,274	0.4	0.5	11.0	12.1	0.74	0.85
정보통신업	759,290	615,653	8.7	7.2	47.7	42.0	3.21	2.93
운수업	407,456	411,923	4.7	4.8	14.0	13.8	0.94	0.97
도소매업	1,852,456	1,940,941	21.3	22.5	14.9	14.6	1.01	1.02
금융·보험업	357,847	388,992	4.1	4.5	25.0	23.7	1.69	1.66
부동산업	248,743	236,649	2.9	2.7	24.5	23.6	1.65	1.65
음식·숙박업	776,562	779,216	8.9	9.1	15.9	15.2	1.07	1.06
의료·복지	583,353	465,460	6.7	5.4	10.4	10.3	0.70	0.72
교육·학습지원업	405,225	373,423	4.7	4.3	13.8	13.3	0.93	0.93
복합서비스사업	60,947	59,760	0.7	0.7	8.6	7.9	0.58	0.55
서비스업	1,633,418	1,546,939	18.8	18.0	18.8	19.0	1.27	1.33
공무	236,835	231,972	2.7	2.7	12.8	12.4	0.86	0.86

자료: 〈표 Ⅵ-4〉와 동일.

3) 서비스업의 현황

도쿄의 특화산업이면서 산업구조의 서비스를 대표하는 정보통신
업을 소분류로 구분해 보면 <표 VI-8>과 같다. 이를 보면 사업소나
종업원 기준으로 모두 최근에 급성장하고 있는 분야는 인터넷 관련
서비스업인 것을 확인할 수 있다. 다음으로 종업원 수의 증가가 가장
두드러진 분야는 소프트웨어업이었다.

<표 VI-8> 정보통신업의 산업소분류별 사업소 및 종업원 수

분류	사업소수				종업원수			
	2006년 A	2001년 B	A-B	A/B	2006년 C	2001년 D	C-D	C/D
소프트웨어업	7,882	7,150	732	10.2	347,236	263,695	83,541	31.7
인터넷관련서비스업	1,449	360	1,089	302.5	32,960	5,472	27,488	502.3
기타정보처리·제공서비스업	1,078	905	173	19.1	35,100	26,370	8,730	33.1
영상정보제작·배급업	2,138	1,957	181	9.2	44,547	37,960	6,587	17.4
전기통신관련서비스업	866	1,129	-263	-23.3	22,618	16,508	6,110	37.0
기타 영상·음성·문자 정보관련서비스업	1,061	381	680	178.5	11,989	6,032	5,957	98.8
출판업	3,263	3,187	76	2.4	65,986	62,050	3,936	6.3
정보처리서비스업	1,383	1,412	-29	-2.1	75,331	71,833	3,498	4.9
정보제공서비스업	641	792	-151	-19.1	22,006	19,356	2,650	13.7
음성정보제작업	259	94	165	175.5	5,044	2,571	2,473	96.2

자료: 東京都産業労働局, 『東京の産業と雇用就業』, 2010.

한편 최근 들어 도쿄도는 향후 성장분야로 주목되는 산업으로 크
리에이티브 산업을 주목하고 정책수립을 위한 기초조사를 실시했다

(東京都産業勞働局, 2010). 크리에이티브 산업이란, 애니메이션, 영화·비디오·사진, TV·라디오, 음악, 게임, 출판, 광고, 그래픽디자인, 산업디자인, 디자인(기타), 패션, 공예, 무대예술, 예술의 14분야를 일컫는 것으로, 산업대분류에 의하면 대부분이 정보통신업과 서비스업에 해당한다. 이 조사에 의하면, 전국 사업소의 27%, 종업원의 44%가 도쿄에 집중되어 있다. 2001~06년간 종업원 수도 비교적 큰 폭으로 증가한 것으로 나타났다. 전국적으로 이들 산업의 비중은 사업소 수에서 2.3%, 종업원 수에서 3%에 불과하나, 도쿄에서는 각각 5.4%, 8.7%였다. 따라서 특화계수도 상당히 높았다. 그런데 이 산업은 도쿄 중에서도 거의 대부분이 23구(도심지역) 내에 집중되어 있다.

〈표 VI-9〉 도쿄지역 크리에이티브 산업분야 비중 현황

도쿄						도쿄23구					
사업소			종업원			사업소			종업원		
전국비	2006/ 2001	특화 계수	전국비	2006/ 2001	특화 계수	전국비	2006/ 2001	특화 계수	전국비	2006/ 2001	특화 계수
27.4%	3.9%	2.31	44.1%	16.1 %	2.90	24.2%	4.1%	2.52	41.1%	17.0 %	3.25

자료: 東京都産業勞働局(2010).

4. 도쿄도의 산업진흥정책

1) 산업정책의 역사[5]

도쿄도에서 지역 내 산업의 육성, 진흥을 목적으로 하는 정책을 수립하게 되는 것은 1980년대 중반부터이다. 그전까지는 제조업은 중소기업정책 혹은 중소상점과 마찬가지로 사회정책의 대상이 되었을 뿐이다.

도쿄 도심부의 대표적인 공업은 기계공업과 일용소비재공업으로 각각 조난(城南), 조토(城東)지역에 집적되어 있다. 특히 오타구를 포함하는 조난지역에는 70년대까지 대공장도 존재했으나 그 후 중소기업만이 잔존하게 되었다. 그 이유는 기술변화 등에 의한 요인 외에 도쿄도의 공장 이전 촉진정책에 의한 것이었다. 특히 1967년부터 78년까지 혁신파지사가 재임한 '혁신도정(革新都政)' 시기에는 이 정책이 적극적으로 추진되었다.

그러나 이러한 정책에 대해 지역의 중소기업과 경제지리학자를 중심으로 반대의견이 제시되었다. 그 과정에서 공업집적지역이 '거주지와 직장의 일치'라는 역할을 하고 있고, 토지이용 면에서도 거주자들과 크게 대립하지 않는다는 점이 발견되었다. 그에 따라 도내 지역의 공업에 대한 인식이 변화하고, 특히 75년에는 조토지역의 중심지인 스미다구에서 산업진흥책을 내건 구청장이 당선되었다. 그리고 82년에 작성된 도쿄도 장기계획에서도 공업을 도시 내부의 중요한 경제

---

5) 이 부분에 관한 서술은 小川靖郎(1993), 竹內淳彦(1993)에 주로 의거했다.

활동으로서 규정하고 육성방침을 분명히 하게 되었다.

이러한 인식상의 변화가 구체적이고 종합적인 정책으로 나타난 것이 1986년의 '도쿄의 산업진흥정책'이었다(東京都産業振興政策懇談會·東京都勞働経濟局, 1986). 이 시기는 플라자 합의 후의 급격한 엔고로 인해 일본 내 전통적인 제조업의 쇠퇴와 서비스업의 확대, 내수 중심 경제구조로의 전환이 전사회적으로 예상되던 시기이기도 했다.

이 정책구상에서는 이러한 환경변화에 의해 서비스화와 소프트화의 촉진, 외부경제 효과가 큰 산업(정보처리, 디자인, 문화, 건강, 국제금융)의 성장이 일어날 것으로 전망했다. 그리고 구체적인 산업진흥정책의 기본방향으로, 이노베이션 코어 기능의 충실, 산업의 지적고도화(하이테크 벤처기업의 육성, 정보문화산업육성), 지역경제의 자립화·활성화를 설정했다. 이 가운데 전통적인 공업집적지역과 관련 있는 정책은 지역경제의 자립화·활성화이다. 이 정책에서는 전통적인 공업지역이 공장이전, 주민의 노령화 등의 요인에 의해 향후 성장에 문제가 있음을 인식하고, 그 해결책으로서 새로운 환경변화에 대응하면서도 각 지역특성에 맞는 산업을 육성한다는 방침을 수립했다. 구체적으로는 도쿄를 5개 지역으로 나누어, 6개의 중심시설을 설립하여 지역별 산업을 지원한다는 것이다(<표 Ⅵ-10>). 예를 들어 전통적인 일용품공업지역인 城東지역에는 디자인센터를 개설하여 지역기업의 개발력 및 패션화를 지원하고, 城南지역에는 메카트로닉스 센터를 설립하여 전통숙련기술과 메카트로닉스 기술의 결합을 지원한다는 구상이었다.

〈표 VI-10〉 1980년대 도쿄도의 지역산업정책구상

구분	지역	지역배경	센터기능	기대효과
도쿄 디자인센터	城東	일용품, 잡화 관련 업종의 집적 가족노동의존형 영세공장 저부가가치 기술적으로 보수적 성격 인근지역으로 공장이전 중	컴퓨터를 이용한 디자인 개발기재 제공 연구개발, 소재개발, 상품화 디자인교류공간, 전시시설설치 패션 관련 데이터베이스, 컨설팅기능 인큐베이터 공간 보유	지역산업의 패션화 제조도매상의 기획개발력 강화
도쿄 메카트로닉스센터	城南	기계, 금속가공업의 집적 숙련기술을 보유하는 중소기업 시작품제조중심 고도전문가공기술에 특화 인근지역으로 공장이전 중	숙련기술과 메카트로닉스기술 결합 가공기계개발을 위한 기자재 제공 시험연구기능 컨설팅기능 인큐베이터 공간 보유	지역산업의 기술고도화 환경 확보 숙련기술의 계승, 인센티브 부여
도쿄 뉴사이언스센터	城北	의료품, 정밀기계기업집적 공립사립연구소입지 기업결합형, 지역과 결합 희박 인근지역으로 공장이전 중	의료용 기계개발을 위한 기자재 제공 기업용 기술데이터베이스화 시험연구기능, 컨설팅기능 인큐베이터 공간 보유	민간기업의 연구개발성과 확산 고도기술력기업군의 육성 소프트웨어산업의 창출, 발전
도쿄 소프트웨어센터	多摩	전기기계 등 조립기계산업집적	차세대컴퓨터용 소프트웨어 개발지원 개발용 기자재 설치와 컨설팅기능 인큐베이터공간 보유	다마지역의 산업집적 촉진
도쿄 사이언스파크		대규모공장과 영세공장 병존	도립대학연구개발기능 활용	산업기반의 정비

CHAPTER 6. 일본에서 산업구조의 전환과 대도시의 대응 **239**

| 도쿄
사이언스파크 | 多摩 | 하청수요의 역외 의존 | 첨단기술이전을 위한
거점
연구개발기능,
컨설팅기능 | 산학협동실천 |
| 도쿄
해양미생물연구
센터 | 섬지역 | 관광산업,
농립수산업중심
풍부한 해양자원 | 해양자원을 활용한
바이오테크 연구 | 해양자원활용
첨단기술도입 |

자료: 東京都産業振興政策懇談会・東京都労働経済局(1986: 149～150).

2) 2000년대의 산업진흥정책

버블붕괴 후 1990년대에 장기불황이 계속됨에 따라 일본경제의 경기회복과 주요 산업의 국제경쟁력 유지를 위한 다양한 논의가 진행되는 가운데 제조업에 관련해서는 '모노즈쿠리'에 대한 관심이 높아졌다. 고도성장기에 전형적으로 나타난 제조업 경쟁력 요인이 장기불황기에 역설적으로 강조되게 된 것이다.

도쿄도의 2000년대 이후 산업정책도 이러한 일본 전체의 기조와 관련을 맺으며 진행되었다. 즉 2001년에 도지사는 중소기업 진흥대책 심의회에 '도의 모노즈쿠리 진흥의 방법에 대해' 자문했다[6]. 그에 대한 주요 답변내용은 ① 공장입지를 제한하고 있는 도시계획상의 규제를 재검토한다. ② 산학연계에 의해 모노즈쿠리 기업의 기술력을 강화하고 지적재산권의 보호・창출・활용을 지원한다. ③ 초・중・고에서 모노즈쿠리 교육을 강화한다는 것이었다. 또한 소프트웨어업도 '소프트한 모노즈쿠리'라고 하여 대상업종에 포함시켰다. 03년 10

---

6) 이하 자문과 답변요지에 대해서는 大津志保(2007)에 의함.

월에는 '도의 모노즈쿠리 산업의 집적방법에 대해' 자문을 받아 04년 5월에 최종답신을 제출했다. 답신에서는 애니메이션 등 콘텐츠산업을 소프트한 모노즈쿠리 대상으로 포함시키고, 23구 지역과 다마(多摩)지역에서 공동수주, 공동개발 등 사업화를 겨냥한 기업 간 연계를 핵심으로 하는 지원책이 제시되었다.

한편 2006년 말에는 '10년 후의 도쿄'라는 중장기적인 도시정책 비전이 발표되었는데, 이를 계기로 산업진흥계획도 종합적이고 체계적인 구상을 갖추게 되었다. '10년 후 도쿄' 계획의 기본적인 체계는 3개의 기본관점과 8개의 목표로 구성되어 있다(東京都, 2006). 8개의 목표 가운데 산업진흥과 관련 있는 것은 '도시의 매력과 산업력으로 존재감을 확립한다.'는 항목이다. 이는 4개 시책으로 구성되어 있는데, '대도시 도쿄의 발전을 유지하는 산업을 중점적으로 육성한다.'는 세부항목에서 도쿄를 대표하는 산업으로서 '창조적 도시형 산업'이라는 용어를 새롭게 사용하면서, ① 사회적 과제대응형 사업: 환경, 건강·의료·복지, 위기관리산업, ② 정보발현형 산업: 애니메이션, 콘텐츠, 디자인, 패션산업, ③ 도시기능 활용형 산업: 정보가전, 항공기부품을 제시했다.

이상의 청사진에 의거해 '도쿄도 산업진흥 기본전략'이 07년 3월에 책정되었다(東京都, 2007a). 여기서는 창조적 도시형 산업의 진흥을 위해 이노베이션이 필요하다고 보고, 이노베이션을 위한 다음과 같은 4개의 전략을 제시했다. ① 중점산업을 육성하여 도쿄의 산업을 견인한다. ② 기술·경영혁신을 촉진하고 경영기반을 강화한다. ③ '지식'이 교류되고 가치가 창조되는 도시를 창출한다. ④ 산업을 견인하고 지탱하는 인재를 양성한다.

그와 함께 이러한 전략을 구체화하기 위해 '도쿄도 산업진흥 지침' 도 책정했다(東京都, 2007b). 여기서는 08~10년간 중점적으로 추진할 23개의 산업진흥책을 구체적으로 제시했다. 이 가운데 중점산업을 육성한다는 전략은 창조적 도시형 산업의 유형에 따라 ① 대도시 과제 해결형 산업을 육성한다(목표 1). ② 도쿄의 정보발신력을 높이는 산업을 육성한다(목표2). ③ 고도기술 활용형 산업을 육성한다(목표 3)는 목표를 설정했다.

구체적으로 목표 1에 관해서는 환경, 건강·의료·복지, 위기관리 산업 분야에서 중소기업의 기술을 높이고 사업화 프로젝트를 지원한다는 내용을 설정했다. 그 결과 3년간 의료용 시스템을 개발하고, 대지진 보강·설계·시공에 관한 신공법을 확립하여 기술평가를 취득하고, 타마실리콘밸리의 계측·분석기, 반도체·전자디바이스, 로봇의 3산업을 대상으로 산학관에 금융기관을 참가시켜 활발한 교류를 개시하는 등의 성과를 거두었다.

목표 2에 관해서는 애니메이션 관련 인재와 신인 패션 디자이너를 육성한다는 내용을 설정했다. 그 결과 3년간 '신인 디자이너 패션 대상'을 성황리에 운영하고, 애니메이션 교과서를 작성하여 보급하는 성과를 거두었다. 목표 3에 관해서는 항공기관련 산업으로 진출하려는 중소기업의 네트워크화를 지원한다는 내용을 설정하고 실제로 성과를 거두었다(東京都, 2011).

이상과 같은 도쿄도의 산업진흥정책은 산업구조의 변화라는 환경요인과 중앙정부 산업정책과의 정합성을 고려하면서 도쿄의 산업특성 및 기업역량을 감안하여 실시되고 있음을 확인할 수 있다. 첫째로, 앞서 소개한 대로, 산업구조의 서비스화 특히 정보통신업, 크리에이티브 산업의 성장에 맞춰 이들 산업의 경쟁력을 강화하고 저변을 확대시키는 정책을 실시하고 있다는 점이다. 둘째로, 대상 업종과 지역을 특정하지 않고 전체적으로 이노베이션이 일어날 수 환경을 정비하여 신산업, 신기업 창출이 용이하도록 하는 데 중점을 둔다는 점이다. 이는 다르게 보면 전통적인 공업집적 지역 전체를 재생 혹은 온존시키는 것이 목적이 아니라는 것을 뜻한다. 예를 들어 일용품·잡화를 중심으로 한 조토지역에는 디자인 관련 정보와 인재를 지원 육성하고, 기계금속을 중심으로 한 조난지역에는 항공기부품에의 진출을 위한 정보네트워크 결성을 지원하지만, 이들 지역 전체의 재생을 의도하지는 않고 있는 것처럼 보인다.

따라서 이러한 산업진흥정책에는 우선 고용대책과의 관련이 명확하지 않다는 한계가 있다. 다음으로 정책수단으로는 간접적 수단이 대부분이고 직접적인 자금 지원은 많지 않다는 점도 한계라고 할 수 있다. 그러나 이러한 한계는 1990년대 이후의 산업정책 혹은 중소기업정책의 기조와 맥을 같이하는 데서 연유한다. 다만 크리에이티브 산업에서처럼 지원의 방법이 아직 정형화되지 못한 데서 유래하는 문제점도 있는 것으로 보인다.

5. 오타구의 산업진흥정책

1) 오타구 제조업의 역사와 산업정책[7]

오타구 지역에 근대공장이 들어서기 시작한 것은 1910년대이나, 본격적으로 성장한 것은 1930년대부터이다. 주로 병기공장을 중심으로 발달했으나, 그 때문에 태평양전쟁 중 19차례에 걸친 공습을 받아 패전당시에는 거의 괴멸상태에 있었다.

그 후 일본경제의 재건과정에 맞춰 공업지역으로 재생하여, 1960년대에는 도쿄에서 사업소·종업원 기준 모두 1위지역이 되었다. 그러나 60년대 후반부터 공해문제에 따른 공장분산정책에 의해 주로 대규모 공장이 지역 외로 이전함에 따라 지역 내에는 중소형공장이 중심을 이루게 되었다. 이들 공장은 1970년대에 작업량 감소와 모기업으로부터의 단가인하 압력에 고심하다, 서서히 1사의존형 방식을 탈피하고 지역 간 분업에 의한 고부가가치 완성품을 제조하는 방식으로 전환했다. 그리고 70년대 후반에는 NC공작기계를 도입하여 다품종, 소량, 단기납기, 고정밀도의 생산체제를 정비하게 되었다. 이때부터 "오타구의 빌딩 옥상에서 설계도를 그린 종이비행기를 날리면 3일 후에 제품이 도착한다"고 하는, 내셔널 테크노폴리스로서의 지위를 확립하게 되었다.

버블붕괴 후의 장기불황 과정에서 이 지역도 심각한 타격을 입게 되었다. 그 결과 산학연계 등을 통한 기술고도화를 추진하면서 대응

---

7) 이 항목에 관한 설명은 주로 大田区産業経済部産業振興課·大田区産業振興協会(2010)에 의함.

하는 기업이 있는 한편, 아시아를 중심으로 해외로 진출하는 기업도 다수 등장하게 되어, 2000년대 들어 공장 수가 감소하고 있다.

공장이전 정책이 종료된 1980년대 이후의 오타구의 산업정책은 주로 공장부지 및 환경 정비에 초점을 맞춰 왔다. 예를 들어 1985년에 '大森南공장아파트(大森기계가공센터)'라는 공장집합화 사업을 실시했다. 이는 1층에 10개의 분양형 공장을 배치하고 2층부터 8층까지 공단주택을 건축한 것으로 주택과 공장을 입체적으로 병설한 것이었다. 2000년에는 '테크노 윙'을 개설하여 주택과 공장이 조화를 이루는 환경정비 사업의 모델을 창조했다.

그 밖에도 특징적인 것으로 06년부터 활동하고 있는 '오타브랜드 추진협의회'가 있다. 여기서는 "오타구의 공업집적의 강점과 모노즈쿠리에 대한 진지한 직인정신을 계승하고, 미래를 향해 도전하는 기업활동"을 오타브랜드로 정의하고, 대외적으로 홍보하는 사업을 추진하고 있다. 또한 인재양성을 위해 04년에 도쿄도립 롯코(六郷)공고를 설립하여 기업현장에서 훈련한 시간을 성적으로 인정하는 시스템을 도입하고 있다.

2) 오타구의 산업구조 전환과 제조업의 현황[8]

전체적으로 오타구에서는 사업소 수, 종업원 수가 감소하는 가운데, 제조업의 비율이 저하하고 도소매업, 음식숙박업, 의료복지, 정보통신 등 3차산업의 비중이 상승하여, 전국적인 추세와 동일한 양상을 보이고 있다. 제조업의 비중은 사업소 수 기준으로 1975년에 24.9%에서 2006년에 18.6%로, 종업원 수 기준으로 38%에서 20.9%로 각각 저하했다. 그러나 2006년 현재 전국 혹은 도쿄에 비해 제조업의 비중은 여전히 높다. 업종별 특화계수를 보면, 도쿄의 특화계수가 높은 정보통신업, 금융·보험업 등도 1을 밑돌고 있다. 즉, 오타구는 도쿄의 전반적인 특징과는 매우 다르다고 할 수 있다.

제조업의 업종은 금속제품을 비롯해 기계금속제품이 과반수를 차지하는데, 장기적으로 큰 변화는 보이지 않고 있다(<표 VI-11>).

〈표 VI-11〉 오타구 제조업의 업종별 구성추이(사업소 기준)

(단위: %)

구분	1978	1983	1988	1993	1993	2003	2005
금속제품	22.3	21.0	22.1	23.3	22.7	21.4	21.2
일반기계	26.6	30.1	31.1	31.4	32.9	33.2	34.1
전기기계	14.5	14.6	14.5	13.3	12.2	12.0	11.3
기타기계금속	14.6	12.4	11.4	11.1	11.5	11.8	12.3
합계	78.0	78.1	79.1	79.1	79.3	78.4	78.9

자료: 大田区(2007).

---

8) 이 항목의 기술은 大田区(2007)에 주로 의존함. 大田区(2007)는 제조업뿐만 아니라 서비스업에 관해서도 이루어졌으나, 본 장에서 이용하는 데이터는 제조업에 한정했다.

규모별로 보면 소규모 공장의 비중이 높은데, 특히 1~3명 규모 비율은 점차 확대되는 추세에 있다(<표 VI-12>). 더구나 이 1~3명 공장은 사업소 기준으로도 감소율이 작다. 이러한 이유는 기계금속업종을 중심으로 축적된 숙련기술에 MC, NC 선반 등의 설비도입으로 가공기술이 고도화된 데 있다. 즉 설비가 노동력을 대체함으로써 소규모화가 진전되었기 때문이다. 그에 비해 중·대규모 공장은 급감했다. 1978년과 2005년을 비교하면, 300명 이상 공장은 24개에서 3개로, 30명 이상 공장은 96개에서 3개로 각각 감소하였다.

〈표 VI-12〉 오타구 제조업의 종업원규모별 사업소 구성추이

(단위: %)

구분	1978	1983	1988	1993	1993	2003	2005
1~3명	39.6	44.3	45.1	47.2	49.2	50.1	50.0
4~9명	39.1	36.6	35.2	33.7	32.6	31.5	32.0
10~19명	11.1	10.0	10.2	10.1	10.0	10.9	10.4
합계	89.8	90.9	90.5	91.0	91.8	92.5	92.4

자료: 大田区(2007).

한편 오타구 내의 제조기업 767사를 대상으로 한 2005년의 앙케트 조사에 의하면, 제조기업의 특성과 요구사항을 알 수 있다. 먼저 제조기업이 보유하고 있는 기능은, 부품가공이 67.5%, 제품과 부품의 설계가 24%, 제품과 부품의 개발 19.9%로 부품가공 기능이 중심인 것을 알 수 있다. 또한 수주형태도 부품가공형이 과반수를 점하고 있다(<표 VI-13>).

<표 VI-13> 오타구 제조업의 수주형태별 기업유형

(단위: %)

구분	전체	제품개발	설계제조	가공제조	부품가공	복합	불명
전체	100.0	13.6	9.6	16.8	51.8	1.8	6.4
1~3명	100.0	9.1	8.3	14.0	58.7	2.3	7.6
4~9명	100.0	12.4	12.4	17.1	50.2	1.6	6.3
10~29명	100.0	13.6	5.8	23.4	45.5	1.3	5.2
30명 이상	100.0	35.5	12.9	6.5	41.9	3.2	0.0
불명	100.0	33.3	0.0	0.0	33.3	0.0	33.3

주: 1) 제품개발형: 설계·개발·디자인기능을 보유하고 자사제품의 수주비율 50% 이상
　　2) 설계·제조형: 설계·개발·디자인기능을 보유하고 설계를 포함한 제품·가공수주가 중심
　　3) 가공·제조형: 거래처설계에 의한 제조·가공수주가 50% 이상으로 조립가공공정을 보유
　　4) 부품가공형: 거래처설계에 의한 제조·가공수주가 50% 이상으로 부품가공공정만을 보유
　　5) 복합: 3개의 수주형태가 같은 비율로 50% 미만
자료: 大田区(2007).

　오타구에서 조업하고 있는 이유로는, 재료·공구의 입수가 용이하다는 점, 외주처에 근접하다는 점, 거래처에 근접하다는 점, 다양한 외주처가 밀집해 있다는 점을 들고 있어, 집적에 의한 외부경제를 의식하고 있음을 알 수 있다. 또한 바람직한 입지환경으로 가장 중요한 요인으로는 공장이 우선되는 지구가 유지·확대되는 것, 공장이 개축·확충이 가능할 것, 기술집적 거점으로서의 브랜드성이 유지될 것 등을 들고 있다.

3) 오타구의 산업진흥정책 현황

　이상과 같이 오타구는 도쿄의 전반적인 추이와 달리 제조업이 여전히 큰 비중을 차지하고 있는데, 그 제조업은 일본경제 전체의 추이와 맞물려 매우 급속하게 비중이 하락하고 있다. 따라서 구 차원에서

고용확보를 위해서 제조업의 육성보호, 특히 주요 산업인 기계금속공업의 진흥정책이 필요하게 되었다.

이러한 필요성을 배경으로 오타구는 2009년에 '오타구 산업진흥 기본전략'을 작성했다(大田區, 2009). 이는 앞 절에서 소개한 '도쿄도 산업진흥 기본전략'이 책정됨에 따라 그에 맞춰 오타구의 전략을 결정하기 위해 마련되었다.

이 전략에서는 우선 오타구 제조업의 문제점으로서, 사업소 수 및 종업원 수 감소, 조업환경악화(주공혼재문제, 용지가격), 경영자와 종업원의 노령화, 수요부족, 원재료가격 급등을 들었다. 그리고 오타구 산업진흥의 기본방향을 모노즈쿠리 집적의 유지와 발전을 설정하고, 구체적으로는 다음과 같은 4개의 사업을 설정했다. ① 숙련기술을 바탕으로 한 개발형 기업의 성장을 가속화시키고, 새로운 기업군의 집적을 창출한다(환경, 의료, 항공기). ② 양호한 조업환경을 창출한다(주공조화의 실현, 사업용지와 지원시설 확보). ③ 오타 모노즈쿠리를 세계로 발신한다(기업의 해외진출 지원, 해외기업유치). ④ 모노즈쿠리 산업의 서비스기능을 강화한다(제조업 컨설팅기능 강화). 이 계획에 따른 구체적인 진흥방법은 <표 14>와 같다. 물론 이러한 정책을 실시하기에는 도쿄도와 중앙정부의 지원이 필요한 경우도 있다.

〈표 VI-14〉 오타구의 제조업진흥정책 개요

구분	시설정비	보조금·융자	소프트웨어지원	PR/인증제도	법규
모노즈쿠리	-공업용지재 개발 -공장아파트	-공장입지조성 -신기술보조금 -기술보조	-지적재산권 상담 -연구개발 중개	-신제품·신 기술 콩쿠르	-도시계획용 도지역 지정
경영력		-융자알선 -투자육성출자 -중소기업기 구펀드 -경영혁신보 조금	-수발주 상담 -비즈니스정 보화 지원 -경영지원센터	-우수공장· 공업페어, 가 공기술전 -오타브랜드	-하청 관련 법규
성장력	-공항부지활 용(산업지원, 창업지원시설) -중소기업 인 큐베이터	-창업보조금	-해외시장·신 시장 개척 지원 -JETRO·중소 기업가구 지원		-엔젤세제
인재	-고도기능자능 력개발센터	-단체강습회 보조 -외국인연수 생지원	-차세대경영자 육성세미나 -청년과 중소 기업의 네트 워크	-오타의 장인	-노동 관련 법규 -외국인연수 제도
계속성	-임시공장	-환경배려경 영지원 -환경보조금	-사업계승지원 -계승지원센터		-사업계승세제
연계성	-산업연계지 원시설	-신사업전개 그룹지원 -신연계보조금	-산학관 연계		-일본판 LLP·LLC

자료: 大田区(2009).

또한 2010년에는 기업입지촉진법상의 집적계획을 실시하기 위해 도쿄도와 공동으로 경제산업성에 기본계획을 제출하여 동의를 획득 했다(大田區, 2009). 도쿄도에서 동의를 획득한 계획은 2011년 10월 현재 4개이다(<표 VI-15>).

그 가운데 오타구의 계획에 의하면, 환경, 건강 관련, 정보가전, 항 공 관련, 로봇 등의 제조업과 이들 산업을 지원하는 설계, 컨설팅, 디

자인 등의 서비스업에 대해서도 집적 업종으로 지정하여 집적을 촉
진하는 것으로 되어 있다. 그리고 이 계획의 실시에 즈음해서는 구내
주공혼재지역의 조업환경을 정비하고, 기존기업의 재배치를 촉진하
는 것으로 되어 있다. 구체적인 사업으로는 산업용공용시설의 정비
(공장아파트 정비, 공업용지재개발, 모노즈쿠리 공장입지 지원), 인재
육성·확보(세미나, 청년층과 중소기업연결, 기술지도강습회, 기술계
승사업), 기술지원(신제품, 신기술 콩쿠르) 등을 계획하고 있다.

요컨대 전반부의 산업집적 업종은 도쿄도의 방침과 관련하여 지정
한 것에 불과하고, 이 계획에 의해 종래의 핵심사업인 주공혼재지역
의 정비·재배치와 인력양성사업을 집중적으로 실시하려는 계획인
것으로 보인다.

〈표 Ⅵ-15〉 기업입지촉진법상의 기본계획(도쿄)

집적구역	대상업종	기업유치목표(건)	고용목표(명)	계획의 개요
大田区	환경, 건강, 정보, 항공기, 로봇	50	1,000	- 모노즈쿠리집적의 재구축 - 기업재배치의 촉진, 생산성 향상
八王子市	정밀·전자기계, 도시대응형 산업	30	600	- 정밀기계산업의 고도화 집적 유도 - 식료품, 인쇄공업집적 촉진
수도권 서부	자동차, 정밀기계, 전기·전자기계	229	8,648	- 광역산학관의 연계를 강화 - 세계적인 모노즈쿠리지역 형성
도쿄중심부·神奈川県 해안	생활혁신산업, 문화산업	1,011	49,727	- 의료·복지·건강분야의 제품·서비스 개발 - 문화산업을 IT산업, 제조업 등과 연계

자료: 経済産業省 홈페이지.

6. 맺음말

이상 산업구조의 전환과 대도시의 대응을 도쿄를 중심으로 살펴보았다. 본 장의 의의와 향후 과제를 제시하는 것으로 결론을 대신하기로 한다.

본론에서는 산업구조 전환의 내용에 대해 국가 차원이 아니라 도시, 나아가 도시 내부의 특정 구 차원으로 내려가 살펴보았다. 그로부터 도시 내지는 특정 구 차원에서의 과제가 도출되고, 지방자치단체가 실제로 어떠한 정책적 대응을 모색하고 있는지를 검토할 수 있었다. 또한 그와 관련하여 일본에서 공업입지정책이 어떻게 실시되어왔고, 또 어떻게 전환되었는지에 대해서도 파악할 수 있었다.

그러나 본 장은 기본적으로 통계자료와 정책계획 문서에 의한 분석이었기 때문에, 마이크로 레벨에서의 분석을 보충할 필요가 있다. 예를 들어 제조업에 대한 분석의 경우, 대표적인 공업집적지역인 오타구의 경우, 공장입지에 대한 구 차원에서의 정책계획뿐만 아니라 실제로 개별공장의 신설, 증개축의 과정에서 어떤 변화가 있는지, 사회적 마찰은 어떻게 해소되고 있는지, 마찰의 강도와 해결방법은 시대에 따라 변화가 있는지 등에 대한 검토가 보완되어야 전체적인 산업진흥정책의 현실성과 효과를 판단할 수 있게 될 것이다.

또한 서비스업에 대한 분석의 경우에는, 도쿄의 서비스경제화라고 하는 추세가 고용형태에 어떤 변화를 가져오고 있는지에 대한 분석으로 진전되어야 할 것이다. 그와 관련하여 한 조사에 의하면 같은 서비스업이라고 하더라도 업종에 따라 정규직의 비율이 매우 상이하게 나타나고 있다(總務省統計局, 2007). 이러한 차이가 나타나는 원인을 해명하고, 나아가 기존 제조업의 취업형태와 비교분석하는 것이 향후 과제라고 할 수 있다.

참고문헌

工業集積硏究會. 2010. 『地域産業政策に關する自治体アンケート調査報告書』.

關滿博. 2006. 『変革期の地域産業』. 有斐閣.

橘川武郎. 2006. 地域経濟再生への道筋. 『都市問題』 97-10.

農村地域工業導入促進センター編. 2005. 『電源地域企業誘致調査報告書』.

大田區. 1987. 『大田區における高度工業集積の課題――大田區工業實態實態調
　　査報告』.

_____. 2007. 『大田區の産業に關する實体調査』.

_____. 2009. 「大田區産業振興基本戰略」.

_____. 2010. 「大田區企業立地促進基本計畫」.

大田區産業経濟部産業振興課・大田區産業振興協會. 2010. 『大田區工業ガイド
　　』.

大津志保. 2007. ものづくり産業の変遷と産學官連携――東京都における事例.
　　『都市問題』 98-12.

東京都. 2006. 10年後の東京.

_____. 2007a. 東京都産業振興基本戰略――産業活力と都市の魅力で東京の未
　　來を切り拓く.

_____. 2007b. 東京都産業振興指針.

_____. 2011. 東京都産業振興指針 2011.

東京都産業勞働局. 2010. 『クリエイティブ産業の實態と開題に關する調査報告書』.

_____(각년판). 『東京の産業と雇用就業』.

東京都産業振興政策懇談會・東京都勞働経濟局. 1986. 『東京の産業振興政策――
　　――21世紀の活力ある産業社會をめざして』.

東京都總務局(각년판). 『事業所・企業統計調査報告』.

武田晴人. 2011. 『通商産業政策史5 立地・環境・保安政策』. 経濟産業硏究所.

柏木孝之. 2011. 『日本型産業集積に明日は來るか』. 同友館.

山田伸顯. 2009. 『大田區から世界の母工場へ 日本のモノづくりイノベーショ
　　ン』. 日刊工業新聞社.

小川靖郎. 1993. 経濟變動と東京都の行政計畫.『都市問題』84-7.

松原宏. 2006.『経濟地理學 立地・地域・都市の理論』. 東京大學出版會.

植田浩史編. 2000.『産業集積と中小企業――東大阪地域の構造と課題』. 創風社.

植田和弘ほか編. 2004.『都市経濟と産業再生』. 岩波書店.

日本立地センター. 1990.『テクノポリス推進調査研究報告書――テクノポリス 2000構想調査』.

酒田哲. 1993. 地方據点都市地域の整備及び産業業務施設の再配置の促進に關する 法律について.『都市問題』84-3.

竹內淳彦. 1993. 東京における工業地域構造の変化. 서울산업경제구조 변천과 발전방향에 관한 국제세미나. 서울시정개발연구원.

總務省統計局(각년판).『就業構造基本調査』.

_____(각년판).『事業所・企業統計調査報告』.

_____. 2007.『商業構造基本調査』.

通商産業省立地公害局編. 1987.『地域経濟活性化ビジョン』. 通商産業調査會.

_____. 1989.『新工業再配置計畫の解說』. 通商産業調査會.

_____. 1990.『90年代の地域振興ビジョン』. 通商産業調査會.

通商産業省名古屋通商産業局編. 1983.『技術新時代の戰略』. 通商産業調査會.

通商産業省環境立地局編. 1994.『ニューファクトリーハンドブック』. 通商産業調査會.

通商産業省環境立地局. 1995.『新産業立地政策研究會報告書――グローバル経濟下での魅力ある産業立地環境の整備に向けて』. 通商産業調査會.

通商産業省環境立地局・中小企業廳編. 1998.『地域産業集積活性化法の解說』. 通商産業調査會.

通商産業省編. 1999.『新事業創出促進法の解說』. 通商産業調査會.

八田達夫編. 1994.『東京一極集中の経濟分析』. 日本経濟新聞社.

일본 제조업의 해외이전과 지역공장집단:

도쿄 오타지역을 중심으로

이종구

DIGITAL
INDUSTRIAL
COMPLEX

1. 문제의 제기와 접근방법

글로벌라이제이션에 수반한 시장 통합과 중국을 비롯한 후발국의 공업화는 아시아 지역에서도 국제적인 산업구조의 재편성을 촉진하는 요인으로 작용하고 있다. 이와 함께 아시아의 선진 공업국인 일본 내부에서는 해외생산과 저가 공산품의 수입으로 국내 제조업의 기반이 공동화될 수 있다는 위기감이 고조되었다. 특히 해외 저임금 지역과 가격경쟁을 벌이게 된 제조업 부문에서는 하청 생산조직의 하부를 구성하는 지역공장 집단이 위축되면 실업문제가 악화되고 지역사회의 황폐화가 초래될 수도 있다는 문제가 제기되어 왔다. 반면에 일본의 지역공장집단 내부에 쌓인 기술력과 네트워크의 잠재력에 주목하는 논의에서는 후발국과 차별화된 경쟁력이 발휘될 것이라는 낙관적 전망이 제시되고 있다. 즉, 일본에서 산업집적(産業集積)으로 통칭되는 지역공장집단의 상태와 전망에 대한 인식은 글로벌라이제이션

---

* 이 글은 '민주사회와 정책연구(2011년 하반기, 통권 20호)'에 게재된 '일본 제조업의 해외 이전과 지역 공장 집단'을 일부 수정, 보완한 것임을 밝힌다

과 시장개방이 사회 내부에 미치는 영향을 판단할 수 있는 중요한 기준이 될 수 있다.

일본에서 지역에 밀집한 중소기업 집단의 네트워크는 고도의 유연성을 발휘하는 하청 생산조직을 형성하고 있다. 즉, 유연한 하청 생산조직은 산업정책, 협조적 노사관계, 의사소통을 원활하게 하는 품의제도와 기업 내 의사결정 방식, 등과 함께 일본의 경제적 성공을 가능하게 한 중요한 요소로 거론되고 있었다. 소규모 제조업체를 의미하는 마치고바(町 工場)로 이루어진 지역공장집단은 다품종 소량생산 시대에 적합한 생산 조직으로 평가되고 있다. 또한 기계제작과 금속가공 분야에서 고도의 숙련을 보유한 노동력의 재생산도 지역공장집단에서 이루어지고 있다. 본래 일본에서 지역공장집단이 제공하는 이점은 "특수한 기능을 가진 인재의 집중", "저렴한 양질 중간재(생산재)의 신속한 입수", "지역 내 대면접촉에 의한 정보의 효율적 교환", "지역 내 특화와 분업의 진행으로 인한 생산효율 향상" 등이라고 지적되고 있었다(商工中金調査部: 26).

일본의 지역공장집단에서 볼 수 있는 장인적 숙련을 발휘하는 생산 노동자와 중소기업의 횡적 네트워크에 대한 평가는 산업과 노동을 주제로 한 연구에서 보편적으로 등장하는 이론적 논의와 결부되어 있다. 여기에서 포스트 포디즘, 유연전문화, 유연생산방식 등과 같은 다품종 소량생산 시대를 설명하는 논리에 주목할 필요가 있다. 고도 기술을 가진 중소 제조업체가 집단화되어 있는 지역에서는 제조업자의 전문화와 협동화가 이루어진다. 이는 의사, 교수, 법률가와 같은 전문직업인 집단 내부에서 진행되는 과정과 유사하다. 이러한 시각은 제3의 이탈리아와 같은 전통적 제조업 지역만이 아니라 실리콘

밸리와 같은 첨단산업의 중심지를 고찰할 경우에도 마찬가지로 적용될 수 있다(Sabel: 220~227). 거대 설비를 갖춘 중화학공업이 정상적으로 가동하기 위해서도 기계·금속가공 산업 부문의 중소기업 네트워크가 부품과 소재를 공급할 수 있어야 한다.

본래 유연전문화와 다품종 소량생산방식을 강조하는 논의는 선진 자본주의 국가들이 제1차 석유파동직후인 1970년대 중반에 촉발된 고도 경제성장의 종언과 대량생산 방식의 위기라는 문제를 해소하기 위한 대안으로 등장하였다. 시장의 한계와 후발 공업국의 성장으로 쇠락하는 대량생산 시대의 공장 지대를 고도 기술력을 갖춘 신산업 지역으로 전환시키려면 핵심적 역할을 수행하는 중소기업, 산업지역(industrial district) 내부의 공동체적 관계, 상급 사회 단위와 산업지역의 정책 조정, 노사협조, 숙련 노동력의 재생산 기제, 등이 중요하다는 것이 경험적으로 지적되고 있다(Piore and Sabel: 286~295; 松原: 103~104).

일본에서는 글로벌라이제이션의 진행과 함께 1980년대 후반부터 해외생산이 증가하기 시작하였다. 그러나 당시의 해외생산은 부품, 소재를 현지에서 조립하거나 저가, 저기술의 부품을 저임금 지역에서 생산하는 수준이었다, 거품 경기를 구가하며 만성적 노동력 부족에 시달리던 일본 사회에서 산업 공동화를 우려하는 목소리는 높지 않았으며 다만 노동집약적 산업 종사자의 재배치라는 부분적인 문제가 거론되는 데 지나지 않았다. 1990년대에는 일본 기업이 중국을 비롯한 후발국에서 생산한 저가 공산품이 역수입되어 국내 제조업체에 대한 원가 절감 압력이 더욱 높아지기 시작했다.

특히 인건비가 저렴한 후발국을 기준으로 하청 단가를 책정하기 시작하는 경향이 나타났다(<표 Ⅶ-1>). 하청기업은 대기업의 보호를 기대하기 어려운 상황이 되었다. 이러한 환경 변화 속에서 하청 생산 조직의 하부를 구성하는 소규모 제조업체의 위상과 진로는 시장통합이 일본 사회 내부에 미치는 영향만이 아니라 지역에 기반을 둔 유연생산체제의 현실적 유용성을 파악하는 유력한 지표라고 볼 수 있다.

즉, 글로벌라이제이션에 수반한 기업 내 국제분업이 진행되면 국내 연구개발 능력과 품질 경쟁력 향상이 한계에 직면할 수 있다는 역설적 상황도 상정할 수 있다. 일본에서도 해외생산의 확대가 국내 제조업 기반의 침하를 초래할 수도 있다는 우려는 고용 불안과 함께 사회적 위기감을 증폭시키는 데 기여했다. 이는 제조기반기술[1]의 보존과 숙련공의 재생산을 위한 관민 합동의 모노즈쿠리[2] 운동이 전개되는 계기가 되었다.[3]

여기에서는 이상과 같은 문제의식에 입각하여 기계금속가공 부문에 종사하는 마치고바가 밀집되어 있는 도쿄 오타(大田)구 일대를 중심으로 해외생산의 영향 및 지역공장집단의 변화를 고찰하는 데 주력하였다. 이 작업을 위해 현지 조사[4] 과정에서 수집한 전문가와 관계자에 대한 면접 자료, 현장 관찰 자료, 문서자료를 다시 분석하였으며, 간행된 도서와 학술 자료를 참고하였다. 전국에서 가장 제조업이 밀집된 곳인 이 지역에서 일어나는 변화는 일본의 제조업이 재편되

---

1) 종사자 규모를 기준으로 선정한 10대 기반기술: "설계", "절삭", "기계기구 수리 또는 조정", "용접", "프레스가공", "整毛, 방적, 製織, 剪毛, 編成, 봉제 또는 염색", "압축성형, 압출성형, 공기 분사에 의한 가공 또는 사출성형", "도장", "연마"(『ものづくり白書』, 2005年版: 197).

2) ものづくり 제조.

3) 일본 정부는 2000년 9월에 "제조기반기술진흥기본계획" 추진을 각료회의에서 결정하였으며 2001년 6월부터 "제조기반백서(ものづくり白書)"가 간행되고 있다. 상세한 과정은 '이종구, 2007: 133~138' 참조.

4) "2005년 12월 12~15일", "2009년 11월 23~28일", "2010년 2월 5~12일"에 실시한 현지조사 자료를 사용하였다.

는 방향을 보여 주는 대표성을 가진 지표라고 할 수 있다. 사례 조사
와 자료 분석의 초점은 해외생산이 증대하는 가운데 "지역공장집단
은 해체되는가, 아니면 적응하여 새로운 형태로 변화하고 있는가?",
"적응의 방향과 기제는 무엇인가?", "적응에 성공한 기업의 특성은
무엇인가?"라고 할 수 있다.

2. 해외생산과 지역공장집단의 위상 변화

일본의 해외생산은 1985년의 플라자 합의 이후부터 엔고의 영향을
상쇄하고 무역마찰을 완화하려는 목적을 가지고 있었다. 그러나 1990
년대 이후에는 아시아신흥공업국, 아세안, 중국과 일본 사이에 수평
분업 관계가 형성되는 상황속에서 일본의 해외생산이 계속 증가하고
있다는 점이 주목된다. 특히, 여기에서 일본의 산업구조에 영향을 끼
치는 최대의 요인은 중국을 비롯한 동아시아 국가들과 일본 사이에
임금격차가 크다는 사실이다(<표 Ⅶ-1>).

동일한 부품을 제조하는 데 임금 비용이 일본의 1/3에서부터 극단
적인 경우에는 1/30까지 줄어드는 상황에서 일본 공산품의 가격 경쟁
력이 발생하기 어렵게 되어 있다(三橋 等: 411). 이러한 상황에서 기
업 내 국제분업은 더욱 촉진되었으며 국내 하청관계도 변화할 수밖
에 없었다.

<표 Ⅶ-1> 아시아지역의 인건비(월) 국제비교(2003.11. 현재)

(단위: 미 달러)

구분	요코하마	베이징	센첸	상하이	서울	방콕	쿠알라룸푸르	뉴델리	하노이
노동자 (일반공)	2,602	79~ 139	86~ 335	109~ 216	879~ 1,801	184	202	133~ 154	7 9 ~ 119
엔지니어 (중견기술자)	3,627~ 5,008	121~ 266	179~ 494	269~ 601	1,163~· 1,770	327	684	317~ 387	171~ 353
중간관리직 (부과장)	5,308~ 6,194	314~ 1,382	408~ 1,193	567~ 1,574	1,855~ 2,682	790	1,892	936~ 989	504~ 580

자료: ジェトロセンサー(2004年 4月), 『ものづくり白書 2004年版』(経済産業省など編)(三橋規宏 等: 412)에서 재인용.

현실적으로 지역 간 인건비 격차가 초래한 제조업 생산 설비의 해외이전이 반영되어 있는 지표인 해외생산 비율을 보면 2007년에 국내 법인은 19.1%이지만, 해외진출 기업은 33.3%에 달하고 있었다(<표 Ⅶ-2>). 1994년에는 이 비율이 각각 7.9%, 18.0%였다. 즉, 1990년대 이후에 해외생산이 급속하게 증가한 상황이 나타나고 있다. 이를 반영하여 일본계 해외투자 기업이 일본으로 수출하는 역수입이 총수입에서 차지하는 비중이 1992년에 6.5%였으나 2007년에는 19.1%로 3배 이상 늘어났다(<표 Ⅶ-3>). 해외생산의 확대가 국내 산업에 미치는 영향을 구체적으로 파악하기 위해서는 우선 제조업 내부에서 업종별 상황을 살펴볼 필요가 있다. 매상고를 기준으로 해외생산 비율을 볼 때 2003~2007년 사이에 자동차를 포함한 수송기계는 32.6%에서 42.0%로 확대되었으며, IT관련 제품이 포함된 전기기계는 23.4%에서 21.6%로 정체 상태에 있다(<표 Ⅶ-4>). 전체적으로 보아 해외생산은 기계, 화학, 금속과 같은 공업을 중심으로 확대되는 추세를 보이고 있다.

〈표 Ⅶ-2〉 일본 제조업의 해외생산 비율

(단위: %)

구분	1994	1995	2000	2005	2006	`2007
해외진출기업기준	18.0	19.7	24.2	30.6	31.2	33.2
국내전법인기준	7.9	8.3	11.8	16.7	18.1	19.1

주: 1) 국내 전법인기준 해외생산비율 = [해외현지법인(제조업)매상고/해외현지법인(제조업)매상고+국내법인(제조업)매상고]×100
2) 해외진출기업기준 해외생산비율 = [해외현지법인(제조업)매상고/해외현지법인(제조업)매상고+본사기업(제조업)제조업매상고]×100
3) 해외현지법인은 자회사(일본 측 출자비율 10% 이상의 해외법인)와 손자회사(일본 측 출자비율이 50%를 초과하는 자회사가 50%를 초과하는 출자를 한 해외법인)를 말함.
4) 해외진출기업은 해외현지법인을 가진 일본기업을 말함.
5) 2001년도에 업종 분류를 수정하였으므로 2002년도 이전의 수치와는 단층이 있다.
자료: 『ものづくり白書』, 2005年版. p.36.
　　　『ものづくり白書』, 2009年版. p.95.

〈표 Ⅶ-3〉 총수입액 중 역수입액의 비중

(단위: %)

연도	1992	1995	2000	2005	2007
비중	6.5	11.6	16.0	16.7	19.1

주: 해외현지법인의 일본에 대한 판매액 기준
자료: 『ものづくり白書』, 2005年版. p.37.
　　　『ものづくり白書』, 2007年版. p.38.
　　　『ものづくり白書』, 2009年版. p.96

〈표 Ⅶ-4〉 일본 제조업 업종별 해외생산 비율

(단위: %)

구분	수송기계	전기기계	화학	정밀기계	일반기계	섬유	비철금속	철강	식료품	목재, 종이, 펄프
2003	32.6	23.4	13.6	12.8	10.7	8.4	7.9	6.9	4.9	3.3
2007	42.0	21.6	16.6	9.4	14.4	11.1	12.1	11.7	4.9	4.2

주: 전기기계는 정보통신기계 포함.
자료: 『ものづくり白書』, 2005年版. p.36.
　　　『ものづくり白書』, 2009年版. p.95.

일본과 아시아 지역 사이에 수평분업 관계가 형성되었다는 것은 해외생산의 양적 확대와 함께 질적 내용의 변화를 촉진하는 계기가 되었다. 특히 1990년대에 들어와 산업 기반을 정비한 중국은 장기 불황과 고평가된 엔화 환율에 시달리는 일본 기업의 중심적인 해외 생산기지가 되었다. 거리가 가까운 중국에서는 고급 제품이라도 소재생산으로부터 완성품 조립에 이르는 모든 생산과정이 이루어지게 되었으며 일부 제품에서는 연구개발의 현지화도 추진되는 단계에 들어서고 있어 생산기능의 해외이전이 질적으로 고도화되기 시작했다. 이와 함께 현지 법인의 일본에 대한 역수출이 증가하여 내수 시장을 잠식하는 결과가 나타났다. 이와 같은 사태는 일본 제조업의 경쟁력 기반이 되고 있는 지역공장집단의 존립에 위협을 주기 시작하였다. 특히 자동차, 정밀기계와 같은 일본 제조업의 주력 업종은 다양한 부품을 서로 세밀하게 조정해 가며 목표로 삼은 제품의 기능을 실현해 가는 '정합형' 설계 구상을 기본으로 삼고 있으므로 개발·시작(試作) 단계와 생산 현장이 밀접하게 연계되어야 경쟁력을 발휘할 수 있다(吉田: 21~23)는 점을 감안할 필요가 있다. 즉, 제조업의 기반 자체가 공동화될 가능성이 우려되기 시작했다.

자동차 부품 업계의 사례를 보면 해외투자의 목적 가운데 일본에 대한 역수입을 포함시키는 사례가 증가하기 시작하였다. 이와 함께 중국의 대일 자동차 부품 수출이 증가하기 시작하였다. 품질에 큰 문제가 없을 경우에 가격이 3~5할 정도 저렴하면 부품을 중국에서 공급받는 것이 일본 국내의 완성차메이커에도 유리하게 되었다. 즉, 부품 업계의 인건비가 중국을 기준으로 책정되는 결과가 되었다. 결국 여기에서 구상할 수 있는 대책은 자동차 산업을 포함한 제조업 전체를 고부가가치화하고 산업구조 고도화를 추진하는 방향으로 나아가는 것이었다(小林: 8~12; 이종구, 2007: 127).

우에다 히로후미는 중소 제조업 밀집지역에 대한 일련의 조사를 통해 지역공장집단은 축소되고 있지만 없어지지는 않을 것이므로 오히려 새로운 진로에 대한 모색이 필요하다는 시각을 제시했다. 그는 글로벌라이제이션이 본격적으로 전개되기 시작한 이전과 이후를 구분하여 지역공장 집단의 특성을 대비하였다(<표 Ⅶ-5>). 1980년대에 들어와 이미 지역공장집단의 축소가 시작되었으며 가격경쟁력을 상실하고 있는 상황에서 다수의 기업이 집중적으로 배치되어 분업과 경쟁 관계를 통해 상호 발전한다는 논의는 현실성을 상실하기 시작하였다. 오히려 지역공장집단을 의식적으로 활용하면서 자기 변신을 시도하는 개별 중소기업에 주목할 필요가 있다(植田, 2004: 120~122).

〈표 Ⅶ-5〉 일본 지역공장집단의 변화

구분	기존 상황	변화 방향
제품	대량생산품	다품종 소량, 소비자 지향
국제분업	국내 완전자급(full set)형	국제분업
국내시장	확대	성숙
혁신	공정 혁신	제품 혁신
분업 범위	지역공장집단 중심	지역공장집단+전국(+세계)
정보	발주 기업+지역 내	인터넷+지역
알선	지역 내 알선 (브로커, 재료·공구상 등)	집단 알선, 지원 알선
기능	지역 내 기업에서 육성	상급학교, 대기업
연구소·학계 연계	거의 없음.	서서히 진행

자료: 植田(2004: 122).

실제로 2000년대 중반에는 첨단산업의 신규투자가 일본 국내에서 이루어지는 경향이 나타났으며 정보기술로 해독할 수 없는 경험적 숙련의 가치를 재평가해야 한다는 논의가 확산되었다. 2004년 무렵부터 제조업의 공동화 추세가 멈추고 국내 산업입지의 이점을 재평가하려는 움직임이 많아졌다.[5] 일본의 경영자들은 기술력이 높은 양질의 노동력을 활용하기 위해서는 일본 국내에 생산 입지를 확보하는 것이 유리하다는 입장으로 기울어지게 되었다. 이들이 거론하는 구체적인 이유를 보면 "해외에서 생산할 수 없는 고난도 제품이 증가하고 있다"는 내용이 주류를 이루고 있었다. 여기에는 저가 대량생산품은 해외에서 생산하고 고급품의 생산입지는 국내로 차별화하여 첨단기술의 유출을 방지하려는 의도가 있었다(三橋 外: 418~420).[6] 즉, 이러한 상황 속에서 국내 고부가가치 제조업을 유지하기 위해서는 하청 생산 조직의 기반인 마치고바와 지역공장집단의 역할을 인정하고 재활성화 방안에 대한 모색이 필요하다는 논의는 설득력을 가지게 되었다.

이상에서 살펴본 바와 같이 해외생산의 증가는 지역공장집단이 위축되고 숙련공의 재생산이 단절될 수 있다는 문제가 제기되는 배경이기도 하다. 그러나 국내 제조업의 고부가가치화를 지원할 수 있는 기반을 유지해야 한다는 인식도 높아지고 있다. 이와 함께 중소기업의 활성화와 숙련의 전승이 정책적 과제로 등장하고 있다.

---

5) 朝日新聞, 2005.8.25.; 朝日新聞, 2005.8.26.
6) 日本経済新聞, 2004.8.19.

3. 오타 지역의 사례
─ 정밀가공기술의 활용과 고부가가치 제조업 ─

1) 지역의 개황

도쿄 서남부에 위치한 오타(大田)구는 전후 지방제도 개혁의 일환으로 오모리(大森)구와 가마타(蒲田)구를 통합하여(1947.3.15.) 만들어진 행정 단위이다(<그림 VII-1>).

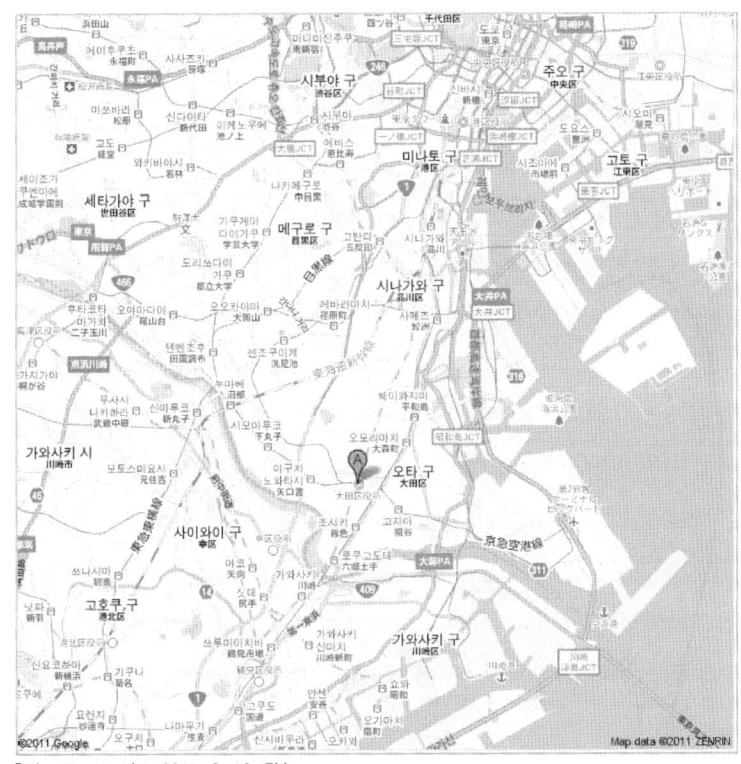

출처 : Google 지도, 2011. 3. 19. 접속.

<그림 VII-1> 오타구의 위치

면적은 59.46㎢, 인구는 693,426인, 345,949세대(2010.10.1. 현재)[7]이다. 산업구조는 제조업이 중심이며 서비스 경제화가 진행되고는 있으나 아직도 2006년 현재 제조업 종사자가 20% 이상을 차지하고 있다(<표 Ⅶ-6>). 1970년대 중반에는 제조업 종사자의 비중이 40% 수준이었다. 일본 전체나 도쿄의 지표와 비교하여도 이 지역은 제조업과 운수업 취업자의 비중이 높다. 또한 제조업 다음으로 종사자가 많은 부문이 운수업과 도매·소매업으로 되어 있다. 부가가치를 기준으로 살펴보면 도매·소매업의 비중이 22.6%를 차지하고 있으며, 다음으로 서비스업 19.3%, 제조업 17.9%, 운수·통신업 14.1%, 부동산업 10.8%의 순으로 나타나고 있다. 취업구조와 마찬가지로 부가가치를 기준으로 보아도 제조업과 운수업의 비중이 도쿄도(東京都) 전체보다 높다(<표 Ⅶ-7>). 오타구의 산업에서 운수업의 비중이 큰 것은 철도, 고속도로가 지역을 통과하고 있고 항만, 공항과 인접하고 있어 교통이 편리하다는 입지의 특성을 반영하고 있다. 생산시설을 외부로 이전한 기업이 공장 부지를 이용하여 영업을 하고 있을 경우에는 도매·소매업으로 분류되므로 이 부문의 비중이 상대적으로 높게 나타난다.

가와사키(川崎)시와 도쿄의 미나토(港) 사이에 위치하고 있는 오타구는 지바(千葉), 사이타마(埼玉), 도쿄, 가나가와(神奈川) 지역에 펼쳐진 게이힌(京浜) 공업지대의 일부이다. 이곳은 게이힌공업지대에서도 제조업체가 집중되어 있는 도쿄 내부에서 가와사키, 요코하마에 이르는 지역의 중심부이며 죠난(城南)[8]지역 이라고 부른다. 여기에는 기계 부품을 생산하는 하청 공장이 밀집되어 있다. 죠난의 기계공업 지

---

7) 平成22年国勢調査, 「人口速報集計結果」.
8) 도쿄 23구의 남부(大田区・品川区・渋谷区・世田谷区・目黒区・港区)를 통칭한다.

대에서는 뛰어난 생산·가공기술을 보유한 다수의 소규모 영세공장이 상호 결합하여 지역적인 기술집단을 형성하고 있다. 주택과 작업장이 혼재된 일종의 '산업 지역사회'가 형성되어 있다. 지가 상승과 공장 휴폐업의 증가로 공장 부지에 공장과 관계없는 신주민이 거주하는 고층 아파트 형태의 주거가 들어서는 사례가 늘어나고 있다. 그러나 최근에는 주택과 공장이 공존할 수 있도록 건설한 새로운 공장도 늘어나고 있다. 전체적으로 공업의 비중이 저하되고 있지만 '산업 지역사회'를 정비하고 육성하는 일은 대도시 정책과 산업정책의 중요한 과제로 남아 있다(竹內: 89~98).

제조업의 비중이 높고 마치고바가 밀집되어 있는 오타구 지역의 특성을 구체적으로 이해하려면 우선 역사적 배경을 형성하는 공업화 과정을 돌이켜 볼 필요가 있다. 또한 현재 지역사회가 직면하고 있는 문제와 과제를 파악하려면 글로벌라이제이션의 영향이 이 지역의 제조업체에게 미치는 영향을 살펴보아야 한다. 이러한 작업을 기반으로 하여 산업구조가 재편성되는 방향을 파악할 필요가 있다.

〈표 VII-6〉 오타구의 산업별 종사자

(단위: 인, %)

산업(대분류)	1996	1999	2001	2004	2006
전 산업	358,502 (100.0)	314,236 (100.0)	327,384 (100.0)	294,872 (100.0)	324,517 (100.0)
농림어업	94 (0.0)	22 (0.0)	34 (0.0)	54 (0.0)	43 (0.0)
광업	36 (0.0)				4 (0.0)
건설업	23,512 (6.6)	21,243 (6.8)	21,012 (6.4)	19,361 (6.6)	17,387 (5.4)
제조업	96,608 (27.0)	76,717 (24.4)	72,937 (22.3)	61,343 (20.8)	67,583 (20.8)
서비스	238,252 (66.5)	216,254 (68.8)	233,401 (71.3)	214,114 (72.6)	239,500 (73.8)
정보통신업	41,989 (11.7)	8,190 (2.6)	7,737 (2.4)	7,878 (2.7)	13,622 (4.2)
운수업		31,323 (10.0)	38,023 (11.6)	35,938 (12.2)	37,782 (11.6)
도매, 소매업	* 96,196 (26.8)	77,322 (24.6)	69,383 (21.2)	71,599 (24.3)	65,595 (20.2)
음식점, 숙박업		24,808 (7.9)	25,509 (7.8)	24,091 (8.2)	24,312 (7.5)
의료, 복지		14,778 (4.7)	19,671 (6.0)	17,982 (6.1)	23,421 (7.2)
공무(기타 미분류)	6,721 (1.9)		6,599 (2.0)		6,332 (2.0)

주: 1) * 음식점 포함.
    2) 1999, 2004는 민영 부문에 한정된 간이조사이다.
    3) 1999 이전과 2001 이후는 분류 기준의 차이로 비연속성이 있다.
자료: 『大田区の事業所』(平成18年 事業所・企業統計調査報告, 大田区産業経済部産業振興課管理系編, 2009.3.
    『平成11年大田区の事業所 事業所・企業統計調査報告』.
    http://www.city.ota.tokyo.jp/sangyo/.

〈표 VII-7〉 오타구의 산업별 부가가치 구성(2004)

(단위: %)

구분	제조업	건설업	전기·가스·수도업	도매·소매업	금융·보험업	부동산업	운수·통신업	서비스업	공무	기타
오타구	17.2	5.5	1.7	22.6	5.4	10.8	14.1	19.3	3.4	0.0
도쿄23구	5.0	4.5	2.3	19.6	14.1	12.8	6.7	31.5	3.7	0.1
도쿄도	8.9	4.9	2.2	19.3	12.8	12.0	6.4	29.7	3.8	0.1

자료: 『大田区の産業に関する実態調査』(報告書 槪要版), 大田区, 2007.12.

2) 공업화와 지역공장집단의 형성

근대화 이전에는 짚공예와 김 양식으로 유명했던 오타구의 공업은 도쿄의 다른 지역보다 비교적 늦게 출발하였다. 최초의 공장은 1908년에 세워진 도쿄가스(東京瓦斯株式會社)의 오모리(大森)제조소였다. 본격적인 공업화는 제일차 세계대전을 전후해 개시되었다. 1919년에 공포된 도시계획법, 시가지건축물법, 1922년 4월에 공고된 '도시계획 결정의 총리대신 공고'의 에 의해 본래 오타구 지역은 도시계획 구역에 포함되어 있었다. 간토대진재(關東大震災, 1923.9.1.)도 공업화를 촉진하는 계기가 되었다. 복구 과정에서 현재 오타구에 포함되어 있는 오모리마치(大森町)의 전부와 이리아라이마치(入新井町)의 일부가 처음으로 내무성 고시(1925.1.26.) '도쿄 도시계획 구역 내 상업지역, 공업지역, 공업지역 내 특별지구 및 주거지역 지정의 건'에 의해 공장지대로 지정되었다.

도쿄 시내에서 조업하다가 지진 피해를 입었으나 각종 법률과 도시계획 규제 때문에 복구를 미루던 기업들이 지진 피해도 심각하지 않고 시내에서 가까우며 공업지정지구가 된 오타구 지역으로 이전하기 시작했다. 이 지역의 인구도 1922년 99,640인, 1923년 110,632인, 1924년 128,050인, 1925년 152,635인으로 급증하기 시작하였다.

향료, 타이프라이터, 디젤엔진, 자동차 등을 생산하는 근대적 공장이 자리를 잡았고 쇼치쿠영화사(松竹キネマ)의 가마타촬영소, 인쇄소도 있었다. 만주사변(1931) 이후 중일전쟁(1937), 태평양전쟁(1941)으로 이어지는 소위 15년 전쟁이 시작되면서 오타구 지역은 총포류, 장갑차, 전차 등을 생산하는 병기공업지구로 변모하였다. 1944년 8월 현재 군수성 총동원국이 발행한 자료에 의하면 군수대신 지정 공장이 오타지역에는 172개 있었으며, 이는 도쿄도에 있는 695개 지정 군수공장의 24.7%에 해당했다(大田區立鄕土博物館 編: 20~43).

전후에 침체되었던 오타지역은 한국전쟁 특수로 활성화되었다. 1960년대에 들어와 오타지역에는 사장 1인 공장[9]이라고 부르는 영세 기계부품 공장이 급증하기 시작했다. 여기에는 1950년대 말에서 1960년대 중반에 이르는 기간에 중소 공장에 집단 취직한 양성공들이 도제식으로 기술을 배워 독립했을 뿐만 아니라, 1965년 무렵에 발생한 불황 때문에 중소 공장의 도산이 증가했다는 배경이 있다.

일종의 대가족과 유사한 조직 구조를 가지고 있던 마치고바들은 한편으로는 노동기준 행정이 강화되고, 다른 한편으로는 대기업의 하청으로 편입되면서 경영을 합리화하라는 압력을 받아 고용 규모를 감축할 수밖에 없었다. 또한 신형 공작기계의 보급도 창업을 용이하게 했다. 이전에는 대형 모터가 발생하는 동력을 회전축과 벨트로 여러 대의 공작기계에 전달하였다. 그러나 전기 모터를 부착한 직결식

---

9) 一人親方工場.

공작기계가 보급되었으므로 공장 규모가 줄어들어 농경지나 김 건조장 터에 소규모 임대공장이 대량으로 만들어질 수 있게 되었다. 이와 같은 창업 열기는 1980년대 초까지 지속되었다.

1970년대에는 정부의 공장 분산정책으로 다수의 대공장이 교외나 지방으로 이전하게 되었다. 또한 1960년대부터 공해가 사회문제로 부각되었다. 공해 대책의 일환으로 도쿄만에 매립지를 조성해 공장을 이전하기 시작하였다(大田區立鄕土博物館 編: 50~60).

환경 대책과 공장 지방 분산 정책의 일환으로 이 지역에서도 주거지와 공장을 분리하려는 정책적 시도가 있었다. 그러나 이는 지역의 산업기반을 지켜야 한다는 명분을 앞세운 사업자 단체인 공화회(工和會)의 반발에 부딪쳤다. 2차 세계대전 당시에 사업자 단체로 조직되었던 카마타(蒲田)산업보국회 야구치(矢口) 지부의 후신인 공화회의 가장 중요한 실적은 "공업지역을 지키는" 활동이다.

정치적으로 온건한 공화회의 일상 활동을 보면 회원 간 친목을 도모하기 위해 연 1회 맥주 파티를 개최하고, 사업 후계자로 구성된 성년회(成年會)를 통하여 이업종(異業種)교류 활동을 추진하고 있었다. 그러나 이미 1972년에 공화회는 준공업지역이었던 시모마루코(下丸子), 우노기(鵜の木)지역의 용도를 제2종 특별공업지구10)와 주택지로 변경하여 주거와 작업장을 분리하려는 정책이 구상되자 초나이카이(町內會)11), 상점회(商店會), 부인회(婦人會)의 협력을 받아 서명운동을 벌여 저지한 적이 있다.

---

10) 주거와 공장이 혼재된 지역에서 공장의 면적과 원동기 출력이 규제되며, 풍속영업이 금지된다.

11) 町內숲, 町숲, 自治숲 등으로 일컬어지는 반관반민적 성격을 가진 주민의 자치적 생활조직이다. 이에 대한 자세한 내용은 '이시재 외, 2001, 『일본의 도시사회』' 제1장을 참조.

공화회는 1980년에 지역에 남아있는 제2종 특별공업지구를 준공업 지역으로 용도 변경해 달라는 요망서를 오타구와 도쿄도에 제출하여 관철시켰다. 1980년대에는 구로가네자동차공장이 있던 부지를 대형 아파트 단지로 개발하려는 도큐(東急)부동산에 대해 공화회는 지역주 민과 공동으로 이의를 제기하여 26개 단체가 모인 "야구치 시모마루 코 지구 재개발 연락협의회를 결성하였다. 결국 도큐 측의 동의를 얻 어 제3자 기관인 "전국 시가지 재재발협회"에 기본 계획 작성을 의뢰 하게 되었다.

결과적으로 1990년에 대형 아파트만이 아니라 스포츠센터, 도시형 공장이 공존하는 "도큐 아반테크 야구치"를 건설하게 되었다. 그러나 이러한 공화회의 활동은 지역공장집단의 축소와 함께 위축되어 갔다. 2001년 무렵부터 다마가와(多摩川) 연변을 따라 시모마루코 지역에 건설되는 아파트가 늘어나고 공장수가 줄어들고 있으나 공장과 주택 의 공존을 적극적으로 모색하는 활동을 펼치는 대신에 공화회는 공 사로 인한 진동이나 일조권 침해를 호소하는 회원사의 고충을 처리 하고 보상으로 해결하는 정도의 활동을 지속하고 있다.

이 사례는 기업집단이 지역집단과 결합하여 다중적 네트워크를 형 성하고 외부 기업, 자치체와 정부가 추진하는 도시 개발 계획에 개입 하고 지역공장집단을 보호하는 매개역할을 수행하여 왔다는 사실을 보여 주고 있다(桑原: 215~218, 224~225; 武田: 40~41).

정보화의 흐름 속에서 일본에서도 1970년대부터 컴퓨터와 기계를 결합하여 수치제어(NC) 기법으로 공작기계를 자동화하는 기술혁신이 소개되기 시작하였다. 1980년대에는 정보기술을 적용한 NC공작기계 가 중소기업에도 보급되기 시작하였다. 그러나 오타지역에서는 정보기술을 공장의 무인화나 자동화를 촉진하기보다는 숙련공을 보조하고 노동력을 절약하는 용도로 사용하고 있다고 평가되고 있다(大田區立鄕土博物館 編: 62~65).

이와 같은 NC공작기계와 숙련공의 결합은 마치고바가 정보기술에 적응하여 새로운 위상을 확립하였다는 것을 의미한다. 여전히 지역공장집단은 일본의 제조업이 유연한 다품종 소량생산체제를 확립하고 세계 최고의 경쟁력을 발휘할 수 있도록 뒷받침하는 기반으로 남아있었다.

3) 해외생산과 고용불안

글로벌라이제이션에 수반한 해외생산화와 저가 중국산 공산품의 수입 확대는 마치고바의 위상을 변화시켰다. 이들이 살아남으려면 한편으로는 수익성 악화에 버티어 내고, 다른 한편으로는 제품의 고부가가치화와 차별화를 실현해야 한다는 복합적 요구를 수용할 수 있어야 한다. 이러한 상황은 노동조건을 포함한 숙련공의 고용 환경도 달라지고 있다는 것을 말한다.

글로벌라이제이션이 오타구의 지역공장집단에 미치는 영향을 파악하려면 우선 <표 Ⅶ-4>에서 나타나는 바와 같이 자동차 공장의 현지화 추세를 반영하여 수송기계의 해외생산 비율이 급상승하고 있는 경향에 주목할 필요가 있다. 기계공업은 부품 공급 네트워크 위에서 존립하고 있다. 사실상 오타구 제조업의 주력 업종은 아직도 기계공업과 금속공업이다(<표 Ⅶ-8>).

일본 제조업의 해외생산이 현지 조립의 수준을 넘어 공정이 전반적으로 이전되는 단계로 접어들고 있으므로 부품과 소재를 공급하는 오타구의 산업은 압박을 받을 수밖에 없다. 실제로 오타구의 공장과 제조업 종사자가 지속적으로 감소하고 있다(<표 Ⅶ-9>). 일본이 번 영의 절정을 달리고 있던 1983년과 비교하면 2008년의 47.3%, 종사자 는 35.6%에 불과하다.

그러나 이를 취업자 규모별로 보면 1995~2005년 사이에 규모별 구성비가 크게 변화하고 있지 않으나, 9인 이하의 소규모 공장의 수 가 가장 많이 줄어들었다(<표 Ⅶ-10>). 소규모 제조업체의 비중이 감 소하는 경향은 결과적으로 글로벌라이제이션에 수반한 환경 변화에 적응하여 신기술을 수용하거나 해외생산에 참가할 수 있는 자원을 보유한 비교적 규모가 큰 업체일수록 생존 가능성이 높다는 상황을 반영하고 있다. 이 기간에 오타 지역의 공장은 1/2, 종업원은 1/3로 감 소하고 있다.

마치고바의 절대수가 감소하면 이 지역의 강점인 유연전문화 된 하청 생산조직이 취약해지고, 기반기술의 보존, 전승, 발전을 담당하 는 주체의 재생산이 곤란해지는 사태가 초래될 것이 우려되고 있다. 부품의 해외생산화에서 초래되는 이러한 사태는 산업공동화의 가장 큰 문제점으로 지적되고 있다(山田: 19~20). 또한 오타구의 지역공장 집단의 진로를 파악하기 위해서는 현재 나타나는 문제 상황을 파악하 는 것과 동시에 환경 변화에 적응한 기업과 노동력의 성격에 대한 고 찰이 필요하다.

<표 VII-8> 오타구의 업종별 공장, 종사자, 출하액 구성

	공장 수	종사자 수	출하액
일반기계	34.1	28.6	31.3
금속제품	21.2	18.1	12.5
전기기계	7.3	8.5	8.0
플라스틱	6.1	5.5	4.4
인쇄 및 관련사업	5.0	5.7	5.9
수송용기계	4.6	4.5	
정밀기계	4.1	4.1	
전자기기	2.8		
정보통신기계			5.8
식료품제조			5.8
철강업			5.1
기타 16사업	15.1	21.2	21.2
합계	100.0	100.0	100.0
실수	4,778	37,641人	7,610억 8,655만 엔

자료: 1) 2005工業統計調査.
2) 「大田区工業ガイド」, 大田区産業経済部産業振興課・
財: 大田区産業振興協会(2008.3.: 2).

<표 VII-9> 오타구의 공장과 제조업 종사자 규모 변화

연도	공장	종사자(인)
1983	9,190	95,294
1993	7,160	69,003
2003	5,040	39,976
2005	4,778	37,641
2008	4,351	33,899

자료: 1) 不況打開大田区実行委員会事務局幹事 作成,「産業空洞化から工場集積と地域経済を守るための東京・大田区における運動について(昌原市からの産業空洞化調査団との懇談メモ)」, 2005年12月14日
2) 2005, 2008은 工業統計調査資料에 의함. 工業統計調査의時点는 12월31일.

〈표 Ⅶ-10〉 오타구의 종사자 규모별 공장 수

규모		1995		2005	
		공장수	구성비	공장 수	구성비
대규모	100인 이상	62	0.9%	27	0.6%
중견	30~99人	206	3.0%	122	2.6%
중소	10~29人	1,008	14.9%	713	14,9%
소규모	9人 이하	5,511	81.2%	3,916	82.0%
합계		6,787	100%	4,778	100.0%

자료: 不況打開大田区実行委員会, 「大田区の工場訪問での対話報告集」, 2003年 4月, p.3.
2005 工業統計調査資料.

지역공장집단의 축소는 일차적으로 지역사회에 고용불안을 유발하고 있다. 이를 구체적으로 파악하기 위해 노동운동 단체의 인식과 대응 방향을 살펴보았다. 면접 조사 당시(2009.11.24.) 오타노련(大田労連)에서 해고자 및 해고 통지를 받은 노동자의 상담이 증가하고 있으며 정부가 임금의 60%를 지원하는 고용조성금[12]을 받는 기업이 늘어나고 있다는 설명을 들었다.[13] 오타노련은 사용자와 노동자 간의 사회적 거리가 짧으며 사실상 운명공동체가 되어 있는 마치고바의 상황을 반영하여 오타노련은 업자단체인 민주상공회와 공동으로 행동하고 있었다. 이들은 지자체인 구(区)와 정부를 상대로 각종 지원과 제도 개선을 요구하고 있었으며 지역공장집단이 살아야 후계자가 양성되어 기술이 전승되고 지자체의 세수도 올라갈 것이라는 논리를 제시하고 있다.

여기에서 파악하고 있는 고용 불안의 양상을 보면 급료는 월 4만~5만 엔 정도 줄어들었고, 1주일에 3일 조업하는 공장이 증가하고 있으

---

12) 雇用調整助成金을 말함.
13) 2009.11.24. 全国労働組合総連合 大田労働組合総連合 議長 N, 事務局長 H, 書記長 K.

며, 월 5만 엔의 임대료를 지불하지 못하는 공장이 나타나고 있다. 사업자들이 오타구와 도쿄도를 상대로 공장 임대료를 지원해 주도록 요구하고 있으나 명확한 회답은 없었다. 파견회사의 정사원으로 고용된 파견노동자들도 작업량이 없으면 자택에서 대기해야 하며 임금은 60%로 줄어든다.

이 기간이 3~4개월로 길어지면 본인이 불안을 느껴 오타노련에 상담하러 오는 사례가 있다. 파견회사에서도 해고되면 이전에는 쇼쿠안(職安)이라고 부르던 공공직업안정기관인 하로와쿠(ハローワーク[14])에 가게 된다. 가마타(蒲田), 오모리(大森)의 하로와쿠에는 70대에 50대까지 연령에 관계없이 아침부터 줄서기가 시작되며 40~50대는 구인 수요도 없고 직장에서는 고령자로 취급해 능력이 없다는 등의 모욕적인 이유를 들어 그만두게 하고 있으며, 이러한 경우에는 자발적 이직이 되어 고용보험 수급에 문제가 발생한다.

젊은이를 채용하는 것은 예외적인 일이다. 30대 이상이 되면 재취직이 곤란하고 40~50대가 재취직을 하면 급료가 40만 엔에서 20만 엔으로 50%나 줄어든다. 여름 보너스도 줄어들었다. 그러나 급료가 줄어들어도 일자리를 확보하기 위해 사장들과 같이 기업의 존속을 위해 노력할 수밖에 없다는 것이 오타노련의 입장이었다.

오타노련이 오모리 하로와쿠 앞에서 수집한 설문 조사 자료[15])에는 구직을 해야 하는 실업자의 상태가 구체적으로 나타나고 있다. 연령대를 살펴보면(<표 Ⅶ-11>) 50대 이상이 51.5%이며, 40대 이상을 포함하면 71.6%이다. 즉, 중고령자들이다. 구직자가 종사하던 업종은

---

14) Hello Work.
15) 2009년 가을에 실시한 것으로 추정. 134명 응답.

(<표 Ⅶ-12>) 지역의 산업구조를 반영하여 제조업이 25.4%로 가장 큰 비중을 차지하고 있으며, 다음으로는 정보통신업, 운수업, 서비스업이 각각 11.9%를 차자하고 있다. 이를 산업별 취업구조(<표 Ⅶ-6>)와 대비하여 보면 제조업과 정보통신업 부문에서 상대적으로 실업이 많이 발생했다는 것이 나타난다. 구직자의 64.9%가 정사원 출신으로 주류를 이루고 있었으며, 자영업 2.2%를 제외한 나머지가 각종 비정규직으로 나타났다(<표 Ⅶ-13>). 실업·해고의 원인을 보면 해고 22.4%, 자발적 사유 21.6%, 희망퇴직 14.9%, 계약기간 만료 10.4% 등으로 나타났으며 도산은 7.5%였다(<표 Ⅶ-14>). 그러나 면접에서도 드러난 바와 같이 자발적 사유가 실질적으로는 강요의 성격이 짙다는 점을 감안할 필요가 있다.

〈표 Ⅶ-11〉 구직자의 연령 분포

연령대	인원(명)	구성(%)
10대	0	0.0
20대	9	6.7
30대	28	20.9
40대	27	20.1
50대	39	29.1
60대	28	20.9
70세 이상	2	1.5
무응답	1	0.7
합계	134	100.0

자료: 大田労連.

<표 Ⅶ-12> 구직자의 직전 종사 업종

산업	인원(명)	구성(%)
광업	0	0.0
건설업	8	6.0
제조업	34	25.4
전기·가스·열공급·수도업	2	1.5
정보통신업	16	11.9
운수업	16	11.9
도매·소매업	10	7.5
부동산업	4	3.0
금융·보험업	6	4.5
음식·숙박업	5	3.7
의료·복지업	3	2.2
교육·학습지원업	2	1.5
서비스업	16	11.9
기타	11	8.2
무응답	1	0.7
합계	134	100.0

자료: 大田労連.

<표 Ⅶ-13> 구직자의 직전 고용형태

고용형태	인원(명)	구성(%)
정사원	87	64.9
파트	8	6.0
아르바이트	5	3.7
기간·계약사원	15	11.2
파견	11	8.2
청부	0	0.0
자영업	3	2.2
기타	2	1.5
무응답	3	2.2
합 계	134	100.0

자료: 大田労連.

〈표 Ⅶ-14〉 실업·해고의 원인

원인	인원(명)	구성(%)
해고	30	22.4
계약기간 만료	14	14.4
파견 중단 등 유기계약의 중도해지	5	3.7
경영부진 등에 의한 희망퇴직	20	14.9
도산	10	7.5
자발적 사유(자기 의사)	29	21.6
정년	8	6.0
기타	16	11.9
무응답	2	1.5
합계	134	100.0

자료: 大田労連.

현지 조사를 통해 오타노련의 실업 문제에 대한 활동 양상을 보면 4년 전부터 2,600여 개의 공장을 방문해 실태 조사를 하고 있었으며, 하청2법(하청대금 지불 지연 등 방지법, 하청중소기업진흥법)의 준수 여부와 거래 조건을 점검하고 있었으며, 정부에게 촉구해 중소기업청 공무원이 하청2법 설명회를 개최하였다. 오타노련은 지적 재산권 보호 운동도 벌이고 있다. 예를 들어 플라스틱 성형에 사용하는 금형 시제품을 납품하면 발주자가 중국이나 해외로 유출하여 복제하므로 금형을 제작한 사람의 노하우도 지적 재산으로 보호할 것을 정부에게 요구하고 있었다. 면접에 협조한 민주상공회 활동가 H[16]도 공장 임대료 보조를 가장 시급한 과제로 생각하고 있었으며 공장주의 2세가 의욕을 상실하여 아들이 사업의 대를 잇겠다는 사례가 10%도 되지 않을 정도로 후계자가 없어지고 있는 사태를 가장 우려하고 있었

---

16) H면접 자료 2009.11.24., 蒲田民主商工会 会長(全国商工団体連合会 理事, 東京商工団体連合会 副会長).

다. 그는 공장주가 일시적으로 휴업을 하고 수입을 보충하기 위해 파트타이머로 건물 청소를 하거나 술집에서 아르바이트를 하는 사례가 나타나기 시작한 시점은 20년 전이었다고 회고하고 있다.

오타노련과 민주상공회는 '오타구의 공업집적과 노동자의 고용을 지키는 위기 돌파 긴급대회 실행위원회'를 만들어 지자체를 상대로 지원책을 이끌어 내기 위한 캠페인을 전개하고 있었다. 이들은 대표적인 성과로 구의회에서 추경 예산에 '모노즈쿠리 경영혁신 긴급 조성' 5,500만 엔을 계상하고, 중소기업 지원 기금의 성격을 가진 예탁금(預託金)을 5억 엔 증액시킨 것을 들고 있었다. 조성금의 용도는 중소기업에 경영진단사를 파견하는 데 필요한 사례금과 판로 확대 지원이었다.[17] 또한 공산당과 연계된 이 위원회가 조직한 위기돌파 긴급대회(2009.11.12.)에 민주당과 자민당이 참가하여 지자체에 중소기업과 노동자에 대한 지원을 요구한 것도 성과로 평가하고 있었다(馬場: 10).

장기적으로 진행되고 있었던 해외생산의 확대라는 구조적 변화 속에서 축소되고 있었던 지역공장집단의 경영 환경은 2008년 가을에 촉발된 미국발 금융위기와 불황 속에서 더욱 악화되고 있었다. 그러나 고도의 기술력을 가진 중소기업의 지역네트워크를 살려야 한다는 명분은 정치적 입장을 초월해 지지를 받고 있었다. 실제로 이러한 움직임은 일본에서 2000년대부터 지속되어 왔으며 오타노련과 JMIU[18]와 같은 계급운동적 노동운동을 지향하는 젠로렌(全勞連[19])계만이 아니라 온건한 JAM[20]계 노동운동도 동일한 캠페인을 전개하여 왔다(이

---

17) 日本共産党大田区議団 発行, 『大田区議会FAX通信』, NO. 193, 2009年11月22日.
18) 全日本金属情報機器労働組合 all Japan Metal and Information Machinery Worker's Union.
19) 全国労働組合総連合.

종구, 2007: 135~138, 152~156).

이상과 같은 사례에서 볼 수 있듯이 지자체, 지방의회, 업계단체, 노동단체, 정치단체, 주민단체 등의 주요 당사자들은 소규모 제조업의 활성화를 시도해야 한다는 목표를 공유하고 있다. 또한 지역에 내재한 각종 네트워크가 발휘하는 정책을 형성하고 실현하는 기능을 볼 수 있다. 여기에서는 지역공장집단 내부에서 작동하는 사회통합 기제의 중요성을 확인할 수 있다.

4) 고부가가치 제조업과 마치고바의 적응

불황은 경쟁력을 가지고 있는 마치고바의 선별을 촉진하는 계기가 되고 있다. 중국을 비롯한 후발국의 저가 공산품과 경쟁해야 하는 오타지역의 제조업체가 모색하고 있는 방향은 지자체의 산업정책을 통해 나타나고 있다. 지역 산업정책을 수행하는 조직인 산업진흥협회의 구상을 보면 해외진출 지원, 기존 제조업의 기반 활용과 대체 산업 육성, 젊은 신규 노동력의 확보로 대별할 수 있다.[21]

해외진출 상황을 보면 개별적인 현지생산 이외에도 지자체의 정책적 지원으로 2006년 6월에는 타일랜드의 방콕에 'OTA TECHNOPARK' (오타구 중소기업 집합공장)이 개장하여 6개사가 입주하였으며 현지에 진출한 일본 자동차 생산업체에 부품을 공급하게 되었다. 지자체가 직접 경비를 지원하지는 않았으나 현지 정부와 교섭하는 과정에 개입하였다. 또한 해외에서 열리는 견본시에 지역 기업이 참가하도록

---

20) Japan Association of Metal Machinery, and Manufacturing Workers.
21) 2009.11.24., 大田区産業振興協会 전무이사 Y 면접 자료.

지원하고 있다.

기존 제조업 기반의 활용이라는 점에서는 오타지역에 축적된 정보화 시대 이전의 아날로그[22) 기술인 경험적 숙련의 가치를 재평가하고 있다. 즉, 정보기술을 적용한 자동화가 진행되어 기계산업 부문에서 컴퓨터 지원 설계(CAD: computer-aided design), 컴퓨터 지원 제조(CAM: computer-aided manufacturing)가 보급되어 있으나, 이는 절삭(切削) 작업만 디지털화된 것에 지나지 않으며, 연마 열처리 도금 등은 아직도 아날로그의 세계라는 인식이 있다. 오타지역에는 아날로그 기술이 축적되어 있다. 이러한 기술을 익히려면 시간이 걸리기 때문에 다른 나라에서 쉽게 모방할 수 없으며, 또한 이익도 적다. 따라서 오타지역 제조업의 비교우위는 정보기술로 해석이 곤란하며 작업자의 경험이 중요한 기반기술에 있다는 입장을 고수하고 있다.

오타지역에 남아 있는 공장의 성격은 '기술적으로 앞선 곳'만이 아니라 '개발과 연계된 기계가공', '시작(試作)', '특수 부품' 등과 같이 일반적 기술에 의지하고 있지 않으며, 주요 고객은 외부 기업의 개발 부문으로 되어 있다. 시행착오를 반복하는 과정을 거쳐야 하는 대기업의 개발 담당자는 하청기업으로 부터 개선 방향에 대한 제안을 받을 필요가 있다. 즉, 이 지역의 마치고바는 단순한 제작소가 아니라 해법(solution)을 제공하는 문제해결형 서비스업으로 변신하고 있다. 대기업은 하청기업의 선별 기준을 강화하고 있다. 오타지역에 있는 캐논 본사는 예산 배분의 중점을 시작(試作)과 개발에 두고 있다. 소니가 하청 업체를 대부분 교체하였을 때에도 종업원이 5인에 불과한

---

22) 디지털기술, 즉 정보기술이 적용되지 않는 전통적인 숙련이라는 뜻.

기업이 기술력을 인정받아 거래를 계속하게 된 사례가 있다.

지자체 당국도 앞으로 산학 연계를 조직해 대기업, 연구소, 오타지역의 기업이 공동연구를 추진할 수 있는 체제를 정비하려는 구상을 가지고 있다. 이 지역의 대체 산업으로는 정밀가공 기술을 활용하여 다품종 소량생산에 적합하며 부가가치가 높은 항공기 부품 산업을 육성하려는 노력을 시작하고 있다. 일본은 중거리 항로에 투입하는 중형기(中型機) 개발에 주력하고 있다. 이 지역의 S사의 사례를(山田: 217~217) 보면 매상의 65%가 항공우주관련 부품, 20%가 원자력발전소용 부품이며, 2007년부터 항공기 산업에 직접 참가하기 위해 필요한 JIS-Q-9100을 품질관리기구에서 인정받았다. 이 회사는 고용 규모가 오타 공장 23명(평균 연령 58세), 도치기(栃木)현 나수(那須)공장은 27명(평균연령 43세)의 중소기업이다. 항공기 동체 소재인 탄소섬유 강화 복합재료(CFRP)[23]를 가공하거나, 번개를 방지하는 기술은 자동차에 응용할 수 있다. 또한 전기차를 개발하려면 차체를 경량화하는 기술이 필요하다. 2009년부터 30개 기업이 모여 CFRP연구회를 조직하였으며 세미나를 열면 200여 개 기업이 참가하고 있다. 산업진흥협회는 이와 같이 만날 수 있는 장(場)을 마련하는 역할을 하고 있다. 이 밖에도 오타지역의 기업들은 현재 미국이 강점을 가지고 있는 의학과 공학을 연계하여 의료기기를 개발하는 영역에 진입하려 시도하고 있다.

이 지역에서도 젊은 신규 노동자를 확보하기 위해 새로운 접근이 필요하다는 점이 지적되고 있다. "오타지역만이 아니라 각지의 중소,

---

23) carbon fiber reinforced polymer, plastic.

중견기업 노동력이 젊어지고 있는 경향이 있다. 오타와 인접한 시나가와(品川) 소재 I공구(工具)의 미야기(宮城) 공장 종업원의 평균 연령은 29세이다. 고도의 정밀가공을 하려면 쓸모없는 잔소리를 하는 구형 숙련공보다 디지털 기술을 구사하고 스스로 아이디어를 낼 수 있는 젊은 세대가 낫다. 지금의 청년 노동자들은 옛날과 같이 아날로그 기술을 몸으로 익히는 것에 더하여 스스로 새로운 것을 개발할 수 있는 기회를 가지면 성과가 오른다. 개인생활을 중시하는 젊은이들에게는 장시간 노동을 요구할 것이 아니라 정시에 퇴근하고 집중해서 작업할 수 있는 환경을 만들어 줄 필요가 있다. 실제로 생산성이 향상되고 있는 곳은 청년이 많다. 지방 공고가 흡수력이 높은 재학 시기에 실습으로 학생의 기량을 향상시켜 취직률을 높인 사례가 있다. 이들은 이유를 알면서 현장에서 실천하기 때문에 실력이 느는 것이다. 보편적 설계(universal design)의 개념을 적용하여 작업 내용을 경노동화(輕勞動化)하면 고령자, 여성, 외국인 노동자도 생산현장에서 일할 수 있다. 실제로 상업계 여고를 졸업한 여성도 중년 남자가 하던 현장 작업을 맡아 우수한 성과를 올리는 사례가 있다. 오히려 여성은 집중력이 높고, 오타지역에서는 경량물(輕量物)을 취급하고 있으므로 문제가 없다. 또한 하급기술(low technology)로 감당할 수 있는 대량생산 공장은 완전 자동화하고 있다. 백 수십 명을 고용하여 자동차용 전지의 부품을 만드는 공장이 중국과 경쟁하게 되었으나 완전 자동화를 실현해 일본 국내 수요의 70%를 공급하는 사례도 있다."[24]는 것이 새로운 현실이었다.

---

24) 2009.11.24., 大田区産業振興協会 전무이사 Y 면접 자료.

이상과 같은 상황으로부터 오타구의 마치고바가 환경변화에 적응하려면 두 가지의 선택자가 있다는 것을 볼 수 있다. 첫째는 기술력을 고도화시켜 다품종 소량생산체제에 적응하고, 일본 기업이 국내에 남겨 놓고 있는 연구개발 기능과 결합하는 방법이다. 여기에는 경험적 숙련만이 아니라 지적 능력을 발휘할 수 있는 노동력을 확보해야 한다는 과제가 있다. 둘째 방법은 자동화를 고도로 진행시켜 노동력수요를 절감하거나 남성 숙련공을 고용하지 않아도 조업에 지장이 없도록 작업장 환경과 작업 방법을 개선하는 길이다. 종합적으로 보면 한편으로는 기술 경쟁력을 확보하기 위하여 작업환경과 노동조건을 개선함으로써 고도의 능력을 갖춘 생산 노동자를 확보하는 방향이 강조되고 있지만, 다른 한편으로는 자동화된 기계와 다양한 형태의 단순 노동력을 결합하여 인건비 상승 압력에 대응하고 생산 활동을 유지하는 방향으로 나아가고 있다. 그러나 일본 전체에서 오타지역의 위상에 비추어 보면 전자가 주류를 형성하고 있다는 추론이 가능하다.

5) 마무리: 마치고바의 적응과 숙련의 가치

케이힌공업지대의 중심에 위치하고 있는 오타지역에는 고도의 기술력을 가진 기계, 금속가공 분야의 마치고바가 밀집하여 유연전문화된 생산조직을 형성하고 있다. 공장 자동화를 촉진하는 정보기술의 발달과 해외생산의 증대에도 불구하고 오타지역의 중소 제조업체는 대기업의 연구개발 기능을 지원하는 기능을 수행하고 있으며 지역에 축적된 정밀가공 기술을 바탕으로 신산업을 창출하여 고부가가치 제조업으로 변신하고 있다. ME기술혁신, 다품종 소량생산화, 글로벌라이제이션에 적응하여 생존한 마치고바의 경쟁력은 생산 활동의 주체인 숙련공의 성격과 밀접하게 결합되어 있으며 정보기술과 친화력이 높은 젊은 노동자를 확보하기 위한 제반 환경 개선이 요청되고 있다.

4. 고부가가치 제조업과 숙련의 고도화

여기에서는 글로벌라이제이션과 시장개방이라는 거시적 변동이 일본 사회에 미친 영향을 지역공장집단을 구성하는 마치고바를 살펴보았다. 해외생산의 급속한 증가는 전반적인 산업공동화가 아니라 저가 대량생산품 생산 공정의 해외이전이었다. 일본 국내에는 기술집약적인 첨단제품의 생산 기능이 집중되었다. 사례 조사의 대상이 된 게이힌공업지대의 중심에 자리 잡고 있는 도쿄의 오타지역은 전국에서 가장 제조업이 집중된 곳이다. 공장 자동화를 촉진하는 정보기술의 발달과 해외생산의 증대에도 불구하고 오타지역의 중소 제조업체는 고도의 기술력으로 대기업의 연구개발과 시제품 제작을 지원하는 기능을 수행하고 있다. 중국을 비롯한 발전도상국의 저가 공산품 때문에 소규모 제조업체의 경영환경은 악화되고 있다. 그러나 오타지역에 축적된 정밀가공 기술은 기업이 항공기 산업, 의료기기 산업과 같은 새로운 고부가가치 제조업으로 전환할 수 있는 바탕이 되고 있다. ME기술혁신, 다품종 소량생산화, 글로벌라이제이션에 적응하여 생존한 마치고바의 경쟁력은 생산 활동의 주체인 숙련공의 성격과 밀접하게 결합되어 있다. 정보기술을 적용한 자동기계를 사용하여 정밀가공을 하려면 지적 능력과 의욕을 갖춘 젊은 생산 노동자를 충원할 수 있도록 유인을 제공하고 작업환경을 개선할 필요성이 제기되고 있다. 오타지역의 유연전문화된 생산네트워크와 노동자 내부에 부존된 제조기반기술의 가치가 재평가되고 있다. 또한 지자체의 산업정책 기능이 활성화되어 있으며, 정책 당국과 개별 기업을 매개하는 각종 경제단체의 네트워크가 중층적으로 존재하고 있다는 점에 주목할 필요가 있다. 전체적으로 보아 오타구의 지역공장집단은 수량적으로는 축소되고 있으나 생존한 기업은 기술적으로 고도화되어 부가가치가 높은 신산업으로 전환하고 있다. 즉, 글로벌라이제이션에도 불구하고 산업지역에 내재화된 기술력, 노하우, 노동자의 암묵지, 마치고바와 각종 지역단체의 네트워크의 잠재력은 새로운 가치를 발현할 것으로 전망된다.

참고문헌

이시재 외. 2001. 『일본의 도시사회』. 서울대학교 출판부.

이종구. 1997. 일본적 노사관계의 전환과 다원화. 『國際地域研究』 제6권 제2호. 여름호(1997.9.). 서울대학교 국제지역원.

_____. 2007. 일본 제조업의 국내 회귀와 마치고바. 국민대학교 일본연구소 편, 『일본공간』 창간호. 2007/05/vol.1.

岡野雅行 橋本久義. 2005. 『町工場こそ日本の宝 －他人のやらないことをやるから儲かる－』. PHP研究所.

京谷榮二. 2000. 轉換期の地域と企業－ヴェンチャー・ビジネス・タウン長野縣坂城町－. 社會政策學會 編 『社會政策學會誌』第4号. ミネルヴア書房.

經濟産業省など編. 2005. 『ものづくり白書』. 2005年版.

關滿博. 1995. 『地域經濟と中小企業』. 筑摩書房.

_____. 2005. 『ニッポンのものづくり學 －全國優秀中小企業から學べ－』. 日経BP出版センター.

廣島大學大學院 工學研究課・産學連携センター編. 2008. 『ものづくり技術・技能の伝承と海外展開』(山根八洲男監修). 日刊工業新聞社.

橘川武郎. 2005. 統計データが語る地域經濟と雇用の現狀. 橘川武郎・連合總合生活開發研究所編. 『地域からの經濟再生』. 有斐閣.

吉田敬一. 2005. グローバル化と中小企業の岐路. 勞動運動總合研究所 編, 『グローバル化のなかの中小企業問題』. 新日本出版社.

大田區立鄕土博物館編. 1994. 『工場まちの探檢ガイド－大田區工業のあゆみ』. 대전구립향토박물관.

稻上毅. 1989. 『轉換期の勞働世界』. 有新堂高文社.

藤本隆宏. 2004. 『日本のもの造り哲學』. 日本經濟新聞社.

馬場良彰. 2010.2. 地域を支える中小業者に支援を. 『月刊民商』.

梅原勝彦. 2008. 『町工場强さの理由』. 日本實業出版社.

武田尙子. 2004. 空間再編成への關与－地域工業団体の性格の変容－. 武藏大學社會學部. 『ソシオロジスト』6.

山田伸顯. 2009. 『日本のモノづくりイノベーション-大田區から世界の母工場へ-』. 日刊工業新聞社.

三橋規宏 內田茂男 池田吉紀. 2005. 『ゼミナール日本經濟入門』. 2005年度版. 日本經濟新聞社.

商工中金調査部. 2003. 産業空洞化と中小企業. 『調査時報』. 2003年4月7日.

桑原武志. 2004. 地區別工業會の機能-東京・大阪を比較して-. 植田浩史編. 『縮小時代の産業集積』. 創風社.

小關智弘. 2003. 『職人學』. 講談社.

小林英夫. 2003. 『産業空洞化の克服』. 中央公論新社.

松原宏. 2006. 『經濟地理學-立地・地域・都市の理論』. 東京大學出版會.

植木武人. 2005. 「産業政策・中小企業政策と勞働運動」. 勞働運動總合研究所編. 『グローバル化 のなかの中小企業問題』. 新日本出版社.

植田浩史. 2000. 『産業集積と中小企業-東大阪地域の構造と課題-』. 創風社.

_____. 2004. 『現代日本の中小企業』. 岩波書店.

野口恒. 2007. 『ものづくり日本の復活』. 産業能率大學出版部.

奥山睦. 2005. 『メイド・イン・大田區』. サイビズ.

熊澤誠. 1981. 『日本の勞働者像』. 筑摩書房.

日刊工業新聞社編. 2008. 『図解 日本のものづくり-「ものづくり白書」早わかり』(經濟産業省監修). 日刊工業新聞社.

竹內淳彦編. 2008. 『日本経済地理讀本』第8版. 東洋経済新報社.

Reich Robert B., 1991. *The Work of Nations*. Alfred A. Knopf, Inc.

Piore M. J. and Sabel C. F. 1984. *The Second Industrial Divide*. N.Y.: Basic Books Inc.

Sabel Charles F. 1982. *Work and Politics*. Cambridge University Press.

미국 지역의 재구조화 사례:

피츠버그와 디트로이트의 비교

조형제

DIGITAL
INDUSTRIAL
COMPLEX

1. 머리말

역사적으로 특정 산업도시의 성쇠는 그 지역에 입지한 중심 산업의 경쟁력과 밀접히 연관되어 있다. 국내외의 산업도시는 중심 산업의 번영과 더불어 성장했고, 중심 산업의 쇠퇴와 더불어 쇠락의 길을 걸어왔다. 중심 산업이 위기에 직면할 때, 산업도시는 스스로를 지속적으로 발전시키기 위해 재구조화를 추진하게 된다. 여기서 '지역 재구조화(regional restructuring)'란 환경 변화에 대응하여 특정 도시와 이를 둘러싼 지역을 지속적으로 발전시키기 위해 산업, 복지, 기반시설 등을 정비하는 것을 포괄적으로 지칭한다. 산업화의 역사가 오래된 선진국의 산업도시들은 환경 변화에 대응하여 지속적으로 재구조화를 추진해 왔는데, 경제 주체들이 어떻게 대응하는가에 따라 도시의 활력을 되살리는 데 성공한 경우도 있고, 돌이킬 수 없을 정도로 몰락한 경우도 있다.

국내의 산업도시들도 한국 경제의 산업화가 정점에 도달한 1990년대 중반을 전후하여 재구조화를 추진하기 시작하고 있다. 대구, 부산 등 특정 도시들은 이미 중심 산업이 몰락하면서 심각한 위기에 직면한 경우도 있다. 그러나 국내 산업도시들의 재구조화는 이제 막 시작되고 있기 때문에, 경제적 위기에 어떻게 대응해야 할 것인지에 대한 정책적 대응능력이 크게 부족한 편이다. 이런 점에서 지역 재구조화를 먼저 경험한 선진국 산업도시들에 대한 연구는 이론적으로나 실천적으로 다양한 시사점을 제공할 수 있을 것으로 기대된다.

이 논문은 미국의 대표적 산업도시인 피츠버그와 디트로이트의 지역 재구조화를 비교하고자 한다. 주지하다시피, 피츠버그와 디트로이트는 각기 철강산업과 자동차산업을 중심으로 발전하면서 미국 경제 전체의 산업화를 이끌어 온 대표적 산업도시이다. 그러나 1970년대 이후 미국 경제 전체의 탈산업화 추세 속에서 이 두 도시는 중심 산업의 경쟁력이 쇠퇴하는 가운데 지속적으로 재구조화를 추진해 왔다.

여기서 주목할 것은 두 도시의 재구조화 양상이 뚜렷한 차이를 보인다는 사실이다. 피츠버그의 경우에는 도심뿐 아니라 주민 거주지를 포함한 도시 전체가 활력을 회복하는 가운데 성공적으로 재구조화를 추진하고 있다. 이에 비해 디트로이트의 경우에는 도시가 활력을 회복하지 못한 채 재구조화를 추진하기 위한 재원 확보에서도 한계에 직면하고 있다.

두 도시는 소득 수준과 빈곤 정도로 확인할 수 있는 재구조화의 사회적 결과에서도 뚜렷한 차이를 보이고 있다. 두 도시의 가족 평균소득 수준은 디트로이트가 피츠버그에 비해 높았지만 1980년을 전후로 하여 역전되었고 그 후 피츠버그의 소득 수준이 높은 가운데 두 도시 간의 소득 격차가 계속 확대되고 있다. 실업률과 빈곤 가구의 비율에서는 1970년대 이후 디트로이트가 피츠버그에 비해 지속적으로 높은 수치를 보이는 가운데 최근까지 두 도시 간의 격차가 계속 유지되고 있다(U.S. Bureau of Census, 1970~2000). 이처럼 두 도시의 재구조화의 양상과 결과가 뚜렷한 차이를 나타내는 이유는 무엇인가?

피츠버그와 디트로이트의 지역 재구조화를 다룬 연구는 미국의 도시사회학, 경제지리학 등의 분야에서 상당 정도로 진행되어 왔다. 두 도시는 모두 미국을 대표하는 산업도시들로서 중심 산업의 존재가 뚜렷한 상태에서 극적으로 성장과 쇠퇴의 경로를 걸어왔기 때문에 다른 도시들에 비해 많은 관심을 끌어왔다. 그러나 기존 연구들은 특정 측면에만 초점을 맞춘 나머지, 지역 재구조화의 양상을 종합적으로 균형 있게 조명하는 데 부족했던 것이 사실이다.

이 논문은 구조적 변수와 행위적 변수의 결합을 통해 두 도시의 재구조화에서 나타나는 차이를 종합적으로 설명하고자 한다. 이 논문은 다음과 같은 점에서 기존의 연구들과 구분된다. 첫째, 이 논문은 지역 재구조화에 영향을 미치는 구조적 변수로서 경제적 조건뿐 아니라 사회적 조건, 제도·문화적 조건까지 고려하고자 한다. 즉, 중심 산업의 상태와 같은 경제적 조건만이 아니라, 인종 구성과 같은 사회적 조건, 정치 공간의 성격으로 나타나는 제도·문화적 조건 등의 구조적 변수들이 지역 재구조화에 함께 작용하는 것을 보여 주고자 한다.

둘째, 이 논문은 구조적 변수의 제약 속에서도 거버넌스의 성격으로 구체화되는 행위적 변수가 지역 재구조화에 영향을 미치는 중심적 요인임을 보여 주고자 한다. 즉, 구조적 변수가 마련하는 제약 아래 행위자들이 어떻게 대응하는가에 따라 지역 재구조화의 양상과 결과가 구체화되는 것이다.

이 논문은 다음과 같이 구성된다. 첫째, 두 도시에 관한 기존의 연구들을 검토한 후, 이 논문의 분석틀을 마련한다. 구조적 변수와 행위적 변수가 어떻게 연결되어 두 도시의 재구조화 양상과 사회적 결과에 영향을 미치는가를 설명할 수 있는 분석틀을 마련한다(2절).

둘째, 두 도시를 둘러싼 구조적 조건이 어떤 차이를 보이는지를 구체적으로 살펴본다. 경제·사회적 조건과 제도·문화적 조건이 지역 재구조화에 어떻게 영향을 미치는지를 따져 본다. 그중에서도 행위자들 간의 협력과 갈등을 촉진하는 정치 공간의 성격에 중점을 둔다(3절).

셋째, 두 도시의 재구조화 양상에 영향을 미치는 행위적 변수인 거버넌스의 형성과 변화를 구체적으로 살펴본다. 특히 지역 재구조화의 과정에서 주민 조직의 거버넌스 참여 여부가 지역 재구조화의 양상에 어떻게 영향을 미치는가에 초점을 맞춘다(4절).

넷째, 앞에서 논의한 두 도시의 구조적 조건과 거버넌스의 유형이 재구조화의 사회적 결과에 어떤 영향을 미쳤는지를 살펴본다. 특히 지역 재구조화의 성격이 두 도시 구성원들의 소득, 실업, 빈곤 등에 얼마만큼 상이한 영향을 미쳤는지를 살펴본다(5절).

2. 비교연구의 분석틀

흥미로운 것은 국내외의 기존 연구 중에서 피츠버그와 디트로이트, 두 도시의 재구조화를 함께 다룬 비교연구가 거의 없다는 것이다. 비교연구는 두 도시가 지닌 특징을 객관적으로 잘 파악할 수 있게 할 뿐 아니라, 그를 통해 재구조화를 성공적으로 추진하는 정책대안을 마련할 수 있게 한다.

두 도시에 대한 유일한 비교연구로는 일본 경제학자 시게모리 아키라(重森曉, 1993)의 연구가 있다. 시게모리는 미국의 대표적 산업도시인 피츠버그와 디트로이트가 기반산업의 쇠퇴와 도시재생의 과정에서 극도로 대조적인 특징을 보인다고 문제제기를 한 후 산업구조조정, 빈곤의 집적, 도시재정 등에서 두 도시의 재구조화를 비교하고 있다. 두 도시의 재구조화를 비교하는 문제의식이 우리와 동일한 셈이다. 시게모리는 행위 주체에도 관심을 보여 피츠버그에서는 민관 파트너십(partnership)이, 디트로이트에서는 민간대기업이 재구조화를 주도하는 것으로 설명하고 있다. 그러나 시게모리의 연구는 두 도시에 관한 최초의 비교연구라는 의의에도 불구하고, 지역 재구조화의 과정을 체계적으로 설명하지 못한 채 주요 변수들을 항목별로 기술하는 시론적 수준에서 벗어나지 못하고 있다. 특히 구조적 변수와 행위적 변수 간의 관계에 대한 정교한 분석틀을 마련하지 못하고, 역사적 서술 방식에 머물고 있다.

여기서는 두 도시의 재구조화를 종합적으로 설명할 수 있는 분석틀을 마련하기로 하자. 지역 재구조화의 차이를 초래하는 가장 큰 변수로는 그 도시가 처한 경제적 조건을, 중심 산업의 경쟁력에 초점을 맞춰 우선적으로 고려하지 않을 수 없다. 중심 산업이 얼마만큼 경쟁력을 유지하는가에 따라 지역 재구조화 자체가 커다란 영향을 받기 때문이다.

그러나 도시의 경제적 조건이 재구조화의 양상과 결과에 일방적으로 영향을 미치는 것은 아니다. 피츠버그에서는 철강산업을 비롯한 제조업이 거의 몰락한 데 비해, 디트로이트에서는 자동차산업을 비롯한 제조업이 중심적 산업으로서의 지위를 계속 유지하고 있다.[1] 이는 중심 산업의 경쟁력이 산업도시의 성쇠를 좌우한다는 명제와 일견 상치되는 것처럼 보인다. 중심 산업의 경쟁력이라는 측면에서는 피츠버그에 비해 디트로이트가 유리한 조건에 있음에도 불구하고 디트로이트가 지역 재구조화의 효율성과 결과에서 피츠버그에 비해 뒤처지는 것으로 나타나기 때문이다. 이처럼 두 도시의 재구조화가 중심 산업의 경쟁력만으로는 설명하기 어려운 차이를 보이는 이유는 무엇인가?

첫째로, 지역 재구조화에 영향을 미치는 구조적 변수로는 경제적 조건만이 아니라 사회적 조건을 함께 고려할 필요가 있다. 여기서는 특히 두 도시의 인종 구성상의 특징을 살펴보고자 한다. 미국의 지역 재구조화에서는 백인과 흑인의 구성 비율과 지리적 분포가 행위자들의 대응에 중요한 변수로 작용하게 된다. 예컨대, 특정 인종의 지리적 집중이나 분산은 민관 파트너십을 형성하는 조건으로서 민감한 영향을 미치게 된다.

둘째로, 지역 재구조화를 설명하기 위해서는 경제·사회적 조건 외에도 제도·문화적 조건을 중요하게 고려할 필요가 있다. 인간의 행위는 경제적 조건뿐 아니라 제도나 관습, 사고방식의 영향을 크게 받기 때문이다. 예컨대, 선거 제도와 같은 제도적 조건은 인간의 정치 참여의 기회를 촉진하거나 제약한다는 점에서 중요한 역할을 수행한다. 또한 정치 문화는 정부나 정치제도에 대한 인간의 기대나 참여에 영향을 미친다(Ferman, 1996: xi).

훠만(Ferman, 1996)은 이런 관점에서 제도·문화적 요인의 중요성을 강조하고 있다. 훠만은 미국 도시들의 제도적 조건과 정치 문화를

---

1) 2000년 현재 피츠버그 시의 전체 고용에서 제조업이 차지하는 비율은 6%에 불과한 데 비해, 디트로이트 시의 전체 고용에서 제조업이 차지하는 비율은 19%에 달한다(〈표 Ⅷ-1〉).

비교하면서, 지배적인 정치 공간의 유형으로 시민 영역(civic arena)과 선거 영역(electoral arena)을 구분한다. 시민 영역이란 자원을 집합적으로 배분하고 협력의 문화를 장려하는 민간, 비영리 기관들이 주도하는 정치 공간의 유형이다. 선거 영역이란 자원을 교환의 원리에 의해 배분하고 경쟁의 문화를 장려하는 당파적 기관들이 주도하는 정치 공간의 유형이다.

제도·문화적 요인들은 특정 도시에서 경제적 조건과 상호작용하는 가운데 상이한 정치 공간의 유형을 지배적인 것으로 만들고 그 공간에서 활동하는 행위자들의 지향에 영향을 미친다. 즉, 시민 영역의 공간이 지배적일 경우에는 정부와 민간 부문 간의 협력이 원활하게 이루어지고 다양한 요구를 포용할 수 있는 여유가 존재한다. 이에 비해 선거 영역의 공간이 지배적일 경우에는 개별 집단 간의 이해관계가 충돌하는 가운데 상대 집단에 대한 통제를 목적으로 하는 행동이 이루어진다(Ferman, 1996: 4~10). 특정 도시의 제도·문화적 조건이 지닌 특징은 행위자들의 대응이 누적되어 피드백(feedback)될수록 더욱 강화되는 경향이 있다.

이 논문에서 지역 재구조화 비교분석의 대상으로 선택한 피츠버그와 디트로이트는 지배적인 정치 공간의 유형이 각기 시민 영역과 선거 영역에 속하는 것으로 판단된다. 피츠버그는 지역 재구조화의 과정에서 일찍부터 민간 기관들이 주도하는 가운데 행위자들의 협력을 이끌어 내는 정치문화가 형성, 발전해 왔다. 이에 비해 디트로이트는 지역 재구조화의 과정에서 당파적 이해관계가 우선적으로 작용하는 가운데 선거 승리만을 위해 경쟁하는 정치문화가 형성, 발전해 왔다. 이와 같은 상이한 정치 공간의 유형은 구조적 조건과 정부, 민간 부문의 행위 유형을 유기적으로 연결시켜 줌으로써 지역 재구조화의 양상과 사회적 결과를 균형 있게 설명하는 데 기여할 것으로 생각된다. 특히 정치 공간의 유형은 두 도시가 주민 참여에 대한 포용성의 정도에서 차이를 보이는 것을 잘 설명해 준다.

이 논문은 이상의 경제·사회적 조건과 제도·문화적 조건 등의 구조적 제약 아래 이루어지는 행위자들의 대응을 통해 형성되는 거버넌스(governance)의 성격에 초점을 맞춰 두 도시의 재구조화 양상과 결과에서 나타나는 차이를 설명하고자 한다. 여기서 거버넌스란 정부의 일방적 주도가 더 이상 불가능하게 된 조건에서 새롭게 등장하는 통치방식을 지칭한다(Rhodes, 1997). 달리 말해서 도시 거버넌스란 "도시 정책의 결정에 있어서 정부 주도의 통제와 관리방식에서 벗어나, 도시 내의 이해당사자가 주체적인 참여자로서 협의과정을 통해 정책을 결정하고 집행해 나가는 사회적 통치시스템"(김용웅, 2001)이다.

이 논문에서는 행위자는 구조적 조건에 수동적으로 반응하는 것만이 아니라 그것에 적극적으로 대응하는 능동적 존재라고 본다. 즉, "행위자는 제도적 규칙의 한계를 파악하는 사회화된 개인이다. 제도는 행위의 한계로만 이해되는 것이 아니라 행위를 위한 자원으로 기여할 수 있다(Bogason, 2000: 62)." 이러한 관점에서 볼 때, 지역 재구조화의 양상과 결과는 구조적 조건에 따라 일방적으로 결정되는 것이 아니라 그러한 조건에 행위자들이 어떻게 대응하는가, 즉 거버넌스의 성격에 따라 크게 영향을 받게 된다. 극단적으로 말하면, 구조적 차원에서의 위기가 오히려 행위자들의 적극적 협력과 대응을 촉진하여 지역 재구조화를 성공적으로 추진할 가능성도 존재한다.

디게타노와 로리스(DiGaetano and Lawless, 1999)는 영국과 미국의

산업도시들을 비교하는 연구에서 거버넌스의 유형을 관리주의(managerial), 조합주의(corporatist), 고객주의(clientelist), 다원주의(pluralist)의 4가지로 구분한 바 있다. 관리주의가 정부가 주도하는 가운데 공식적이고 관료적으로 거버넌스의 효율성을 높여가는 유형이라고 한다면, 다원주의는 이와는 대조적으로 정부가 소극적 중재자의 입장에서 사적 이익들 간의 갈등을 조정하는 유형이라고 할 수 있다. 한편, 조합주의와 고객주의는 모두 정부와 민간 간의 긴밀한 협력을 전제로 한다는 점에서 관리주의와 다원주의라는 양 극단의 중간에 위치한다. 조합주의는 정부와 민간 엘리트 간의 협력을 제도화한 거버넌스 유형이다. 이는 진정한 의미의 민관 파트너십(public－private partnership)을 형성하게 되지만, 파트너십에 참여하지 않는 부분에 대해서는 배타적 이해집단으로 기능하게 된다. 고객주의는 정치인과 민간 고객 간의 개인적이고 특수한 호혜 관계를 내용으로 하는 거버넌스 유형이다. 이는 정치적 후원과 특혜를 교환하는 전통적 유착을 특징으로 한다(DiGaetano and Lawless, 1999: 548~550).

이 논문에서 지역 재구조화의 연구 대상으로 선택한 피츠버그와 디트로이트에 디게타노와 로리스의 거버넌스 유형을 적용하면 각기 조합주의와 고객주의에 속하는 것으로 판단된다. 피츠버그에서는 일찍부터 지방정부와 민간 부문 간에 조합주의적 성격의 협력이 이루어져 온 것에 비해, 디트로이트에서는 민관 파트너십이 형성되지 못한 채 시장 개인과 민간 기업가들 간에 고객주의적 성격의 유착이 이루어져 왔다. 이와 같은 거버넌스의 유형은 이 논문에서 두 도시의 지방정부와 민간 부문 간의 공식적·비공식적 관계가 지닌 성격을 조명하는 데 크게 기여할 것으로 예상된다.

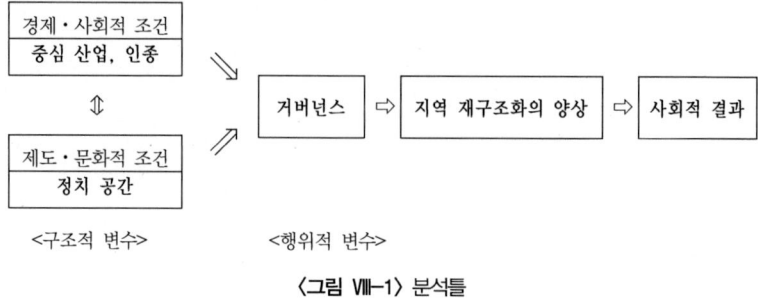

〈그림 VIII-1〉 분석틀

기존의 거버넌스 이론은 행위자들의 주체적 활동을 지나치게 중요시한 나머지 거꾸로 구조적 맥락을 무시하는 경우가 많았다(Kantor, Savitch, and Haddock, 1997). 지역 재구조화를 설명할 때에도 구조결정론과는 반대로 행위자들의 능동적 측면을 지나치게 강조하면서 주관주의(voluntarism)에 빠질 가능성이 있는 것이다. 이 논문은 지역 재구조화의 구조적 변수인 경제·사회적 조건과 제도·문화적 조건, 그리고 이에 대응하는 행위적 변수인 거버넌스를 함께 균형 있게 고려함으로써, 두 도시의 재구조화 양상과 결과의 차이를 비교하고자 한다. <그림 VIII-1>은 이상의 논의를 정리한 것이다.

3. 산업과 인종, 그리고 정치 공간

1) 경제·사회적 조건

피츠버그와 디트로이트의 산업 구성을 비교하면 두 도시가 지닌 차이점이 분명하게 드러난다. 두 도시 모두에서 제조업의 비중이 감소하

면서 탈산업화가 진행되는 것은 공통적이다. 그러나 탈산업화의 정도
에서는 분명한 차이를 보이고 있다. <표 Ⅷ-1>을 보면, 2000년 현재
피츠버그에서는 제조업의 비율이 전체의 6.1%에 불과한 데 비해, 디트
로이트에서는 제조업의 비율이 아직도 전체의 18.8%를 차지하고 있어,
미국 전체의 제조업 평균인 14.1%를 상회하고 있다. 이는 두 도시 중심
산업의 상태와 밀접히 연관된 것으로 추측된다. 즉, 피츠버그의 철강산
업은 완전히 몰락한 것에 비해, 디트로이트의 자동차산업은 아직 경쟁
력을 유지하고 있음을 보여주는 것이다. 이는 두 도시의 직업 구성에서
보다 뚜렷하게 확인된다. 즉, 피츠버그의 생산직은 전체의 9.3%에 불과
한 데 비해, 디트로이트의 생산직은 전체의 20.9%에 달하고 있는 것이
다. 이는 미국 전체의 생산직 평균 14.6%를 크게 상회하는 것이다.

〈표 Ⅷ-1〉 피츠버그와 디트로이트의 경제・사회적 조건

구분	피츠버그	디트로이트	미국(전체)
경제활동인구 (취업자)	144,768명 (100.0%)	331,441명 (100.0%)	129,721,512명 (100.0%)
산업 구성 제조업 도・소매업 전문서비스 사회서비스	6.1% 12.5% 11.1% 29.9%	18.8% 11.8% 9.0% 20.9%	14.1% 15.3% 9.3% 19.9%
직업 구성 경영・전문직 서비스직 판매・관리직 생산(운수직)	36.9% 19.9% 27.5% 9.3%	21.6% 21.6% 26.8% 22.5%	33.6% 14.9% 26.7% 14.6%
인구 백인 흑인 아시안	334,563명(100%) 226,258명(67.6%) 90,750명(27.1%) 9,195명(2.7%)	951,270명(100%) 116,599명(12.3%) 775,772명(81.6%) 9,268명(1.0%)	(100.0%) (75.1%) (12.3%) (3.6%)

자료: U.S. Bureau of the Census, 2000.

철강산업이라는 단일 중심 산업에 대한 의존이 컸던 피츠버그는 1970년대 이후 철강산업의 경쟁력이 약화됨에 따라 심각한 경제적 위기에 직면하게 된다. 2000년 현재 피츠버그의 전 산업 중 철강산업의 고용이 차지하는 비율은 4% 미만으로 감소했다. 이는 1960년에 동일 비율이 20% 정도였던 것을 감안하면 실로 급격한 감소라고 할 수 있다. 이제 철강산업의 경쟁력이 회복되는 것은 거의 불가능한 것처럼 보인다(Beeson and Giarratani, 1998). 이에 따라 많은 철강 기업들이 재구조화를 위한 사업에 적극적으로 참여할 수 있는 관심과 권한을 상실하게 되었다.

피츠버그는 제조업의 일자리를 잃는 대신 서비스와 하이테크 부문의 일자리를 유치하기 위한 노력을 지속했다. 1985년에 피츠버그의 민간 기업, 시정부, 대학 등이 함께 참여하여 발표한 '전략 21'의 보고서를 보면, 철강산업의 쇠퇴를 공식적으로 인정하면서 다각화에 입각한 새로운 발전 비전을 제시하고 있다. 이 보고서에서는 피츠버그를 세계적인 기업 본사 및 금융, 보건의료 및 교육, 첨단 연구개발 등의 중심지로 발전시켜야 한다고 주장하고 있다(Beauregard, Lawless, and Deitrick, 1992: 423).

이에 비해 디트로이트는 탈산업화의 추세에도 불구하고 피츠버그와는 달리 중심 산업인 자동차산업의 경쟁력이 일정하게 유지되고 있다. 주로 자동차산업으로 구성되는 수송장비산업의 고용이 전체에서 차지하는 비율을 보면, 1990년대 이후에도 10% 전후를 유지하고 있다. 이는 서비스업이 계속 증가하고 있음에도 불구하고 자동차산업이 중심 산업으로서의 지위를 계속 유지하고 있음을 보여 준다. 2000년 현재 수송장비산업의 고용은 제조업 부문 전체의 40% 정도를 차지한다(U.S. Bureau of the Census, 2000). 더욱이 자동차산업과 연관된 서비스업, 즉 정보, 엔지니어링, 금융 부문까지 감안하면 자동차산업의 중요성은 더욱 클 것으로 추론된다.

디트로이트의 지역 재구조화는 다각화, 즉 서비스 부문의 발전을 추구하는 것과 동시에 자동차산업을 고도화하기 위한 노력이 동시에 이루어지고 있다. 서비스 부문의 발전은 도심의 상권을 활성화하기 위한 도심 재개발 사업으로 추진되고 있고, 자동차산업을 고도화하기 위한 노력은 GM의 폴 타운 공장, 크라이슬러의 제퍼슨 공장 등의 건설 프로젝트가 추진되고 있다.

피츠버그와 디트로이트는 인구 및 인종 구성에서도 상당한 차이를 보인다. 먼저, 피츠버그와 디트로이트는 인구 규모상으로 상당한 차이를 보이고 있다. <표 VIII-1>을 다시 보면 교외 지역을 제외한 도시만의 인구 규모를 비교하면 2000년 현재 피츠버그는 디트로이트의 1/3 정도에 불과하다.

흥미로운 것은 피츠버그 시의 인구 구성에서 흑인이 차지하는 비율이 전체의 27.1%에 불과하다는 것이다. 이는 미국 전체의 평균(12.3%)에 비해서는 높지만, 대부분의 미국 대도시들에서 흑인의 비율이 압도적인 것을 감안하면 무척 특이하다고 할 수 있다. 피츠버그의 작은 인구 규모와 낮은 흑인 비율은 도시 내에서 백인들 간의 동질성을 유지함으로써 교외로의 이주를 억제하고 지역 재구조화를 위해 행위 주체들이 서로 협조하는 데 유리하게 작용하게 된다.

디트로이트 시에서는 무려 전체 인구 구성의 81.6%를 흑인이 차지하고 있다. 디트로이트 시의 흑인 비율은 2차 대전 후 교외화가 진행되면서 점차 높아지다가 1967년의 흑인 폭동 이후 백인들이 대거 빠져나가면서 급속히 높아졌다. 이는 흑인들이 디트로이트의 정치권력을 배타적으로 소유하는 구조적 조건으로 작용함으로써 백인 기업가들과의 협력을 어렵게 만드는 요인으로 작용하게 된다.

2) 제도·문화적 조건

이상에서 논의한 바와 같이 중심 산업의 상태와 인종 구성 등 경제·사회적 조건이 재구조화의 양상에 커다란 영향을 미치는 것을 부정할 수 없다. 그러나 이와 함께 두 도시의 제도·문화적 조건 또한 일정한 유형의 정치 공간에서 행위자들의 사고와 행동양식에 긴밀한 영향을 미침으로써 재구조화에 중요한 구조적 변수로 작용하고 있다.

피츠버그는 철강 산업이 몰락하기 오래전인 1940년대부터 지역사회의 문제에 공동으로 대응하기 위해 공공 부문과 민간 부문이 서로 협력해 온 오랜 전통을 가지고 있다. 피츠버그 최초의 민관 파트너십은 도심의 홍수와 공해 문제를 해결하고 기업 활동의 기반시설을 정비하기 위해 설립된 르네상스 Ⅰ(1945~1969년)이었다. 르네상스 Ⅰ은 1943년에 설립된 민간 기업들의 협의체인 알레게니 콘퍼런스(Allegheny Conference on Community Development)가 주도적 역할을 하면서도 공공 부문의 지원을 받는 가운데 성공적으로 추진되었다. 즉, 르네상스 Ⅰ은 민간 기업가 킹 멜론(King Mellon)의 리더십으로 만들어졌지만, 데이비드 로렌스(David Lawrence) 시장을 중심으로 한 공공 부문과 긴밀하게 협력하는 조합주의적 거버넌스를 형성했고, 이러한 민관 파트너십의 전통은 1970년대 이후 지역 재구조화의 과정에서도 행위 주체들 간의 협력을 용이하게 만드는 중요한 자산으로 작용하고 있다(Stewman and Tarr, 1982).

피츠버그 시의 선거제도는 1987년에 소선거구 제도로 변화되기 전까지는 시 전체를 하나의 선거구로 하는 광역선거제도로서 시의회 의원들이 시 전체의 문제를 다루는 과정에서 시장에 의존할 수밖에 없었다. 따라서 시장이 개인적으로 어떤 지향을 갖는가에 따라 지역 재구조화의 양상이 크게 영향을 받았다(Jezierski, 1990). 특히 로렌스 시장(1945~1959년)에서 카리귀리 시장(1977~1988년)에 이르기까지 시장 4명의 평균 임기가 10년을 상회할 정도로 시장들이 안정적 리더십을 발휘했기 때문에, 시정부가 선거의 압력에서 벗어나 지역 재구조화를 추진하는 것이 비교적 용이했다고 할 수 있다.

1970년대 이후 철강산업의 몰락과 경제 위기는 시민적 정치 공간인 '시민영역'을 확대하면서 주민들이 보다 집단적으로 경제발전과 고용 문제에 관심을 갖도록 작용했다. 이러한 경향은 주민들에 대한 선거 정치의 영향력을 축소시키고 갈등보다 협력을 강조하게 만들었다. 이에 따라 피츠버그에서는 전형적인 파트너십의 영역이 영향력을 미칠 여지가 확대되고 있다. 이처럼 피츠버그의 시민정신과 협동을 증진시키는 정치 문화는 엘리트들이 포용성을 갖도록 만드는 데 기여했다. 시민 영역의 확대는 일반 주민들에게 좀 더 많은 자원을 배분할 수 있는 여지를 크게 한다. 즉, 피츠버그에서 자원은 집단적 결사체, 시민적 참여, 공동체적 결속을 촉진하는 방식으로 배분된다.

이에 비해 디트로이트에서는 구성원들의 참여와 협력이 이루어지는 정치 공간인 시민 영역의 발전이 위축된 상태에서, 엘리트들이 '선거 영역'을 개인적 차원에서 동지들에게 보상을 하고 정적들을 응징하는 정치 공간으로 사용하고 있다. 디트로이트도 1987년 이전의 피츠버그처럼 시 전체를 하나의 선거구로 하는 광역선거제도임에도 불구하고 선거를 둘러싼 엘리트들 간의 경쟁이 치열하다. 시의원들 간의 치열한 경쟁은 상대적으로 시장의 독자적 권한을 강화시켰다 (Katznelson, 1981).

디트로이트의 정치 공간이 지닌 특징을 이해하기 위해서는 인종 문제를 우선적으로 고려할 필요가 있다. 2차 대전 이후 급속히 진전된 교외화, 그리고 1967년의 흑인 폭동은 대규모의 백인 유출을 초래하여 디트로이트 시의 빈곤 흑인의 비율을 압도적으로 높임으로써 인종 간의 공존과 협력을 어렵게 만들었다. 디트로이트의 위기는 근본적으로 인종 간 갈등의 누적 속에서 한정된 자원을 둘러싼 불평등의 심화에 기인한다는 분석이 설득력이 있다(Sugrue, 1996). 이러한 선거 영역은 처음에는 백인 집단, 나중에는 흑인 집단의 배타적 이익을 수호하기 위한 정치 공간으로 활용됨으로써 지속적으로 갈등을 증폭시키게 된다.

1973년 디트로이트 최초의 흑인 시장으로 당선된 콜만 영(Coleman Young)은 초기의 공식적이고 조합주의적인 통치가 실패로 돌아가게 되자, 정치권력에 위협이 될 수 있는 공식적 절차를 기피하고 직접 협상을 통해 중요한 일을 처리해 나가는 방식을 선호했다. 이에 따라 디트로이트에서는 의사결정 과정의 시민적 참여가 일상적으로 무시되고 정보 접근에 대한 거부는 의사결정 과정의 갈등을 유발하게 된다(Rich, 1989).

이처럼 의사결정이 비공식적으로 이루어짐에 따라 디트로이트에서는 정치를 물물 교환과 동일시하고 정부를 노골적 정실 자체와 동일시하는 냉소와 불신이 증가해 왔다. 디트로이트에서는 개혁조차 종종 친구에게 보답하고 새로운 정적을 응징하는 수단으로 이해되고 있다. 이처럼 정치화된 분위기에서는 어떤 움직임도 정치를 초월하여 도시 전체의 집합적 이해에 봉사할 수 없게 된다. 지배 엘리트는 이러한 시도를 자신의 권력에 대한 직접적 도전으로 받아들이면서 잠재적 경쟁자로 간주하게 된다. 이런 정치 문화에서 지방 정부는 주민 조직과도 적대적 관계를 형성하기 때문에 주민들의 요구를 받아들이기 어렵다. 적대적 관계를 둘러싼 깊은 불신과 냉소는 선거 영역으로 확대되면서 더욱 악화된다(Ferman, 1996: 20~43).

4. 거버넌스와 지역 재구조화

이상에서 살펴본 것처럼, 두 도시의 사회·문화적 조건과 제도·문화적 조건 등 구조적 변수는 행위자들로 구성되는 거버넌스의 성격에 일정한 영향을 미치게 된다. 그러나 두 도시의 재구조화는 구조적 조건에 따라 일방적으로 결정되기보다는 행위자들이 구체적으로 어떻게 대응하는가에 따라 중요한 차이를 보이게 된다. 즉, 두 도시의 거버넌스에 지방정부와 민간 부문의 다양한 행위자들이 어떻게 참여하는가에 따라 재구조화의 양상은 상당한 차이를 보이게 된다. 예컨대, 도심재개발에 이해관계를 지닌 대기업이 거버넌스를 주도하는 경우와 주택, 교육, 의료 등 삶의 질에 관심을 갖는 주민(neighborhood) 조직이 거버넌스에 참여하는 경우 지역 재구조화의 양상은 서로 달라질 수밖에 없다.

피츠버그는 전통적으로 지역사회 주체들이 서로 협력하는 정치 공간 속에서 지방정부와 민간 부문이 재구조화 과정에 공동으로 대응하고 있다. 1943년에 결성된 민간기업들의 조직인 ACCD는 지방정부와 더불어 피츠버그의 재구조화를 주도해 오고 있다. 이에 비해 디트로이트는 전통적으로 이익집단들 간의 이해갈등이 첨예하게 대립하는 정치 공간 속에서 지방정부와 민간 부문이 안정적 파트너십을 형성하는 데 실패한 것처럼 보인다. 여기서는 피츠버그와 디트로이트에서 형성된 거버넌스의 성격을 구체적으로 살펴보기로 하자.

1) 피츠버그: 조합주의적 거버넌스

피츠버그의 지역 재구조화는 알레게니 콘퍼런스로 대표되는 민간기업 집단의 리더십에 의해 주도되지만, 그에 상응하는 지방정부의 적극적 협력과 주민조직 등 비영리집단의 폭넓은 참여가 이루어진다(Jezierski, 1996: 162)는 점에서 조합주의적 거버넌스의 유형에 속한다고 할 수 있다. 즉, 지역 재구조화의 목표가 정당성을 획득하고 효율적으로 실행되기 위해서는 행위자들의 대등한 참여와 합의를 전제조건으로 하는 것이다. 조합주의적 거버넌스는 초기에는 민간 기업과 지방정부 간의 파트너십으로 출발했지만, 점차 주민 조직의 참여를 확대하는 방향으로 발전하게 된다.

피츠버그에서 철강산업의 몰락에 대응하기 위한 본격적인 거버넌스의 형성은 르네상스 II(1978~1987년)라고 불리는 민관 파트너십의 형성을 통해 이루어졌다.[2] 개혁적 성향을 지녔던 피터 플래허티(Peter

---

2) 정확하게 말하자면, 르네상스 II가 철강산업의 몰락에 대응하기 위해 이루어진 것은 아니다. 르네상스 II 는 르네상스 I이 추진했던 도심 재개발 사업을 연속적으로 계승하기 위했던 것이었고, 철강산업의 중심

Flaherty) 시장이 주민 참여를 주장하면서 알레게니 콘퍼런스와의 협력을 중단했던 과도기(1969~1977년)를 보낸 후, 1977년에 리차드 카리귀리(Richard Caliguiri)가 시장에 당선되면서 민관 협력을 통한 지역 재구조화를 다시 추진하기 시작했다. 카리귀리 시장은 경제발전의 새로운 파트너로서 주민들의 참여를 권장했다. 이러한 변화는 피츠버그의 재구조화가 도심 재개발에만 중점을 두고 주택이나 교통 등의 문제에는 무관심했던 것에 대한 주민들의 반발이 컸기 때문이다. 주민들의 반발은 민관 파트너십에의 참여 요구로 구체화되었다(Jezierski, 1996: 168).

이전까지의 민관 파트너십이 주로 민간기업과 지방정부로 구성됐던 것을 감안할 때, 주민 참여의 확대는 거버넌스의 성격에 중요한 변화가 있는 것을 의미한다. 르네상스 II는 도심 재개발에 집중했던 르네상스 I과는 달리, 도심 재개발과 주민 생활 향상이라는 두 가지 목표를 추진했다. 시정부는 연방정부의 재정 지원을 도심 재개발과 주민 생활 향상에 각기 1:3의 비율로 배분했다(Stewman and Tarr, 1982: 89~99).

지역 재구조화를 추진하는 과정에서 재계 내부의 경제적 이해갈등이 전혀 없었던 것은 아니다. 1970년대 이후 탈산업화가 진행됨에 따라 재계 내부에서는 산업구조조정의 방향과 관련하여 새롭게 성장하는 서비스 부문과 쇠퇴하는 제조업 부문 간에 견해 차이가 발생하기 시작했다. '새로운 피츠버그'의 건설을 주장하는 전자의 집단은 주로 서비스 및 첨단 산업을 기반으로 하면서 이 분야의 기업뿐 아니라 대

소재지는 피츠버그 교외인 몬 밸리(Mon Valley)였기 때문에 피츠버그 도심이 철강 산업 몰락의 직접적 영향을 받은 것도 아니었다(Sbragia, 1990). 그러나 피츠버그 경제발전의 원동력이라고 할 수 있는 철강산업의 몰락이 르네상스 II라고 하는 민관 파트너십을 촉진하는 위기감으로 작용한 것은 부인하기 어렵다.

학, 병원 등 비영리조직들의 지원을 받았다. '전통적 피츠버그'의 보존을 주장하는 후자의 집단은 전통적 제조업을 기반으로 하면서 이 분야의 기업뿐 아니라 노조, 교회, 주민 단체들의 지지를 받았다(Sbragia, 1990). 그러나 1980년대를 경과하면서 철강산업의 몰락이 확실해짐에 따라 후자는 주변화되고 새로운 피츠버그를 주장하는 전자의 승리는 명확해지게 된다. 철강산업의 보존을 주장했던 기업, 노조, 교회, 주민 단체 간의 연합은 해체되고, 상당수의 기업, 시민 지도자, 비영리 조직들은 새로운 피츠버그를 주장하는 집단에 합류하였다. 이 과정에서 대부분의 단체들은 서비스업 중심의 지역 재구조화를 불가피한 것으로 받아들이게 됐다.[3]

르네상스 II의 새로운 민관 파트너십은 주민조직인 '지역발전공사(community development corporations: CDC)'가 주민 생활의 향상을 위해 시정부와 함께 일하게 됨에 따라 더욱 발전하게 된다. 1988년에 설립된 최대의 CDC인 '주민발전 피츠버그 파트너십(Pittsburgh Partnership for Neighborhood Development: PPND)'은 기업 측의 ACCD에 비견할 만한 주민 조직(community-based organization)의 연합체로서 조합주의적 거버넌스의 중요한 부분으로 참여했다. PPND의 거버넌스 참여는 피츠버그의 지역 재구조화가 도심 재개발에만 한정되지 않고 주민 생활의 개선을 포용하도록 하는 데 기여했다. 경제 위기 속에서 살아남아야 한다는 위기감 속에서도 이 단체는 지역 재구조화가 도심재개발에만 치우치지 않고 주택, 교육, 의료 등 주민 생활의 문제에 대해

---

3) 철강산업의 회복을 위해 노력하던 대표적 시민 단체인 SVA(Steel Valley Authority)는 1986년에 결성된 이후 지방정부의 보조금을 받아 민간 투자자뿐 아니라 노동자들과 주민이 참여하는 대안적 기업의 모델을 만들어내면서 현재까지도 활동하고 있다. 지금까지 SVA는 피츠버그 지역에서 도합 500~600개의 일자리를 유지 또는 창출한 것으로 평가된다(Beauregard, Lawless, and Deitrick, 1992: 425).

서도 투자할 것을 요구했다(Jezierski, 1996; Metzger, 1998: 21~22).

1982년에 시작하여 현재까지 진행되고 있는 르네상스 III은 알레게니 콘퍼런스 외에도 중소기업, 대학, 지방정부 등이 함께 참여하여 첨단 기술 산업을 발전시키고 있다. 첨단 기술 산업의 성격상 파트너십 내에서 대학이 차지하는 역할이 점차 커져가고 있다. 르네상스 III에서도 주민 생활의 개선이 중요한 내용으로 고려되고 있다. 즉, 실업자들을 위한 일자리 창출 및 재훈련, 노동시장의 향상, 그리고 주민 주택 및 복지 문제 등이 중요한 고려사항이다(Jezierski, 1996: 174~175).

이상에서 살펴본 것처럼, 피츠버그의 지역 재구조화는 민간 기업이 주도하는 안정적 민관 파트너십을 기반으로 하여 도심재개발을 추진하면서도 주택, 복지 등 주민 조직의 요구를 상당 부분 수용하고 있다. 피츠버그에서 흑인이나 노동자 집단이 자기 목소리를 내지 못한 채 주민 조직이 전면에 나서게 된 데에는, 피츠버그 주민들의 지리적 분포가 중요하게 작용했다. 즉, 흑인이나 노동자 집단이 지리적으로 분산된 상태에서 투표를 통해 자신들의 의사를 집중적으로 표현할 수 없었기 때문에 정치적으로 의미 있는 변수가 되기 어려웠던 것이다. 특히 흑인 노동자들은 심각한 실업과 교육·숙련의 부재, 낮은 참여율 등으로 인해 적극적 역할을 하지 못했다(Sbragia, 1989). 따라서 피츠버그에서는 주민 조직이 노동자 집단의 이익을 우회적으로 대변했다고 볼 수 있다.

2) 디트로이트: 고객주의적 거버넌스

디트로이트의 지역 재구조화를 추진한 거버넌스의 성격은 어떤 것인가? 1970년대 이후 디트로이트는 자동차산업의 세계적 경쟁이 격화됨에 따라 탈산업화가 진행되면서 심각한 경제 위기를 경험하고 있다. 그러나 경제적 위기에 대응하는 과정에서도 개별 경제주체들이 참여하는 민관 파트너십이 효율적으로 가동됐다고 보기는 어렵다.

민관 파트너십이 제대로 형성되지 않은 근본적 이유는 도시 내 경제 주체들 간의 이해 상충에서 발견할 수 있다. 자동차업체들이 구조조정의 과정에서 자신의 산업기반의 중심을 디트로이트 외부로 이동시키게 됨에 따라 도시 발전에 대한 이해관계가 감소하는 것은 당연하다. 앞의 <표 Ⅷ-2>에서 본 바와 같이 자동차 공장과 연관 산업이 도시 전체의 고용에서 중요한 비중을 차지하고 있음에도 불구하고, 자동차업체들은 지역 재구조화 과정에 적극적으로 참여하지 않고 있다. 경제 주체들의 상이한 이해관계는 지역 재구조화의 방향에 대한 합의를 어렵게 만든다. 1967년에 흑인 폭동이 일어난 이후 '디트로이트 르네상스(Detroit Renaissance)' 등 지역 재구조화를 위한 여러 프로젝트들이 시도되었지만, 자동차업체를 비롯한 경제 주체들이 통일적으로 참여한 경우는 거의 없었다. 거대 프로젝트인 르네상스 센터 건설 사업의 경우에는 포드 2세가 적극적으로 참여했지만, 개인적으로 참여한 것에 불과했다.

1970년대 이후 디트로이트의 지역 재구조화는 도심 재개발에 중점을 두고 있다. 탈산업화의 추세에 대응하여 도시 경제를 지속적으로 발전시키기 위해 도심 지역 서비스 부문의 활성화를 도모하는 것이다. 도심 재개발은 타 지역으로 이동하기가 어렵기 때문에 도시 기능의 부활에 밀접한 이해관계를 지닌 은행, 유틸리티(utilities), 부동산개발 등 서비스 부문의 업체들이 주도적으로 참여하고 있다(Rich, 1991:

70). 이들은 도심의 서비스 기능을 활성화시키기 위해 르네상스 센터를 비롯하여 호텔, 컨벤션 센터, 스타디움 등을 건설하는 프로젝트를 계속 추진했지만, 도시 외부로 빠져나가는 자본 이동의 흐름을 되돌리지 못한 채 대부분 실패로 끝나고 말았다.

디트로이트의 지역 재구조화에는 자동차산업을 고도화하기 위한 노력도 포함되어 있다. 이는 폐허가 되는 부지를 재정비하여 공장을 건설함으로써 도심을 재개발하고 고용을 유지하려는 의도에서 이루어졌다. 시정부는 1980년에 GM의 기존 공장 부지를 재정비하여 최신 공장을 건설하는 폴 타운(Pole town) 프로젝트를 추진했고, 1986년에는 마찬가지로 크라이슬러의 공장을 재정비하기 위한 제퍼슨 공장 프로젝트를 추진했다(Thomas, 1989). 시정부는 자동차 공장들을 도시 내부에 붙잡아 두기 위해 엄청난 세금 감면과 연방정부의 보조금 지원 등의 특혜를 제공했는데, 이는 자동차업체의 고용을 일정 규모로 유지하는 효과를 가져왔음에도 불구하고 인근 주민들을 다른 지역으로 이주시키는 등의 희생을 수반했을 뿐 아니라, 시정부의 한정된 자원을 주민 생활의 향상을 위해 지원할 수 없게 만들었다(Jones and Bachelor, 1984).

요컨대, 디트로이트의 지역 재구조화는 탈산업화의 과정에서 경제 주체들의 이해가 상충되는 가운데 이루어졌다. 지역 재구조화는 자동차업체들의 비중이 감소하는 가운데 서비스 부문 업체들을 중심으로 추진됐기 때문에, 도심의 상권을 활성화하는 도심 재개발에 중점을 두면서도 이와 동시에 자동차산업의 고도화를 위해 공장을 재건설하는 방식으로 이루어졌다. 즉, 경제 주체들의 이질성으로 인해 지역 재구조화의 방향에 대한 통일된 합의를 형성하지 못했던 것이다.

1973년부터 1993년까지 20년간 디트로이트 시장을 역임한 콜만 영은 당선 초기에는 흑인, 노조활동가, 진보적 백인들의 강력한 지지를 바탕으로 서비스 부문의 백인 기업가들과 협력하면서 지역 재구조화를 주도하는 것처럼 보였지만, 지역 재구조화를 통일적으로 주도할 수 있는 강력한 리더십을 보여 주지는 못했다(Hill, 1986). 콜만 영 시장은 디트로이트의 규정상 상대적으로 강력한 권한을 갖고 있었음에도 불구하고, 정부와 민간 엘리트 간의 협력을 제도화하지 않고 민간 기업가들과의 개인적이고 특수한 호혜에 기반한 유착관계를 형성했다. 이는 비공식적이고 개인적 인간관계에 의존한다는 점에서 디게타노와 로리스의 분류에 의하면, 고객주의적(clientelist) 거버넌스의 유형에 속한다고 할 수 있다. 영 시장은 도심 재개발의 부진, 개인 비리 등으로 지역 언론의 공격을 받는 가운데 점차 자신과 가까운 소수의 정치가, 기업가들과의 유착을 폐쇄적으로 강화해 갔다. 영 시장은 자신과 가까운 기업가들에게 도심의 상업지구 프로젝트에 투자하는 대가로 막대한 보조금의 혜택을 베풀었다. 디트로이트의 흑인 비율이 높아지면서 선거를 통한 콜만 영의 권력기반은 확고한 것이 되었지만, 이러한 권력기반은 시정부를 인종적으로 고립시킴으로써 백인 기업 간의 파트너십을 발전시키는 데 중요한 장애요인으로 작용한 것처럼 보인다. 이런 고객주의적 거버넌스의 유형은 영 시장의 집권 후기로 갈수록 더욱 강화됐다(Rich, 1991).

다음 시장으로 선출된 데니스 아처는 백인 기업가들과의 공식적 협력관계를 회복하면서 도심을 재개발하는 데는 일정한 성과를 보였지만, 그 역시 인종적 균열의 장애물을 넘어서는 데는 성공하지 못했다(DiGaetano and Lawless, 1999: 559~563).

이상의 맥락에서 디트로이트의 지역 재구조화를 담당하는 경제단 체들은 서로 간에도 협소한 이해관계에 따라 프로젝트별로 협력과 갈등을 반복하는 가운데 통일적 리더십을 형성하지 못하고 있다. 경제단체들 중 '디트로이트 르네상스'는 주로 미국 완성차업체들 및 그와 유사한 전통적 대기업들의 영향력 아래에 있다. 반면에 '디트로이트 지역상공회의소'는 은행, 유틸리티 등 성장하는 서비스 관련 업체들의 영향력 아래에 있다. '뉴 디트로이트(New Detroit)', '디트로이트 경제발전법인(Detroit Economic Development Corporation)'은 주로 흑인 엘리트들의 영향력 아래에 있다(Orr and Stoker, 1994: 56~64). 그러나 이들 어느 단체도 자신들의 직접적 이해를 넘어 디트로이트의 장기적 발전을 위한 거버넌스를 형성하는 데 리더십을 행사하지 못하고 있다.

지역 재구조화가 도심 재개발을 위한 사업에만 집중된 데에는 주민조직의 활동이 미약한 것도 작용했다. 디트로이트의 주민운동은 다른 지역에 비해 상대적으로 미약한 것으로 평가되고 있다(DiGaetano, 1989: 273). 1970년대 이후 경제 위기가 진행되는 과정에서도 시민단체들은 경제적 위기의 심각성과 콜만 영 시장의 대중적 인기에 압도되어 자기 목소리를 제대로 내지 못했다. '이성적 경제를 위한 디트로이트 연합(Detroit Alliance for a Rational Economy)'과 같은 주민단체들은 주택정책, 서민생활 등 개별 이슈들에 대해 간헐적으로 비판적 의견을 제출했음에도 불구하고 도시 전체의 재구조화에 대해서는 현실적 대안을 결여하고 있었다(Hill, 1986: 112~113). '자동차산업노련(United Automobile Workers: UAW)'을 비롯한 노동조합들은 백인 노동자들을 중심으로 강력한 조직력을 갖고 있었음에도 불구하고, 지역적으로 분산된 상태에서 디트로이트의 경제 위기에 대응할 수 있는 리더십을 능동적으로 발휘하기보다는 자신의 집단적 이해에만 관심을 갖고 있었다(Thomas, 1989: 148∼149).

이상에서 살펴본 것처럼, 디트로이트에서는 지역 재구조화를 통일 적으로 추진할 수 있는 민관 파트너십을 형성하는 데 실패했다. 그럼 에도 불구하고 시정부의 한정된 자원의 대부분을 도심 재개발을 추 진하는 사업에 집중했기 때문에 주민 생활의 개선을 위한 지원은 주 변적인 것으로 밀려날 수밖에 없었다.

요약하자면, 디트로이트에서는 주요 자동차업체들의 도시 내 산업 기반이 축소되는 가운데, 서비스 부문의 업체들을 중심으로 도심 재 개발이 추진되고 있지만, 지역 재구조화를 통일적으로 주도할 수 있 는 민관 파트너십이 형성되지 못하고 있다. 민간 기업들이 자신들의 이해에만 몰두할 뿐 지역 재구조화에 적극적으로 관심을 갖지 않고 있으며, 인종적으로 고립된 디트로이트 시정부도 개인적 유착관계에 주로 의존하면서 별다른 리더십을 보여 주지 못하고 있다. 시민단체 및 노동조합도 협소한 자기 이해를 넘어 지역 재구조화의 대안을 제 시하지 못하고 있다. 이는 디게타노와 로리스의 분류에 의하면 고객 주의적 거버넌스의 유형에 부합된다.

5. 지역 재구조화의 사회적 결과

피츠버그와 디트로이트가 처한 구조적 조건 아래 형성된 거버넌스 의 성격은 재구조화의 양상뿐 아니라 사회적 결과에도 상당한 영향 을 미칠 것으로 예상된다. 여기서는 두 도시의 거버넌스의 성격이 재구조화의 사회적 결과에 어떤 영향을 미쳤는가를 살펴보기로 하자.

지역재구조화를 위한 거버넌스의 구성에 기업뿐 아니라 주민 조직이 얼마만큼 참여하는가는 지방정부가 자신의 정책을 통해 한정된 자원을 어떻게 배분하는가에 중요한 영향을 미치게 된다. 앞에서 살펴본 것처럼, 피츠버그에서는 주민 조직이 거버넌스에 지속적으로 참여해 온 데 비해, 디트로이트에서는 주민 조직의 거버넌스 참여가 거의 없었다. 두 도시 거버넌스의 이러한 차이는 소득, 실업, 빈곤 등 두 도시 재구조화의 사회적 결과에 어떠한 영향을 미치게 되는가?

<표 VIII-2>에서 두 도시 평균 소득의 변화 추세를 보면, 1970년에는 피츠버그의 가족당 평균(중위) 소득이 디트로이트에 비해 낮았지만, 1980년을 기점을 역전되어 2000년에는 피츠버그의 가족당 평균 소득이 38,795달러인 데 비해 디트로이트는 33,853달러로 그 격차가 5천여 달러에 달하고 있다.

〈표 VIII-2〉 지역 재구조화의 사회적 결과

구분	피츠버그				디트로이트			
	1970년	1980년	1990년	2000년	1970년	1980년	1990년	2000년
평균 소득 (가족)	8,800 달러	17,499 달러	27,484 달러	38,795 달러	10,045 달러	17,033 달러	22,566 달러	33,853 달러
실업률	5.3%	9.2%	9.1%	8.4%	7.2%	18.5%	19.7%	14.8%
빈곤층 (가족)비율	11.1%	11.9%	16.6%	15.0%	11.3%	18.9%	29.0%	21.7%

자료: U.S. Bureau of the Census, 1970~2000.

두 도시의 실업률[4]을 보면, 피츠버그의 실업률은 1980년 이후 점차 낮아져서 2000년에는 8.4%를 기록하고 있다. 이에 비해 디트로이

---

4) 민간 경제활동인구 중에서 실업자가 차지하는 비율.

트의 실업률은 1990년까지 계속 높아지다가 그 후에는 낮아졌음에도 불구하고 2000년에도 14.8%를 기록하고 있다. 이는 같은 해 피츠버그의 실업률에 비해 2배 가까이 높은 것이다. 빈곤층의 비율에서는 두 도시의 격차가 더욱 뚜렷하게 나타나고 있다. 빈곤 가족의 비율을 보면, 1970년에는 피츠버그와 디트로이트가 거의 비슷했지만 그 후 격차가 확대되어, 2000년에는 피츠버그의 빈곤 가족 비율이 15.0%인 데 비해, 디트로이트는 21.7%에 달한다.

지역 재구조화의 사회적 결과는 두 도시의 여러 가지 요인들이 복합적으로 작용한 것이기 때문에 어떤 요인에 의해 독립적으로 영향을 받은 것인지를 명확히 구분할 수 없는 것이 사실이다. 그러나 구조적 조건의 제약을 받으면서도 행위자들이 능동적으로 대응하는 가운데 형성된 거버넌스의 성격이 두 도시 간의 차이를 나타내는 데 커다란 영향을 미쳤다고 보지 않을 수 없다. 즉, 1970년대 이후 피츠버그는 철강산업의 붕괴에도 불구하고 민관 파트너십의 오랜 전통 속에 민간 기업과 시정부뿐 아니라 주민조직까지 참여하여 형성된 조합주의적 거버넌스가 도심 재개발에만 치중하지 않고 주민 생활의 향상을 동시적으로 추진함으로써 지역 재구조화를 성공적으로 진행시킬 수 있었다.

이에 비해 디트로이트는 같은 기간 동안 자동차산업의 유지에도 불구하고 행위자들 간의 경쟁이 지배적인 분위기 속에서 시정부는 일부 민간 기업과 고객주의적 거버넌스를 형성하면서 도심 재개발에만 전념했고 주민 생활의 향상은 고려하지 않았기 때문에 지역 재구조화를 성공적으로 진행시킬 수 없었다.

피츠버그와 디트로이트 재구조화의 이러한 특징은 <표 Ⅷ-2>에서 살펴본 지역 재구조화의 상이한 사회적 결과와 밀접한 관련이 있는 것으로 추측된다.

6. 맺음말

이 논문에서는 피츠버그와 디트로이트의 지역 재구조화를 구조적 조건의 제약 아래 형성된 거버넌스 성격에 초점을 맞춰 비교했다. 결론적으로, 피츠버그의 지역 재구조화는 주민 조직까지 참여하는 안정적 민관 파트너십을 형성함으로써 디트로이트에 비해 상대적으로 나은 지역 재구조화를 실현했다고 할 수 있다. 지금까지의 논의를 정리한 것이 <표 Ⅷ-3>이다.

〈표 Ⅷ-3〉 피츠버그와 디트로이트의 지역 재구조화

구분	피츠버그	디트로이트
구조적 변수 경제적 조건: 중심 산업 상태 인종 구성 제도·문화적 조건: 정치 공간	철강산업의 붕괴 흑인들의 지리적 분산 시민 영역(협력적)	자동차산업의 재구조화 백인 유출과 흑인 밀집 선거 영역(경쟁적)
행위적 변수: 거버넌스	**조합주의**(corporatism) 서비스 부문 중심의 결집 시정부의 적극적 지원 민관 파트너십의 성공 주민 조직의 참여	**고객주의**(clientelism) 경제 주체들의 이해 상충 시정부의 배타적 고립 민관 파트너십의 실패 주민 조직의 배제
지역 재구조화의 양상	도심재개발의 성공 주민 생활의 향상	도심재개발의 실패 주민 생활의 방치
지역 재구조화의 사회적 결과	평균 소득 향상 실업률 저하 빈곤가족 비율 감소	평균 소득 감소 실업률 증가 빈곤가족 비율 증가

마지막으로, 피츠버그 시의 재구조화 사례가 지닌 한계에 대해서 언급하고자 한다. 피츠버그에서 주민 조직은 민관 파트너십의 정당성을 확보하여 지역 재구조화를 성공시키는 데 기여했음에도 불구하고, 민간 대기업과 시정부를 중심으로 한 조합주의적 권력관계를 근본적으로 변화시킬 수는 없었다(Deitrick, 1999). 신자유주의적 세계화가 진전되면서 모든 지역의 재구조화가 수렴되고 있는 추세(Beauregard, Lawless, and Deitrick, 1991) 속에서 개별 지역 간의 차이가 크게 나타나기는 어려운 것이 사실이다. 주민 조직이 지역 재구조화의 거버넌스에 참여한다고 하더라도 그 관심은 사회서비스, 주거지역의 경제발전에만 한정되기 때문에, 그 이상의 부문에서는 참여가 제한되는 주변적 파트너로 머물 수밖에 없었다. 따라서 주민 조직의 거버넌스 참여는 주민 생활의 향상이라는 점에서는 일정한 성과가 있었지만, 인종, 환경, 자원 및 권력 분배 등 다른 문제에 대한 접근은 오히려 제한될 수밖에 없었던 것이다(Ferman, 1996: 146~148). 또한 주민 조직은 거버넌스에 참여함으로써 받게 되는 일자리 확보와 생활 개선이라는 혜택에도 불구하고, 주민들 간의 유대를 강화할 수 있는 투쟁은 오히려 유보해야 하는 이중적 모순에 빠지게 된다(Jezierski, 1990).

피츠버그의 사례가 이러한 한계를 갖고 있음에도 불구하고, 다른 도시들의 재구조화와 비교하면 상대적으로 성공한 사례임에는 틀림없다. 그럼 피츠버그의 사례는 다른 지역에서도 재현될 수 있는 것인가? 제지르스키는 피츠버그의 지역 재구조화를 성공하게 만든 조건들을 다음과 같이 제시하고 있다(Jezierski, 1996: 178).

첫째, 킹 멜론의 강력한 리더십이 민간 부문을 조직하는 데 결정적이었다. 둘째, 피츠버그에서 활용할 수 있었던 기업의 자원들은 다른 지역에서는 몇몇 경우를 제외하고는 마련하기 어렵다. 셋째, 민간 부문이 도시계획의 과정을 위임받을 수 있도록 의사결정의 권한을 확대해야 했다.

특정 도시의 거버넌스는 다양한 구조적 변수와 행위적 변수들이 복합적으로 작용하는 가운데 형성될 뿐 아니라, 행위자 간 세력관계의 변화에 따라 거버넌스의 성격도 지속적으로 변화되기 마련이다. 특히 유사한 구조적 조건이 주어진다고 하더라도 주민 조직을 비롯하여 비영리적 민간 행위자들이 얼마만큼 거버넌스에 참여하는가에 따라 지역 재구조화의 성공 여부가 결정적으로 영향을 받게 된다.

피츠버그의 사례가 미국 내외의 다른 도시에서 재현될 수 있는가를 살펴보기 위해서는 이와 같은 조건의 동태적 변화에 대한 면밀한 검토가 요구된다. 그중에서도 비영리적 민간 행위자가 얼마만큼 거버넌스에 효율적으로 참여하는가에 따라 특정 도시의 재구조화는 유의미한 차이를 나타낼 것이다.

참고문헌

김용웅. 2001. 지속 가능한 지역발전 과제와 전략. 『국토』 제236호.

重森曉. 1993. 都市再生戰略과 政策主體－ピッツバーグとデトロイトを中心に. 重森曉・遠州尋美 編. 『都心再生の政治經濟學－日米都市の比較研究』. 東洋經濟新聞社.

Beeson, Partricia and Frank Giarratani. 1998. Spatial Aspects of Capacity Change by U.S. Integrated Steel Producers. *Journal of Regional Science* 38(3): 425~444.

Beauregard, Robert, Paul Lawless and Sabina Deitrick. 1991. Collaborative Strategies for Reindustrialization: Sheffield and Pittsburgh. *Economic Development Quarterly* 6(4): 418~430.

Bogason, Peter. 2000. Public Policy and Local Governance: Institutions in Postmodern Society. Northampton: Edward Elgar.

Darden, Joe T., Richard Child Hill, June Thomas, and Richard Thomas. 1987. *Detroit: Race and Uneven Development*. Philadelphia: Temple University Press.

Deitrick, Sabina. 1999. The Post Industrial Revitalization of Pittsburgh: Myths and Evidence. *Community Development Journal* 34(1): 4~12.

DiGaetano, Alan. 1989. Urban Political Regime Formation: A Study in Contrast. *Journal of Urban Affairs* 11(3): 261~281.

DiGaetano, Alan and Paul Lawless. 1999. Urban Governance and Industrial Decline: Governing Structures and Policy Agendas in Birmingham and Sheffield, England, and Detroit, Michigan, 1980-1997. *Urban Affairs Review* 34(4): 546~577.

Ferman, Barbara. 1996. *Challenging the Growth Machine: Neighborhood Politics in Chicago and Pittsburgh*. Kansas: University of Kansas.

Hill, Richard Child. 1986. Crisis in the Motor City: The Politics of Economic Development in Detroit. in Susan S. Fainstein, Norman I. Fainstein, Richard Child Hill, Dennis R. Judd, and Michael Peter Smith. eds. *Restructuring the City*. New York: Longman.

Jacobs, James and David Fasenfest. 2000. Revival and Change in the Automobile Industry of Southeast Michigan. submitted for the Uddevalla Symposium.

Jezierski, Louise. 1990. Neighborhoods and Public – Private Partnerships in Pittsburgh. *Urban Affairs Quarterly* 25(2): 217~249.

_____. 1996. Pittsburgh: Partnerships in a Regional City. in H. V. Savitch and Ronald K. Vogel. eds. *Regional Politics.* Thousand Oaks: SAGE Publications.

Jones, Bryan and Lynn Bachelor. 1984. Local Policy Discretion and the Corporate Surplus. in Richard Bingham and John Blair. eds. *Urban Economic Development.* London: SAGE Publications.

Katznelson, Ira. 1981. *City Trenches: Urban Politics and the Patterning of Class in the United States.* Chicago: The University of Chicago Press.

Kantor, Paul, H. V. Savitch, and Serena Vicari Haddock. 1997. The Political Economy of Urban Regiems: A Comparative Perspective. *Urban Affairs Review* 32(3): 348~377.

Metzger, John T. 1998. Remaking the Growth Coalition: The Pittsburgh Partnership for Neighborhood Development. *Economic Development Quarterly* 12(1): 12~29.

Orr, Marion E. and Gerry Stoker. 1994. Urban Regimes and Leadership in Detroit. *Urban Affairs Quarterly* 30(1): 48~73.

Rhodes, R. A. W. 1997. *Understanding Governance: Policy Networks, Governance, Reflexivity and Accountability.* Buckingham: Open University Press.

Rich, Wilbur. 1989. *Coleman Young and Detroit Politics: From Social Activist to Power Broker.* Detroit: Wayne State University Press.

Rich, Wilbur. 1991. Detroit: From Motor City to Service Hub. in H.V. Savitch and John Clayton Thomas. eds. *Big City Politics in Transition.* London: SAGE Publication.

Sbragia, A. 1989. The Pittsburgh Model of Economic Development: Partnership, Responsiveness, and Indifference. in Gregory D. Squires. ed. *Unequal Partnership: The Political Economy of Urban Redevelopment in Postwar America.* New Brunswick: Rutgers University Press.

_____. 1990. Pittsburgh's 'Third Way': The Nonprofit Sector as a Key to Urban Regeneration. in Dennis Judd and Michael Parkinson, eds. *Leadership and Urban Regeneration: Cities in North America and Europe.* London: SAGE Publication.

Stewman, Shelby and Joel A. Tarr. 1982. Four Decades of Public-Private Partnerships in Pittsburgh. in R. Scott Fosler and Renee A. Berger. ed. *Public—Private Partnership in American Cities: Seven Case Studies.* Lexington: Lexington Books.

Sugrue, Thomas, J. 1996. *The Origins of the Urban Crisis: Race and Inequality in Postwar Detroit.* Princeton: Princeton University Press.

Thomas, June Manning. 1989. Detroit: The Centrifugal City. in Gregory D. Squires. ed. *Unequal Partnerships: The Political Economy of Urban Redevelopment in Postwar America.* New Brunswick: Rutgers University Press.

U.S. Bureau of the Census. 1960-1980. *Census of Population.*

_____. *Census of Population. http://www.census.gov/.*

이종구 ─────────────────────────────

　일본 도쿄(東京)대학교 사회학 박사
　현) 성공회대학교 사회과학부 교수

심상완 ─────────────────────────────

　영국 University of Sussex 철학 박사
　현) 창원대학교 노동대학원 교수

조형제 ─────────────────────────────

　서울대학교 사회학 박사
　현) 울산대학교 사회과학부 교수

이상철 ─────────────────────────────

　서울대학교 경제학 박사
　현) 성공회대학교 사회과학부 교수

신정완 ─────────────────────────────

　서울대학교 경제학 박사
　현) 성공회대학교 사회과학부 교수

여인만 ─────────────────────────────

　일본 도쿄(東京)대학교 경제학 박사
　현) 강릉원주대학교 국제통상학과 교수

임선일 ─────────────────────────────

　성공회대학교 사회학 박사
　현) 성공회대학교 연구교수

전호성 ─────────────────────────────

　일본 조치(上智)대학교 사회복지학 박사
　현) 강남대학교 사회복지학부 교수

손정순 ─────────────────────────────

　고려대학교 경제학 박사
　현) 성공회대학교 연구교수

디지털 시대의
구로공단

초 판 인 쇄 | 2012년 6월 30일
초 판 발 행 | 2012년 6월 30일

지 은 이 | 성공회대학교 노동사연구소
펴 낸 이 | 채종준
펴 낸 곳 | 한국학술정보㈜
주   소 | 경기도 파주시 문발동 파주출판문화정보산업단지 513-5
전   화 | 031) 908-3181(대표)
팩   스 | 031) 908-3189
홈 페 이 지 | http://ebook.kstudy.com
E - m a i l | 출판사업부 publish@kstudy.com
등   록 | 제일산-115호(2000. 6. 19)

ISBN   978-89-268-3565-4 93330 (Paper Book)
           978-89-268-3566-1 95330 (e-Book)